남성은 여성에 대한 전쟁을 멈출 수 있다

남성은 여성에 대한 전쟁을 멈출 수 있다

젠더 평등은 우리 삶을 어떻게 바꿀까

마이클 코프먼 지음 | 이다희 옮김

바다출판사

한국을 방문 중이었던 어느 날 오후, 리본이 주렁주렁 달린 커다란 나무를 보았습니다. 왜 리본이 달려 있느냐고 저를 초대해주신 분께 물었더니 다음 아이는 아들이기를 바라는 마음으로 리본을 달아서 행운을 비는 전통이 있다는 설명이 돌아왔습니다.

어디를 가도 마찬가지입니다. 한국이나 제가 살고 있는 캐나다나 비슷합니다. 전 세계적으로 큰 문제입니다. 여성 차별과 여성에 대한 폭력, 여성의 낮은 임금, 대기업 관리직과 정치계의 낮은 여성 비율, 그리고 여성이 훨씬 더 많이 하고 있는 가사일과 육아 문제는 여전히 현재진행형입니다. 그런데 그뿐이 아닙니다. 여성이 덜 귀중하다고 말하고 남성이 인류의 더 우월한 절반이라고 가정하는 끈질긴 태도도 문제입니다.

그런데 기묘한 점이 한 가지 있습니다. 변해야 할 것은 불평등, 그리고 여성이 종종 직면하는 냉혹한 장애물뿐만이 아닙니다. 우리가 남성의 삶을 정의해온 방식도 변해야 합니다. 물론 우리는 제가 속한 인류 절반에 엄청난 혜택을 가져다주는 방식으로 우리 사회를 구축해왔습니다. 그런데 이 책에서 탐구하고 있듯 그 사회에서는 남성도 실질적인 대가를 치르게 됩니다.

《남성은 여성에 대한 전쟁을 멈출 수 있다(원제: The Time Has Come)》는 여성과 남성 모두를 위한 책입니다. 저는 남성이 자신의 삶 속에 있는 여성, 그리고 세계 속의 여성에 대한 사랑과 배려의 마음에서 여성 권리를 지지해야 한다는 점을 명확히 하고자 합니다. 그런데 제가 명확히 하고자 하는 것이 또 한 가지 있습니다. 남성성을 재정의하고 남녀 간의, 그리고 남성 간의 관계를 새로이 만드는 일은 그게 직장에서든 가정에서든 우리 모두에게 지극히 중요하다는 점입니다.

좋은 소식은 전 세계에서 점점 더 많은 남성이 여성의 권리를 옹호하고 있다는 점입니다. 제가 몇 년 전에 한국에 간 것도 화이트 리본 캠페인, 즉 남성이 여성 폭력 근절을 주장하는 데 초점을 맞춘 지역 캠페인 덕택이었습니다.

저는 우리가 거대하고 강력한 인류 혁명의 한가운데에 있다는 점을 그 어느 때보다 절감합니다. 바로 젠더 평등 혁명입니다. 다가올 미래의 아이들이 역사책에서 읽게 될 그런 혁명입니다.

남성은 변화를 위한 이 긍정적인 움직임에 바로 지금 동참해야 합니다.

2019년 10월

마이클 코프먼

권김현영
여성주의 연구활동가

30년 전 자유와 평등을 위해 함께 싸웠고 차별을 단호하게 반대했던 남자사람 친구들은 요즘 어떻게 지내고 있을까. 이 책을 읽으면서 그 친구들 생각을 했다. 같이 페미니즘을 공부했고 여성 인권 문제에 분개했던 시간을 기억하고 있을까. 대부분 가능한 한 양심적으로 살고자 하고 유해한 남성문화로부터 거리를 두며 살아가고 있는 것으로 알고 있다. 하지만 정말 그것으로 충분할까? 이 책은 성차별에 반대하지만 이 문제를 해결하기 위해 보다 적극적인 노력을 할 생각은 하지 않았던 남자들에게 지금 무엇을 어떻게 해야 할지를 정확하게 알려준다. 최악의 남자들과 비교하여 괜찮은 남자가 되는 데 만족하지 말고, 서로의 알리바이가 되어주는 것을 더 이상 의리라고 부르지 말고, 남성을 더 인간답게 만들 수 있는 기회에 동참하라는 저자의 권유를 그 친구들에게 들려주고 싶다. 우리는 지금 당장의 변화가 필요하다.

송승언
시인

내가 뭇 남성들에게 이해할 수 없는 점 하나는 '어째서 그토록 페미니즘을 적대시하는가?'라는 문제다. 페미니즘이 여러분을 욕하고, 때리고, 희롱하고, 목에 칼을 겨누고, 여러분의 일자리를 빼앗으려 드는 것처럼 보이겠지만 그렇지 않다. 실은 반대로 우리가 더는 그런 짓들을 하지 않도록 도와주려는 것이다.

거짓말이 아니다. 페미니즘은 남성에게도 도움이 된다. 일단 버거운 가부장제의 짐을 내려놓을 수 있고, 위험을 무릅쓰고 강하게 보여야 하는 '남자다움'을 강요받지 않을 수 있다. 더러운 폭력에 손을 담그지 않을 수 있고, 육아 휴직을 받고 아내와 함께 아이를 키우는 기쁨을 누릴 수도 있다. 여러모로 더 나은 인간으로 살 수 있는 것이다. 여성해방이 아니라 남성해방이라고 말하는 쪽이 맞을지도 모른다.

이 책은 남성이 왜, 어떻게 페미니즘을 받아들여야 하는지 차근차근 일러주는 안내서다. 저자 코프먼은 걸음마를 떼는 아이의 두 손을 잡아주듯이 친절하게 알려준다. 삶의 여러 처소에 전염병처럼 만연한 여성혐오의 풍경들을 보여주고, 그것이 왜 여성혐오인지, 왜 여성의 목소리에 귀를 기울여야 하는지, 또 젠더란 무엇인지 등등 페미니즘의 여러 관심 주제를 쉽고 명료하게 설명한다. 남성을 동맹군이라 여기는 남성이 건네는 이 진심 어린 조언이 뭇 남성들에게 닿기를 바란다.

오늘날 크고 작은 모든 변화들이 가까운 미래에는 페미니즘이 인간으로서 가져야 할 최소한의 상식이 될 것임을 예시하고 있다. 우리의 눈앞에 있는 건 싸워야 할 적이 아니라 붙잡아야 할 마지막 기회다. 바로 지금이다. 그 기회를 잡아라.

위근우
대중문화비평가

'남성 페미니스트 앨라이'란 존재할 수 있는가? 이것은 관념적
이기보단 실증적인 문제다. 중요한 건 페미니스트 앨라이임을 주
장하는 남성의 진정성이 아니라, 성평등한 사회를 만드는 과정에
서의 '쓸모'다. 여기엔 자신의 기득권에 대한 끊임없는 성찰과 동
료 남성 시민들에 대한 설득 혹은 논쟁의 과정뿐 아니라, 이를 통
한 실질적 개선의 경험까지가 포함된다. 한국의 남성 페미니스트
앨라이에게 절대적으로 부족한 것은 이러한 개선의 경험, '쓸모'
의 증명이다. 지금 이곳에서 코프먼의 이 책이 유의미한 롤모델이
될 수 있는 건 그래서다. 그가 이야기하는 방법론과 덕목이 완벽
한 정답은 아닐지라도, 남성으로서 이 불평등한 세상을 개선하기
위한 노력과 유의미한 개선의 경험은 한국 남성들에게도 좋은 영
감과 에너지, 생산적 논의의 토대를 제공한다. 다시, '남성 페미니
스트 앨라이'란 존재할 수 있는가? 알 수 없다. 다만 그것의 가능
성을 실천으로 증명하기 위해 노력해야 하는 것만큼은 명백하다.
바로 지금.

차례

바로 지금이다 1

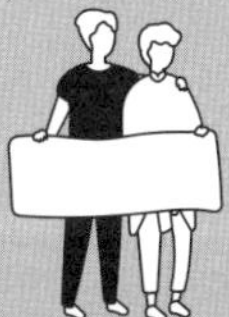

젠더 관계의 공적 영역에서는 사방으로 온통 폭발이 일어나고 있다. 인간관계, 가족, 섹스라는 사적 영역은 권력과 사랑의 지뢰밭이다. 남성이 지배했던 지난 8천 년간의 역사를 통틀어 지금과 같은 순간은 한 번도, 단 한 번도 없었다. 우리는 바로 지금 젠더 평등 혁명을 경험하고 있다.

혁명은 동일 임금, 여성 승진 그리고 성적 괴롭힘 근절을 위한 운동이 벌어지고 있는 사무실과 작업 현장에서 시작되고 있다. 여성 폭력에 맞서 투쟁 중인 대학 캠퍼스에서, 도심 주거지에서, 교외 주택가에서도 혁명은 일어나고 있다. 육아의 책임이 누구에게 있는지 재정의하려는 부모들의 노력, 부모가 제 역할을 잘할 수 있도록 자원을 제공하려는 사회의 노력 역시 그 일환이다. 아이를 가질지 말지 선택할 권리를 비롯하여 여성이 자기 몸에 대해 가진, 빼앗을 수 없는 주권을 확보하기 위한 밀고 당기기 역시 그 일환이다. 여자아이들과 남자아이들을 어떻게 키울 것이냐의 문제를 대폭 재고하는 일이다. 사랑하고 싶은 사람을 사랑할 권리, 내 모습을 내가 정할 권리를 기쁘게 여기는 일이다. 정치계와 이사회로 더 많고 더 다양한 여성을 보내기 위한 노력이다.

젠더 평등 혁명은 빠르고 강력하게 다가오고 있다.

바로 지금, 남성은 젠더 평등을 위한 투쟁에 뛰어들어야 한다.

50년간 이어진 조직적인 페미니즘 운동은 2017년 초 중대한 국면을 맞았다. 도널드 트럼프가 대통령으로 당선되자 여성 수백만 명과 남성 수십만 명이 그동안 미국에서 보기 힘들었던 대규모 시위를 벌였다. 전 세계 사람들이 동참했다. 여성에 대한 폭행을 자랑처럼 이야기하는 트럼프에 대한 반작용이기도 했지만 페미니즘의 영향력을 되새기고, 여성 인권을 후퇴시키려는 어떤 시도에도 저항하겠다는 의지를 드러내는 자리이기도 했다.

거리로 나선 사람들과 그들을 응원하는 수천만 명의 사람들은 수십 년간 지속되어온 페미니즘에 새로운 생명을 불어넣었고 그 후 벌어진 일들에 원동력을 제공했다. 몇 달 지나지 않아 성희롱과 성폭력에 대한 폭로가 실리콘 밸리, 영화계, 연극계, 방송계, 국내와 해외 기업들에서 쏟아져 나왔다. 권력을 가진 남성이 여성을 상대로 신뢰를 배반하고 권위를 남용하고 모욕을 안긴 사례들이 우리들 머릿속으로 연거푸 들어왔다. #미투MeToo와 #타임즈업TimesUp 운동이 우리의 주의를 끄는 동안 논의는 재빨리 뉴스 스튜디오에서 안방으로, 직원 휴게실로, 탈의실로 퍼져나갔다. 남자들은 아내와 딸, 동료 직원들에게 물었다. **혹시 비슷한 일 겪은 적 있어?** 그리고 무시무시하게 많은 여성들이 이렇게 대답했다. **당연하지. 그런데 왜 이제야 귀를 기울이는 거야?**

충격파가 퍼져나가면서 일터에서 동일 임금, 모든 일자리에 대한 평등한 권리를 요구하는 운동이 새로운 동력을 얻고 있다. 나와 같은 성별을 가진 인간에게 수천 년 넘게 주어졌던 우대 정책은 결코 지속되어서는 안 된다. 이 충격파는 수많은 여성이 여전히 겪고 있는 온갖 다양한 폭력, 즉 언어폭력, 성폭력, 정서적 폭력, 신체적 폭력에 대한 우려에 새로운 에너지를 제공하고 있다. 질 높고 저렴한 보육 서비스와 육아 휴직의 절실함도 더 큰 관심을 받고 있다.

그렇다면 남성은? 점점 더 많은 남성이 더 이상 침묵할 수 없다는 사실을 깨달아가고 있다. 발언해야 하고 자신의 태도와 행동을 검토해야 한다는 사실을 알고 있다. 동시에 남성으로 산다는 것의 의미를 다시 생각하고 다시 형성할 때가 되었음을 깨닫고 있다. 우리는 그동안 남성성을 파괴적으로, **게다가** 자기 파괴적으로 정의해왔기 때문이다.

내가 투쟁에 참여한 시점

나는 근 40년 동안 교육자로서, 고문으로서, 연설가, 활동가 그리고 작가로서 남성을 젠더 평등 운동에 참여시키고 젠더 평등이 남성의 삶에 어떤 긍정적 변화를 가져오는지 연구하는 데 주로 힘을 쏟았다.

1950년대와 60년대 비교적 전통적인 북미 가정에서 유년 시절을 보낸 나는 처음에는 미국 오하이오 주와 노스캐롤라이나 주에 살았고 이후 캐나다 온타리오 주에 살았다. 아버지는 의사였고 어머니는 전업주부였다. 평등은 당연시되는 분위기였다. 네 명의 누이들이 당연히 대학에 가서 직업을 갖고 살게 되리라는 사실을 누구도 의심하지 않았다.(그러나 당시만 해도 여자들은 대학에 잘 가지 않았다.) 우리는 모두 엄마가 집안의 재정을 쥐고 있다는 사실과 운전도 더 잘한다는 사실을 알고 있었다.

내가 대학에 입학한 1969년은 모든 순간이 새로운 변화의 가능성을 품은 듯 흥분되는 시절이었고 우리는 우리 세대가 세계를 새로이 만들어가고 있다는 사실을 알고 있었다. 우리가 경험이 부족하고 순진했을지 몰라도 그것은 사실이었다. 미국 내 시민 인권 운동과 세계 도처에서 벌어진 반전 및 학생 시위, 음악과 인간관계의 영역에서 벌어진 거대한 문화적 격변, 여성운동 그리고 게이 인권 운동과 환경운동의 태동은 실로 세계를 뒤바꿔놓았다.

내 여성 친구들과 애인들은 모두 페미니스트였다. 나는 여성의 권리 향상을 지지했고, 1971년인가 72년에 남성과 페미니즘에 대한 첫 글을 썼다.

그럼에도 어떤 면에서, 당시 우리가 여성해방이라고 일컬었던 페미니즘과 젠더 평등이 내 인생의 중심이 돼야 한다고 생각하지는 않았다. 어떤 성차별적 발언을 입에 올리면 안 되고 어떤 대의를 지지해야 하는지는 물론 알고 있었다. 그러나 당시에는 누구도, 여성이고 남성이고, 남성의 적극적 참여를 기대하지는 않았던 것이다. 나는 남자로서, 게다가 마침 백인이기까지 한 중산층 이성애자로서, 나의 삶이나 내가 누리고 있는 보이지 않는 특권을 살펴보는 데 그다지 많은 시간을 보내지 않았다. 또한 남성성이라는 경직된 관념에 나를 맞추기 위해 내가 치렀던 대가에 대해서도 별생각이 없었다.

그러다 1979년 정치학 박사 학위 과정 중에 뉴욕 주 북부에서 열린 1주짜리 동료 상담자 훈련 프로그램에 참여하게 되었다. 주최 측에서는 남성 참가자를 대상으로(우리가 소수였다) 아침마다 남성 모임을 연다고 발표했다. 좀 이상하다 싶었지만 기왕 참여하기로 한 이상 어쩔 수 없었다.

첫날 아침 모임에 출석한 나는 함께 자리한 대여섯 명의 남자들을 보자마자 그들과 어떤 공통점도 없다는 사실을 깨달았다. 딱 보기만 해도 어떤 사람들인지 알 수 있었다. 이 사람은 운동을 좋아하고 그다지 똑똑하지는 않겠구나, 저 사람은 증권 중개인이구나, 하는 식이었다. 나를 불편하게 만든 건 그 사람들의 직업이 아니라, 그들 모두 '사나이 되기' 게임에서 아주 좋은 성적을 내고 있는 듯 보인다는 점이었다. 반면 나는? 나는 살면서 학교, 여자친구, 길거리 스포츠, 차, 학업 등의 항목을 성실하게 체크해나갔지만 내가 남성성의 기준을 충분히 만족시킨다고 느껴본 적은 없었다. 나는 충분히 터프하지도 않았고 철갑의 남자다움과 어울리지 않는 온갖 나약함을 지니고 있었다. 나는 내가 거기서 그런 생각을 하는 유일한 남자라고 생각했다.

우리는 자기소개를 했다. 참가자들의 직업에 대한 나의 짐작은 거의 맞았다. 그러나 각자 자신의 이야기를 털어놓을수록 동일한 내용이 되풀이되었다. 얼마나 성공했고 겉으로 어떻게 보일지라도 우리는 '진짜 사나이'라는 느낌을 깃지 못하고 있었다.

몹시 놀랍게도 그런 생각을 하는 사람은 나 혼자가 아니었다.

토론토로 돌아온 뒤 몇 년 지나지 않아 나는 남성의 삶을 탐구해보는 취지의 남성 단체를 이끄는 일에 자원했다. 막 아빠가 된 터라 당시 배우자였던 모린과 함께 육아의 의무를 동일하게 나누기 위해 노력하고 박사 학위 논문을 쓰며 대학에서 강의도 하던 설레는 시절이었다. 나는 친페미니즘 관점에서 남성과 남성성에 대해 집필된 글이 거의 없다는 사실을 깨달았고 박사 논문을 마치자마자 연구를 시작해서 이 분야에 대한 저술[1]을 출간한 최초의 작가들에 속하게 되었다. 1980년대 후반에는 학교나 전문가 혹은 업계 회의에서 이따금 강연을 하기도 했다. 미국, 캐나다, 유럽에서 친페미니즘 남성으로 이루어진 매우 빈약한 네트워크 활동에도 참여했다.

다음 갈림길은 1989년에 왔다. 무더운 여름밤이었다. 피트 시거와 알로 거스리의 야외 콘서트장에서 나는 우연히 친구 고드 클리블랜드를 만났고 우리는 한창 뉴스에 오르고 있던 한 사건에 대해 이야기하게 되었다. 퀘벡에 사는 한 남자가(알고 보니 상습적인 여성 폭행범이었다) 전 여자친구의 임신중지를 막으려고 한 사건이었다. 시민의 권리, 노동자의 권리를 부르짖고 전쟁을 반대하는 노래들에 영감을 받은 우리는 콘서트가 끝난 뒤 바로 그 자리에서 남성이, 남성으로서, 여성의 임신중지권을 지지하는 목소리를 낼 때가 되었다고 결론지었다.

우리는 '여성의 선택권을 지지하는 남성Men for Women's Choice'이라는 일회성 활동을 시작했다. 짧은 성명을 작성했고 그 누구도 시도하지 않았던 일을 했다. 사회계, 정치계, 종교계 전반의 잘 알려진 남성들을 찾아가 성명서에 서명해달라고 부탁한 것이다. 이 성명은 국내 가장 유명한 신문 광고면에 대문짝만 하게 실렸다.

그리고 활동은 잠시 멈추는 듯했다. 그러다 2년 뒤 1991년 9월 초, 잭 레이튼Jack Layton과 론 슬루저Ron Sluser가 나를 찾아왔다. 이두 남자는 여성에 대한 남성의 폭력에 분노하는 목소리를 내고자 했다.

1989년 몬트리올에서는 페미니즘과 여권 신장에 분노한 어느남성에 의해 여대생 열네 명이 살해당하는 일이 있었다. 대학살이 드문 캐나다에서 이 끔찍한 사건은 전국을 충격에 빠뜨렸다. 여러개인들이 강한 반감을 드러냈고 나 또한 전국에 방송되는 인터뷰를 몇 번 했지만 우리 남자들은 목소리를 모아 어떤 대응책을 내놓는 데에는 실패했다. 그러다 1991년 9월 잭과 론의 배우자[2]들이두 사람에게 행동을 촉구했고 그들은 내게 전화했다. '여성의 선택권을 지지하는 남성'을 잊지 않고 있었던 두 사람은 이번에도 성명을 작성하고 이를 지지해줄 각계 유명인들을 찾아 나서자고 제안했다.

그러나 나는 선한 의도를 가진 소수의 남자들이 목소리를 내는것만으로는 부족하다고 생각했다. 나는 설립 목적을 밝히는 성명과 함께, 이른바 몬트리올 대학살 2주기였던 1991년 12월 6일까지이어지는 어떤 활동을 진행하고 싶었다. 남자들이 흰색으로 된 물건, 흰 꽃이라든가 흰 완장, 흰 리본 등을 지니거나 들거나 하는 방식이 떠올랐다.

당시 리본을 상징으로 삼는 운동 방식은 거의 알려지지 않은 상태였다. 10년 전 일부 미국인들이 이란에 인질로 잡힌 미국인들을 응원하기 위해 나무에 커다란 노란 리본을 묶은 적이 있었고, 붉은색 에이즈 리본은 우리가 '화이트 리본'을 만든 바로 그해에 만들어졌지만 아직 널리 알려지지 않고 있었다.

나는 여러 가지 이유에서 흰색을 제안했다. 상징적인 이유도 있었다. 서구 문화에서 흰색은 평화와 관련이 있다. 평화의 깃발, 평화의 비둘기가 그렇다. 일부 아시아 국가에서는 죽음과 추모의 색이다. 우리는 또한 남자들이 몸에 지니기 편한 색을 원했다. 당시 남성 패션의 색채는 다소 제한적이었기 때문이다. 아주 실용적이기도 했다. 하얀 리본을 어디서 사야 하는지 전혀 모르는 남자들도 낡은 티셔츠나 침대 시트를 찢을 수는 있었을 것이다.

한동안은 진척이 없었다. 잭은 시장 선거에 출마한 터라 여유가 전혀 없었다. 나는 아버지의 심장 수술로 잠시 지방에 가 있어야 했다. 답보 상태가 이어지던 가운데 나는 10월에 열린 연례 남성 회의에서 이 아이디어를 발표했다. 오타와, 런던, 킹스턴, 몬트리올, 토론토에서 온 남자들의 반응은 뜨거웠다.

나는 설립 취지를 담은 성명을 작성했다. 그리고 론과 함께 예술, 스포츠, 정치, 종교, 경제 그리고 노동운동 분야의 유명인들 전화번호를 찾아내 되는 대로 전화하고 팩스를 보냈다. 다른 도시의 단체들도 각자 해당 지역에서 지지자들을 모았다.

우리가 한 달 뒤 캠페인을 개시했을 때 이런 움직임이 얼마나 희귀했으면(뿐만 아니라 여성운동이 끼친 영향이 지대했고 이에 대한 남성의 관심이 출구를 찾지 못하고 있었으므로) 우리의 노력은 그 즉시 전국 온갖 신문 1면을 장식했다. 말 그대로 하루아침에 남자들은 흰 리본을 몸에 달고 다니기 시작했다. 우리가 추정하기로는 약 1만 명이 동참했다.

캠페인은 1990년대 초반 노르웨이와 스웨덴으로 퍼졌다. 그 후로 약 90개국으로 번져나갔다. 일부 국가에는 상설 화이트 리본 단체가 있다.(전국적 규모의 단체도 있고 미국 매사추세츠 주의 경우처럼 특정 지역이나 주에서 활동하는 단체도 있다.) 일부 국가에서는 생겼다가 사라지기도 한다.(그러다 또 생기기도 하고.) 비정부 단체나 회사, 학생회, 유엔, 혹은 정부 기관에서 주관하는 연례 캠페인으로 진행되는 곳도 많다. 어떤 곳에서는 특정 단체와 관련 없이 여성에 대한 폭력을 반대하는 목소리의 상징이 되었다.

소수의 경우에 이 캠페인은 전국적 규모의 매우 열띤 활동으로 이어지기도 했다. 예를 들어 호주에서는 매년 전국적으로 화이트 리본 데이 행사가 열린다. 학교, 경찰서, 군부대, 정부 시설, 직장, 지역 문화 회관 등지에서 진행된다. 뿐만 아니라 교내 프로그램을 포함해서 1년 내내 지속되는 프로그램도 있다. 직장 내 훈련 프로그램은 기업이 직장 내 성적 괴롭힘을 방지하고 가정 폭력을 겪는 근로자들을 지원할 수 있도록 정책과 절차의 수립을 돕는다.

캄보디아 농촌 지역에서는 이 캠페인의 일환으로 비포장도로에 소달구지가 줄지어 움직이기도 했다. 뉴질랜드에서는 한때 조직

폭력배였던 남자들이 매년 모터사이클을 타고 전국을 누비며 크고 작은 지역 공동체에서 남성을 대상으로 강연한다. 넬슨 만델라는 남아프리카공화국에서 흰 리본을 단 남녀가 참여하는 행진을 이끌었다. 유럽의 의회들도 목소리를 냈다. 미국 대학 캠퍼스에서는 학생들이 교내 행사를 조직했다. 파키스탄의 캠페인 담당자들은 기자들이 여성 폭력 문제를 책임 있게 보도할 수 있도록 교육을 실시했고 종교 지도자들이 목소리를 내도록 압력을 넣었으며 심지어 한 농촌 마을에서는 화이트 리본 레슬링 대회를 열기도 했다. 중국에서는 훈련된 자원봉사자들이 연중 참여하는 긴급 전화 서비스도 제공한다. 브라질에서는 여성 폭력 근절을 위한 국가 기념일을 지정하기 위해 힘썼으며 결국 성공했다.

나는 화이트 리본에서 돈을 받고 일한 적은 없다. 1990년대에는 비상근 봉사자로 일했고, 2000년대 초반에는 다른 이들에게 자리를 양보해야 한다는 생각으로 조직 내에서 적극적인 역할을 접었다.

화이트 리본이 세계 최초로 해낸 일은 바로 이것이다. 그때까지만 해도 '단지' 여성들만의 문제라고 부정확하게, 그리고 업신여기듯 규정되었던 문제에 대해 수억 명의 남자들이 발언해야 하며 발언할 것이라고 판단했다는 점이다.

우리는 또한 폭넓은 사회적, 정치적 스펙트럼을 아우르는 남성들에게 손을 내밀어야 한다고 생각했다. 그러나 모든 사회적, 정치적 이슈에 대해 광범위한 합의를 이루는 것이 목적은 아니었다. 여성운동 내 다양한 이슈의 경우도 마찬가지였다. 우리는 오로지 너무 많은 성인 여성과 여자아이들이 겪고 있는 폭력을 끝내기 위해 여성의 곁에서 일하는 데 초점을 맞췄다.

　우리는 남성 대부분이 대인 관계 속에서 폭력을 사용하지 않는다는 사실을 알고 있었다. 그러나 우리는 우리가 폭력에 대해 침묵해왔다는 점을 알고 있었다. 그 침묵을 통해 폭력이 이어지도록 내버려두었다는 걸 알고 있었다.

　여성 인권 향상을 지지하기 위해 다른 남성들과 직접적으로, 그리고 광범위하게 손잡으려는 대규모 움직임은 세계적으로도 우리가 처음이었다. 이 운동은 남자들로 하여금 자신의 태도와 행동을 살펴보고 남성으로서 목소리를 내도록 촉구하는 긍정적인 도전 과제였다.

　이것은 내가 나의 모든 활동에 적용하는 접근법과 동일하다. 직장 내 평등을 위한 활동이든, 남성의 자발적이고 적극적인 육아 참여를 위한 활동이든, 여성의 재생산권을 지지하는 활동이든 마찬가지다. 그리고 훌륭한 여러 남녀의 피나는 노력 덕분에 이 접근법은 전 세계 남성으로 하여금 여성운동을 지지하도록 하는 주된 방식이 되었다. 그 내용은 다음과 같다. 남성을 동맹군으로 여기자. 변화에 대한 긍정적 메시지를 들고 남성에게 손을 내밀자. 동료 남성에게 변화를 촉구하되 남성 지배 사회에서 남성이 겪는 기이하고 종종 고통스러운 경험의 역설을 이해하자. 남성이 자신이 누리는 혜택과 자신이 범하는 실수를 진심으로 돌아볼 수 있게 돕되 집단 전체에 죄나 책임이 있다고 가정하지는 말자. 광범위한 이슈에 관하여 폭넓은 공적 연대를 이루어 다른 문제에 대해 의견 차이가 있더라도 서로 힘을 합치자. 특히 여성과 여성 단체와 연대하고 여성의 다양한 목소리에 귀를 기울이며 여성의 지도력과 힘을 배우자. 남성도 변화할 수 있고 괜찮은 사람일 수 있으며 사랑할 수 있는 능력이 있음을 알자.

화이트 리본을 공동 설립하고 그로부터 1년 뒤 나는 학계를 떠났다. 책을 쓰기 위해서였다. 또한 젠더 평등을 촉진하고 여성 폭력을 근절하는 운동에 남성을 참여시키는 데 초점을 맞춘 강연을 하고, 조언을 하고, 교육을 하면서 의미 있는 기여를 하고 싶었다. 나는 이 일을 하기 위해 대륙을 가로지르고 세계를 누비는 동안 수많은 놀라운 여성과 남성으로부터 영감을 받았다.

다른 많은 사람들과 마찬가지로 나는 페미니즘의 큰 의제들이 절대적으로 개인적인 문제이기도 하다는 사실을 깨달을 때마다 놀라움을 금할 수 없다.(이 생각은 페미니즘의 표어 "개인적인 것이 정치적인 것이다"에 잘 담겨 있다.) 책임 건축가로서 여러 기관들과 대규모 프로젝트를 진행하곤 하는 내 아내 베티가 일터에서 성차별이나 인종차별을 겪을 때마다 나는 몹시 분노했다. 의붓딸 클로에가 할리우드에서 작가로 커가는 동안 나는 그 업계의 공격적인 남자들을 보고 충격을 받기도 했고 권력자의 위치에 있는 남자들이 여성의 목소리와 여성의 직업 활동을 지지할 준비가 되어 있는지 의심스럽기도 했다. 아들 리암이 아빠가 된 첫해, 당시 직속 상사였던 소프트웨어 회사 사장과 갈등을 빚었던 일도 나를 화나게 했다. 그 사장은 부부가 맞벌이를 할 경우 여성뿐만 아니라 남성에게도 새로운 책임이 생긴다는 사실을 도무지 이해하지 못했다. 그러나 아무리 개인적이라 해도 궁극적으로 나의 활동은 내가 영영

모를 셀 수 없는 여성들과 관련된 일이다. 젠더 평등의 의제들과 개인적 연관성이 없다고 해도(사실상 그런 사람은 없다) 나는 젠더 평등을 지지하기 위해 최선을 다하고 있을 것이다.

나의 활동은 개인적인 한편, 남성의 삶을 재정의하려고 애쓰는 여러 남자아이들과 성인 남성을 위한 것이기도 하다. 몇 년 전 나는 내가 필자로 참여한 보고서 발표를 위해 뉴욕 유엔 본부에 갔다. 〈세계 아버지 현황The State of the World's Fathers〉 보고서는 바로 지금 전 세계에서 놀라운 변화를 겪고 있는 아버지의 역할을 기록하고 있다. 이 변화가 우리 가족에, 젠더 평등 진전에, 여성의 직업 활동 기회에, 어린이 복지에, 남성의 우선순위에, 직장 생활 구조에 끼치는 영향은 지대하다. 유엔 산하 기관과 비정부 단체, 민간 부문의 여러 지도자들이 발표장에 나와 전 세계적으로 아버지 역할이 변화하면서 젠더 평등 문제에서 남성이 빠질 수 없음이 명백해졌다고 주장했다. 나는 여기에 덧붙여 의미 있는 변화가 있으려면 가정 내 변화뿐만 아니라 크고 과감한 정책적 조치가 어우러져야 한다고 말했다. 개인의 행동, 폭넓은 사회의 변혁, 개인의 교육, 새로운 법, 개인적 결심, 그리고 사회적 가치 체계와 우선순위의 급격한 변화가 어우러져야 한다. 이 모든 것이 젠더 평등 혁명의 일부다.

지난 30년간 나를 비롯한 몇몇 사람들은 남성을 참여시키려는 우리의 접근법을 주변부에서 중심으로 이동시키기 위해 노력했다. 1980년대에 나는 페미니즘에 우호적인 남성 학자와 교육자, 활동가의 이름 대부분을 알고 있었다. 나의 주소록이 특별히 방대했던 것이 아니라 우리 같은 사람이 처참하게 적었던 것이다. 1990년대를 지나 2000년대로 오면서 여성 인권을 위한 투쟁, 그리고 남성의 삶에 중대한 변화를 가져오는 투쟁에서 남성의 참여를 대세로 만들겠다는 생각은 여성 단체들에 의해 시간 낭비, 돈 낭비, 기만, 혹은 분열 행위로 취급됐다.

그럼에도 남성의 삶에 집중하고 있었던 소수의 주목할 만한 남성 페미니스트와 여성 페미니스트는 부지런히 세계를 돌아다녔다. 그들은 학자이기도 하고 연구자, 활동가, 교육자, 정책 입안자, 운동가이기도 했다. 나는 여전히 그들로부터 많은 것을 배운다. 이들 남녀는 남성에 초점을 맞춘 새로운 연구, 혹은 활동 조직을 만들기도 하고 이미 존재하는 조직 내에 새로운 부서를 만들기도 했다. 나와 내 남성 동료들이 존경하는 여러 여성은 우리가 더 많이 하고 더 잘할 수 있도록 계속해서 우리에게 새로운 과제를 주었다.

한편 페미니스트들은 여러 성공을 거두면서도 여전히 남성 권력과 남성지배적인 제도에 가로막혀 있었다. 그러나 힘겨운 노력이 이어지고 새로운 조직들이 생겼으며, 여기 현실의 요구까지 더해지면서 젠더 평등 혁명 안에서의 남성 위치에 대해 색다른 접근이 시도되었다. 오늘날 여성 인권 단체 대부분과 수많은 여성 정책 입안자, 여성 기업가들은 여성 권리를 위한 투쟁에 남성을 참여시키는 일이 매우 결정적이라고 생각한다. 유엔여성, 유엔인구기금, 옥스팜Oxford Committee for Famine Relief(1942년 영국 옥스퍼드에서 결성된 국제 빈민 구호 단체—옮긴이)과 같은 조직을 비롯한 많은 단체들은 성인 남성과 남자아이들을 대상으로 여러 프로그램과 활동을 하고 있다. 그들은 우리가 남자아이들을 성인 남성으로 키우는 방식을 바꾸어야 한다는 사실을 안다. 오해를 방지하기 위하여 덧붙이자면 어떤 여자도 남자의 구원을 바라지 않는다. 우리는 여성의 지도력과 독립적인 여성 행동을 약화하려는 것이 아니다. 여성이 성인 여성과 여자아이들을 위한 프로그램과 사업에 돈을 아껴야 한다는 것이 아니다. 남성을 참여시키려는 노력이 여성으로부터 부족한 자금이나 재원을 빼앗지 않도록 우리는 경계하고 있으며 그렇게 해야 한다.

내가 글을 쓰고 있는 지금, 여성 폭력을 근절하고 여성 권리를 지지하는 활동에 남성을 참여시키는 일은 점점 더 주목받고 있다. 그런데 그뿐이 아니다. 직장에서, 스포츠 리그에서, 학교에서, 가정에서 이런 노력이 큰 관심을 받고 있는 중대한 시점이 바로 지금이다. 그리고 우리는 마침내 정부 논의와 정책 결정이 이루어지는 가장 높은 층위에까지 접근했다.

나는 탁자에 둘러앉은 프랑스와 미국의 대통령, 독일, 영국, 이탈리아, 일본, 캐나다의 총리를 바라보았다. 2018년 여름, 나는 젠더 평등에 대한 논의를 위해 G7 회의장에 앉아 있었다.

나는 캐나다 총리 쥐스탱 트뤼도가 구성한 G7 젠더평등자문회의Gender Equality Advisory Council 위원이었다. 멜린다 게이츠와 이자벨 위동이 공동 위원장을 맡았고 훌륭한 여성 지도자들이 함께했다. 유엔여성 총재이자 유엔 사무부총장인 품질레 음람보응구카, 노벨 평화상 수상자 말랄라 유사프자이, 옥스팜 인터내셔널 총재 위니

비아니마, 위민딜리버Women Deliver 회장 카티아 아이버슨을 비롯해 그 밖에도 대학교수, 활동가, 군 장성, 정책 입안자, 교육자, 선 대통령, 지역 및 원주민 지도자 등으로 구성된 위원들이 열여섯 명이었다. 나는 이들 가운데 유일한 남성으로, 이들 한 명 한 명과 한자리에 있을 수 있다는 것을 영광으로 여겼다.[3]

트뤼도 총리는 누구도 하지 않은 일을 하고 싶어 했다. 바로 G7의 모든 논의 중심에 젠더 평등을 놓는 일이었다. 정상회담뿐만 아니라 1년 내내 열리는 장관급 회의와 협의도 해당됐다. G7 역사상 최초였을 뿐만 아니라 내가 아는 한 G7, G8, G20, APEC 회의를 비롯한 다양하고 많은 국제회의를 통틀어서 최초였다. 트뤼도는 논의를 정부 행동으로 뒷받침했다. 내각의 절반이 여성이었고 외교 정책에서도 젠더 평등이 강조되었으며 정부 예산 책정 및 집행의 모든 영역에서 젠더에 기초한 분석을 이용하여 국가 예산을 배정했다. 그리고 아버지의 참여를 확대하는 방향으로 육아휴직 제도를 바꿨다.

내가 속한 젠더평등자문회의는 보수를 주지 않았지만 그럼에도 우리는 회의에 앞서 여러 달 열심히 일했다. 보고서를 쓰기도 하고 G7 준비 서류에 응답하기도 했으며 우리 중 일부는 장관급 회의에 참여해서 국가 안보, 일자리와 근로의 미래, 국제 개발, 기후 변화에 대한 토의에 젠더라는 시각을 제공했다.

그런 끝에 마침내 회의에 참여하게 된 것이다. G7 국가의 지도자들과 한 시간 동안 자리를 함께하며 우리는 행동이 필요한 야심 찬 의제들을 내밀었고 지도자들은 다시 한 시간 동안 저들끼리 이

의제들에 대해 토론했다.

정말 생소한 기분이었다. 정치권력의 정점에 오다니. 사진기자와 취재기자들이 안내를 받아 나가기 전까지 내는 셔터 소리에 귀가 멀 것 같았다. 빽빽하게 들어선 안보정보청 사람들, 사복을 입은 왕립 캐나다 기마경찰, 회의실 밖을 꽉 막고 있는 온갖 명사들. 그런 동시에 극히 일상적인, 또 하나의 회의 탁자에서 벌어지는 또 하나의 회의였다. 사람들은 때로는 옆 사람과 짧은 귓속말을 나눴고, 일부 지도자들은 올바른 채널을 찾으려 통역기를 만지작거렸으며, 또 어떤 사람은 안절부절못하며 도통 적응하지 못하는 모습이었다.

이런 회의의 문제점이 무엇이든(막대한 보안 예산을 비롯하여), 내가 이 지도자들의 일부 정책에 대해 어떤 비판적 의견을 갖고 있든, 분명 놀라운 순간이었다. 세계를 뒤흔들고 있는 페미니즘의 영향이 잘 드러나는 순간이었다. 이 회의는 적어도 한 가지 구체적 행동을 낳았다. 참여 국가들이 개발도상국 여자아이들 교육에 총 38억 달러를 쓰기로 약속한 것이다. 한 푼도 보태지 않은 나라는 미국이 유일했다. 같은 해 이어진 토론장에서 장관들과 정책 입안자들은 여성 인권, 정책이 성인 여성과 여자아이들에 미치는 영향, 남성의 역할, 성인 남성과 남자아이들의 삶을 폭넓게 논의했다.

식탁에서도 권력자들의 회의장에서도 젠더 평등은 단연코 오늘의 화두다.

이 책은 남성이 여성과 함께, 한편으로 여성이 남성에게 손을 내

밀고 도전 과제를 줌으로써, 또 한편으로 남성이 형제들에게 손을 뻗음으로써, 인류 역사상 가장 거대한 혁명을 지속할 수 있는 방법에 관해 이야기한다. 그 혁명은 바로 여성 인권, 젠더 정의, 젠더 평등을 쟁취하기 위한 혁명이다.

그리고 앞으로 다루겠지만 여성 인권의 향상, 그리고 여성 혁명에서 시작된 우리 시대의 거대한 변화는 이미 남성과 이 세계에 엄청난 이득을 가져오고 있다.

이것이 무슨 의미인가 하면, 앞으로 설명하겠지만 페미니즘은 남성에게 주어진 가장 위대한 선물이라는 것이다.

그렇다고 해서 공짜는 아니다. 불평등에, 그리고 자신에게 문제를 제기해야 한다는 의미다. 우리 주변에 있는 다른 남성의 믿음과 행동에 문제를 제기해야 할 때도 많을 것이다. 여성의 목소리에 귀를 기울이고 우리가 지금까지 보지 못했던, 남성으로서 누렸던 권력과 특혜의 다양한 형태를 직시해야 한다는 의미다. 그럼에도 나는 남성이 젠더가 평등한 미래를 위해 노력한다면 남성의 삶도 긍정적인 방향으로 바뀔 것이라고 확신한다.

남성이 이러한 변화를 포용하게 된 계기는 물론 여성이었고 여성의 격려였다. 그러나 우리는 궁극적으로 이 변화의 능동적인 지지자로서 남성을 끌고 갈 효과적인 방법을 찾아야 한다. 이것은 남성이 여성의 권리를 위한 싸움에 동참하는 데서 시작한다. 지구 반대편에 살고 있는 두 남자의 사례로부터 우리는 영감을 얻을 수 있다.

두 남자 이야기

우리는 리더십이 회사나 정부, 팀의 정점에서 발휘된다고 생각하곤 한다. 그러나 리더십은 우리 동네에서 맥주 한잔하면서, 혹은 집에서도 발휘할 수 있는 것이다. 작은 손짓일 때도 있고 훨씬 더 극적인 행동일 때도 있다. 새로운 정부 정책과 법 개정, 최고위급에서의 실천도 필요하지만 가장 효과적인 변화는 지역 사회 혹은 주방 싱크대 앞에서 일어나고 있다.

여기에는 여성이 폭력을 당하지 않고 살 권리를 위해 여성과 나란히 리더십을 발휘하는 행위도 포함된다. 이 권리는 여성의 안전, 건강 그리고 정신적 안녕을 위해 필수적일 뿐만 아니라 여성이 근로, 교육, 정치에 동등하게 참여하기 위한 선결 조건이다. 또한 미래의 여자아이들, 그리고 남자아이들이 정서뿐만 아니라 지능을 망칠 수 있는 아동 학대의 충격에서 벗어나 안정적인 가정에서 사랑받으며 자라나기 위한 선결 조건이다.

나는 파키스탄의 외딴 산골 스왓 밸리 출신의 한 남자를 만난 적이 있다. 이 남자는 젊었지만 얼굴은 이미 수척하고 각이 져 있었다. 마치 겨울밤 혹한에 갈라진 바위를 모래바람이 깎아놓은 듯했다. 짙은 머리카락은 풍성했고 늦은 오후가 되자 턱에는 수염이 거뭇거뭇했다. 내가 처음 이 남자와 함께 작은 식당에 자리를 잡았을 때 어깨는 축 처져 있었고 남자는 조심스러운, 심지어 약간은 의심스러운 눈빛으로 주위를 둘러보았다. 그러나 대화를 시작하자 남자의 눈에 뜨거운 열정이 비쳤고 남자는 나지막하던 목소리를 높여 법학 대학원을 졸업하고 고향 스왓 밸리로 돌아간 날을 회상했다.(몇 해 전까지도 나는 스왓 밸리가 어떤 곳인지 몰랐다. 나중에 알았지만 이곳은 말랄라 유사프자이가 가족과 함께 살았던 곳이다.)

남자가 고향을 떠나 법학 대학원에서 공부할 때 권력을 잡고 있던 장성들은 늘어나는 이슬람 근본주의자들을 달래기 위해 후두드법Hudood Ordiances을 시행하고 있었다. 이 법은 이슬람법의 일부를 수구적으로 해석한 것으로, 그중에는 여자아이 혹은 성인 여성이 강간을 신고할 경우 남자 네 명을 증인으로 세워야 범죄가 성립한다는 법도 있었다. 물론 이 요구 사항을 만족시킬 수 있는 여성은 단 한 명도 없었다. 그래서 강간을 당했다는 주장은 거짓으로 낙인찍혔을 뿐만 아니라 여성은 간통죄를 뒤집어썼다. 유죄판결이 나면 징역을 살아야 할 수도 있고 사형에 처할 수도 있다.

파키스탄 남자는 이 모든 것을 지켜보고는 스스로에게 이렇게 말했다. **이건 파키스탄의 법률 전통에 반하는 거야.** 그리고 또 생각했다. **이건 내가 생각하는 이슬람의 가르침이 아니야.** 남자는 이 여성들을 변호하기로 결심했고 금세 좋은 결과를 얻었다. 성폭력을 범한 남자들을 기소하지는 못했지만 적어도 여자아이들과 성인 여성들이 간통 혐의를 벗도록 도울 수는 있었다.

그러자 권력자들은 남자를 감옥에 집어넣었다. 남자가 감옥에 갔다는 말을 듣자마자 나는 파키스탄 외딴 지역에 있는 감옥에서 그가 겪었을 고통과 시련을 상상할 수 있었다. 그러고는 한결 더 끔찍한 상상을 했다. 남자가 감옥에 온 이유를 알아낸 다른 남성 재소자들이 그를 얼마나 괴롭혔을까.

그러나 나의 상상은 틀리고 말았다. 남자가 지역 사회의 여성들을 변호하다가 감옥에 오게 된 사실을 알게 된 다른 남성 재소자들은 단식 투쟁에 돌입했다. 음식이 결코 넉넉하지 않은 곳이었지만 남자가 풀려나기 전까지는 그마저도 먹기를 거부한 것이다. 오래 걸리지 않았다. 며칠 만에 녹슨 문이 열렸고 남자는 자유의 몸으로 그곳을 걸어나갔다.

두 번째 이야기는 지구 반대편에서 있었던 일이다. 몇 해 전이었다. 나는 휴론 호수Lake Huron 기슭 작은 마을에서 마을 사람들을 도와 평등과 여성 폭력 근절을 위한 지역 캠페인을 준비하고 있었다. 초겨울 날씨는 쌀쌀했고 땅에는 벌써 가랑눈이 얇게 쌓여 있었다. 나는 여성 폭력 문제를 강연하기 위해 차를 몰고 교회로 향하고 있었고 가로등 기둥은 크리스마스 조명으로 빛나고 있었다. 나는 그날 밤 여성 폭력이라는 전염병에 대해 이야기했다. 가장 흔한 직장 내 성적 괴롭힘 문제부터 매우 끔찍한 살인의 순간들까지, 전 세계 여성의 선구적이고, 힘겹고, 대개 영웅적인 업적에 대해서, 그리고 화이트 리본 캠페인에 대해서 이야기했다.

강연이 끝나고 한 남자가 내게 다가왔다. 어떻게 말을 꺼낼지 망설이는 게 보였다. 꽤 피곤했던 나는 짧지 않은 즉석 상담이 될 것임을 예감하고 마음을 단단히 먹었다. 남자는 다른 사람들이 내게 질문하거나 짧은 말을 건넬 동안 차분하게 기다렸다. 그리고 다른 사람들이 자릴 떠난 후에야 말을 걸었다.

남자는 내 시선을 피하며 마침내 나지막한 목소리로 이렇게 물었다.

"저기, 화이트 리본을 복사해도 괜찮은가요?"

나는 남자가 우리 포스터나 팸플릿, 학교나 직장에서 나눠주는 우리 자료를 말하고 있다고 생각했다.

"그럼요. 저희가 만들어놓은 것들을 필요에 맞게 수정해서 쓰시길 권장해요."

그러나 남자는 여전히 조심스러운 태도로 물었다.

"TV 광고도요?"

당시 우리는 남성이 목소리를 내는 행위의 중요성에 대한 30초 광고를 내보내고 있었다.

"광고도요."

내가 대답했지만 남자는 여전히 나를 똑바로 보지 못했다. 그러다가 마침내 말했다.

"여러 번 복사해도 되나요?"

나는 아무리 많이 복사해도 상관없다고 말했다. 그제야 남자가 안도하는가 싶더니 나를 바라보았다.

"제가 수십 번은 복사했거든요."

남자는 전자제품, 특히 VCR을 수리하는 작은 가게를 운영하고 있었다. 우리의 TV 광고를 비디오테이프 수십 개에 복사한 남자는 VCR을 고치고 고객에게 돌려줄 때마다 말없이 비디오테이프를 그 안에 넣어두었다. 고객은 VCR이 잘 고쳐졌는지 확인하려고 TV를 켜는 순간 여성에 대한 남성의 폭력을 근절하기 위해 목소리를 높이자는 우리의 광고를 봤을 것이다.

북미의 이 작은 마을은 파키스탄의 부산한 마을 스왓 밸리와 아주 많이 떨어져 있다. 한 남자는 다른 남자보다 훨씬 더 많은 위험을 감수했다. 그러나 이 두 남자는 바로 지금 학교 친구들이나 직장 동료들 앞에서 목소리를 내고 있는, 혹은 여성의 동일한 권리에 굳은 믿음을 가지도록 아들을 키우고 있는 전 세계 수많은 성인 남자와 남자아이들을 대표한다. 크고 작은 캠페인을 지지하는 남자들, 자신의 삶, 직장, 가정을 좀 더 평등한 곳으로 만들기 위해 실천하고 있는 남자들은 아주 많다.

정말 많은 남자들이 이제 이런 변화가 우리 자신의 삶 또한 더 낫게 만든다는 사실을 깨닫고 있다.

정말 많은 남자들이 이제 때가 되었음을 깨닫고 있다.

캐시는 서른여섯이다. 컨설팅 회사에 다니던 캐시는 쌍둥이를 낳고 2년간 휴직했다. 복직하고 보니 뭔가 좀 달라져 있었다. 임신하기 전 캐시는 분명히 파트너로 승진하기 위한 순서를 밟고 있었다. 다른 파트너들이 캐시를 점심 식사에 초대하기도 했고 사람들은 캐시의 잠재력을 시험해보는 듯한 방식으로 캐시의 의견을 묻기도 했다. 캐시의 앞날에 대한 공공연한 대화도 오갔다. 그런데 복직 후에는? 캐시는 전혀 다른 무리에 속하게 되었음을 절감했다. 일은 곧잘 하고 아주 똑똑해. 아이디어도 많고 똑소리 나는 편이지만…… 아무래도 파트너 감은 아니야.[1]

마리아는 여름방학 동안 일자리를 얻는다. 상사는 가정적이고 아주 괜찮은 사람으로 지역 내 칭찬이 자자하다. 일을 시작한 지 2주가 지나고 마리아는 상사와 함께 차를 타고 회의를 하러 간다.

"여기서 요령을 익히면 좋을 거야."

상사의 말에 마리아는 고마운 마음이 든다. 회의가 끝나고 두 사람은 차로 돌아온다. 상사는 시동을 켜지 않고 마리아를 바라보며 회의가 즐거웠냐고 묻는다. 마리아는 흥미로웠다고 말한다. 상사가 은근하게 다가오는가 싶더니 이렇게 말한다.

"여름 내내 우리와 같이 일하게 될 테니 우리 좀 더 가까워지는 거 이떨까?"

공장 내 부서 회의에 참석한 재닛은 무언가를 감지한다. 재닛은 꽤 그럴싸하다는 생각이 드는 아이디어를 내놓는다. 몇몇이 고개를 끄덕이지만 관심을 갖는 사람은 없다. 그러다 한 남자 동료가 5분 뒤 똑같은 아이디어를 내놓고 그때부터 그 아이디어는 '도니의 아이디어'가 된다. 그날 밤 재닛은 남자친구에게 이 이야기를 한다. 남자친구는 재닛을 위로하려고 한다.

"회의가 어떻게 하다 보니 그렇게 흘러간 거겠지. 너무 상심하지 마."

그러나 재닛은 계속 신경이 쓰인다. 다른 회의에서 여성 동료가 제안을 했던 일도 떠오른다. 사람들은 다들 미지근하게 반응하다가 한 남성 동료가 좋은 생각이라고 반응하자 그제야 다들 진지하게 그 제안을 받아들였다.

아이샤는 아주 세련된 레스토랑 주방에서 처음 일을 시작하게 됐다. 음식이 아주 맛있는 인기 셰프의 주방이었다. 아이샤가 일을 시작한 지 채 한 시간도 되지 않는데 셰프는 폭언을 시작한다. 단지 지시 사항을 외치는 게 아니라 아이샤가 얼마나 쓸모없는 사람인지 이야기한다. 나중에는 이렇게 말한다.

"예쁘면 다야? 그렇게 늑장 부리면 메인 다 식어."

한참 뒤 셰프는 아이샤의 등에 손을 얹더니 좀처럼 내려놓지 않고 아이샤는 불편해진다. 여자 친구에게 이 사실을 털어놓으니 친구는 식당 일이 다 그런 거라고, 남자들도 욕을 먹는다고 말한다. 아이샤는 정말 그런지 지켜본다. 사실이다. 위계질서가 엄격하다. 셰프는 상사이자 아버지, 선생님, 복수의 사자다. 그러나 남자들은 욕을 먹지만 셰프와 하이파이브를 하기도 한다. 새로 들어온 한 남자는 신속하게 그들 사이의 음담패설에 끼어든다. 주방에는 사내들만의 문화가 있고 아이샤를 끼워줄 리가 없다.

여성의 세계에 온 것을 환영한다.

남성의 여정은 바로 여기서 시작해야 한다.

내가 여러 해 전 이와 같은 사연들을 접하기 시작했을 때 나는 일단 그런 상황을 설명해보려고 애썼다. 성차별이 만연한 것은 확실했지만 나는 가장 노골적인 사례들만을 염두에 두고 있었다. 한 여자 친구는 내게 마치 벽돌 위에 시멘트 반죽을 얹듯 성적 농담을 툭툭 던지는 남자 상사에 대해 털어놓은 적이 있다. 나는 역겨워하며 온갖 조언을 하기 시작했다. 의도는 선했지만 나는 아무것도 모르고 있었다. 왜 그 남자가 내 친구 앞에서 그런 농담을 해도 된다고 느꼈는지 전혀 모르고 있었으며 똑똑하고 강인한 내 친구가 왜 그런 농담을 멈추게 하기 어려웠는지 전혀 몰랐다.

다행히 그 무렵 한 여자가 나에게 매우 좋은 충고를 해주었다. 이 충고는 젠더 평등을 받아들이려는 모든 남자가 실천에 옮겨야 한다. 그 여자는 이렇게 말했다.

"네가 성차별에 대해 문제의식을 갖고 있는 건 고마워. 하지만 정말 우리를 지지하고 싶다면, 정말 변화를 가져오고 싶다면, 우리가 하는 말에 좀 더 열심히 귀를 기울이는 데서 시작해야 해."

"내가 만약 동의하지 못한다면 어떻게 해?"

내가 물었다.

"그래도 괜찮아. 우리가 말하는 모든 것에 동의할 필요는 없어. 하지만 일단 들어야 해."

"알았어."

"우리가 직면한 여러 문제 가운데 하나는 남자들이 아주 오랫동안 전파를 독점해왔다는 사실이야. 종교적인 공간에서든 대학에서든, 정치, 미디어, 예술, 과학계에서든 남자들 목소리에는 권위가 주어졌어. 그렇다고 남자가 나쁘다는 건 아니야. 목소리를 내온 사람들 중에는 아주 배려심이 깊고 훌륭한 사람들도 있었지. 문제는 독점이야. 무엇을 말할 것이며 누구에게 권위를 부여할 것인가에 대한 독점권을 가지면 말할 권력은 더욱 공고해지지. 그 권력이 여성보다 남성에게 더 많은 돈과 더 많은 자원을 준 거야. 그런 권력이 바로 남성 지배 사회의 본질이야."

귀를 기울인다는 것은 쉽지가 않다. 때로는 공격을 받고 있다고 생각하지 않기가 어렵다. 일부 여성이 저지르는 일반화도 악영향을 미친다. "남자들은 항상 (이래)." 혹은 "남자들은 너무 (이런 존재야)." 그러면 우리는 이렇게 생각한다. '내가 아는 많은 남자들은 별로 안 그래. 아니, 절대 안 그래. 그 스테레오타입에 맞지 않는 남자들을 난 아주 많이 알고 있다고.'

화를 내기는 쉽지만 남성으로서 우리는 여성들의 말이 평생 동안 축적되어온 분노와 답답함, 걱정, 슬픔 그리고 개인적인 사연의 결정체라는 것을 기억해야 한다. 내가 앞서 제시했던 사연들을 다시 떠올려보자. 이런 일이 평생 한 번 일어나는 게 아니다. 미투 운동이 폭발적으로 일어났을 때 수많은 남성은 직장 내의 흔한 성희롱에서부터 직장, 거리, 가정에서 벌어지는 노골적으로 성적이고 신체적인 공격까지, 이런 폭력이 얼마나 많은 여성의 삶 속에서 반복적으로 일어나고 있는지 깨닫고는 놀랐다. 그래서 남성은 "나는 안 그래"라고 쏘아붙이기 전에 일단 귀를 기울여야 한다. 내가 그렇지 않은 사람이라는 점을 상대 여성에게 굳이 이야기하지 않아도 된다. 우리는 말할 차례를 기다려야 한다. 우리는 존중하는 마음으로 일부러 귀를 기울여야 한다.

귀 기울이는 데 몰두하면 우리는 새로운 것들을 발견하게 된다.(물론 여기서 '발견'이라고 함은 콜럼버스가 미대륙을 발견했다고 하는 것과 비슷하다. 발견하기는 했지만 이 대륙에 지난 1, 2만 년간 살고 있었던 수많은 사람들한테는 발견이 아니다.) 내가 하려는 말은 이미 이 문제에 대해 알고 있는 지구상의 35억 명 사람들의 말에 귀를 기울임으로써 우리는 세상을 다른 눈으로 보게 된다는 것이다. 우리는 스스로 새로운 발견을 하게 된다. 우리는 남성으로서의 우리 경험을 어떻게 여성의 경험과 연결시킬 수 있는지 배우게 된다.

나의 경우, 숨겨져 있던 세상을 발견하게 됐다. 여성의 말에 귀 기울이는 경험은 세상에 없는 책을 읽는 경험, 세상에 없는 정치적 선언, 세상에 없는 설교를 듣는 경험, 세상에 없거나 남자의 순서가 올 때까지 드러나지 않았던 과학적 발견과 발명을 목격하는 경험이었다. 지구상에 있는 여성의 비율만큼 이런 것들은 세상에 없거나 없을 뻔했다. 지난 8천 년에서 1만 년간 나의 성별이 여성의 앞을 가로막았기 때문이다. 여자아이들과 성인 여성들은 교육을 거부당했고 투표를 거절당했으며 종교 지도자 자리에 앉을 수 없었다. 직장에서도 벽에 가로막혔다. 우리는 여성이 끝나지 않는 집안일과 육아를 도맡아 할 것을 기대했다. 너무 많은 여성이 폭력에 의해 침묵을 강요당했다.

나는 아주 많은 이야기를 듣게 됐고 남자로서 화가 나지 않을 수 없었다. 여성의 목소리와 여성의 진실을 억압한 나의 형제들에게 화가 났을 뿐만 아니라 경직된 남성성의 틀에 갇힌 상태로 머물러 있었던 나에게, 그리고 때때로 내가 아끼는 여성들을 상대로 개념 없이 행동했던 나에게 화가 났다.

특권, 그리고 귀를 기울이면 얻게 되는 여러 깨달음

어느 아름다운 가을날이 생각난다. 그날 나는 공원에서 산책을 했다. 하늘은 높고 푸르렀으며 나뭇잎은 주홍, 빨강, 노랑으로 물들어 있었다. 나는 몇 시간을 걷고 또 걸으면서 살아 있다는 기분을 즐겼다.

다음 날, 우연히 현명한 내 친구 바르다 버스틴을 만났다. 공원에서 보낸 하루 덕분에 여전히 들떠 있었던 나는 흥분을 감추지 못하고 신이 나서 말했다. 나무가! 하늘이! 싱그러운 가을 공기가 어쩌고저쩌고! 그동안 바르다는 나를 물끄러미 쳐다볼 뿐이었다.

나는 결국 물었다.

"왜?"

바르다는 이렇게 대답했다.

"나도 어제 공원을 산책했어. 나한테 무슨 일이 일어났는지 말해줄까?"

바르다는 한 남자가 자신을 따라오기 시작했다고 말했다. 결코 가까이 다가오지는 않았지만 바르다가 이 오솔길에서 저 오솔길로 꺾어 들어갈 때마다 남자는 적당한 거리를 유지했다. 바르다는 좀 덜 으슥한 공간을 찾아갔다. 남자 둘이 공원 벤치에 앉아 열심히 대화를 나누고 있었다. 바르다가 가까이 가자 두 남자는 대화를 멈추었다. 그리고 바르다를 머리끝에서 발끝까지 훑어보며 지나갈 때까지 눈을 떼지 않았다. 이후 바르다에게 휘파람을 분 남자도 두엇 있었다.

나에게 기본 권리였던 공원 산책이 바르다에게는 괴롭힘과 위협을 당하는 경험이었다.

그래서 나는 괜찮은 남자답게 행동했다. 사과를 한 것이다. 바르다가 그런 일을 겪은 데 대해 유감을 표시했다. 모든 인류를 대신해 사과했다.

그러나 바르다는 이렇게 말했다.

"왜 네가 사과해? 네가 나를 괴롭혔니? 네가 공원에서 누굴 괴롭혔니? 누군가 괴롭힘을 당하는 걸 보고도 아무것도 하지 않았니?"

"그건 아니지만……"

"아니면 됐어. 네가 하지도 않은 일에 대해 죄책감을 느낄 필요는 없어. 대신 네가 분노했으면 좋겠어. 너랑 같은 도시에 사는 여자가 너와 동일한 기본권을 누리지 못한다는 사실에 분노하면 좋겠어."

나는 고개를 끄덕였다.

"그리고 이 모든 것이 네가 남자로서 누리는 특권과 상관이 있다는 점을 알았으면 좋겠어."

특권. 내가 이 말을 모를 리가 있을까.

중산층 가정 출신에 부모님이 대학 학비를 내주셨기 때문에 나는 내가 특권을 누리고 있음을 잘 알았다.

인종에 따른 분리주의 정책이 시행되고 있었던 시절 노스캐롤라이나 주에 살았기 때문에 백인으로서 누리는 특권이 무엇인지도 알고 있었다.

그리고 당시 캐나다에 사는 사람으로서 나는 세상 사람들 대부분이 오직 꿈을 꾸는 데 그치는 보건 제도, 치안 그리고 높은 생활 수준의 혜택을 받고 있다는 사실을 알고 있었다.

그러나 바르다는 좀 다른 특권을 이야기하고 있었다.

내 눈에 보이지 않았던 여러 겹의 특권에 대해 이야기하고 있었다.

특권은 그런 것이다. 우리 남자가 전통적으로 누려온 가장 지대한 여러 특권은 우리 눈에 보이지 않는다. 반인종주의 교육자 페기 매킨토시Peggy McIntosh의 말을 빌리자면, 특권은 협상 카드로 가득한 보이지 않는 배낭으로서 노력 없이 쌓이는 신용, 그리고 통과하

기 어려운 문을 여는 열쇠를 제공한다.[2]

남자인 내가 면접에 들어가면 면접관은 내가 언제 1년짜리 육아 휴직을 쓸지 궁금해하지 않고 나도 그런 데 신경을 쓸 필요가 없다.(그런데 아버지의 육아에 대해 5장에서 얘기하겠지만 요즘 점점 더 많은 남자들이 육아 휴직을 쓰고 있다.)

내가 인류 가운데 비이성적이라고 간주되는 절반에 속해 있기 때문에, 혹은 단지 생리를 하고 있기 때문에 나의 의견이 무시당할까 나는 걱정하지 않는다.

나의 상사는 내가 가정이 있기 때문에 출장을 가지 못할 것이라고, 너무 위험하기 때문에 현장에 나갈 수 없을 것이라고, 혹은 여성을 업신여기는 국가에서 온 상대와 협상 테이블에 앉을 수 없을 것이라고 간주하지 않는다.

또한 재정이 넉넉하고 조직이 잘된 어떤 단체가 정치인들을 후원함으로써 나로 하여금 원하지 않는 임신을 지속하도록 만드는 법을 통과시킨다든가 임신을 막을 수 있는 피임 도구에 접근하지 못하게 막는다든가 하는 일에 대해 영영 걱정할 필요가 없다.

특권은 내가 가지고 내가 누릴 수 있는 것에만 국한되지 않는다. 어떤 것을 염두에 두지 않을 권리도 포함된다. 그런 권리를 갖고 있다는 사실조차 모를 권리도 포함된다.

특권을 이렇게 이해하면 훨씬 더 넓은 문이 열린다. 우리의 성별, 성적 지향, 젠더 지향, 피부색, 종교, 경제적 지위, 신체적 능력, 연령, 국적에 따라 부여되는 때로는 은근하고 때로는 노골적인 특권에 대해 이해하게 된다. 우리의 경험이, 태어나는 순간부터 우리에게 날아와 우리를 건드리는 계기들에 의해 형성된다는 점을 깨닫게 된다. 그래서 페미니즘 사상가들은 더 이상 단순하게 여성과 남성의 경험에 대해 이야기하지 않는다. 대신 얼마나 많은 위계, 특권, 불평등한 권력의 형태가 우리 자신의 삶 속에서 교차하는지에 대해 이야기한다. 남자로서 특권을 누릴지 몰라도 흑인이라서 누리지 못하는 권리가 있을 수 있다. 이성애자라서 특권을 누릴지 몰라도 트럼프의 미국에 살고 있는 무슬림으로서 누리지 못하는 권리도 있을 것이다. 이것은 누가 더 불쌍한지 기이한 순위를 매겨보자는 소리가 아니다. 도쿄의 중산층 양성애자 여성을 한때 시리아에서 중산층이었으나 이제 요르단의 난민촌에 살고 있는 이성애자 남성과 비교해보자는 말이 아니다. 우리의 경험과 인간관계들이 얼마나 복잡한지 인정하고 변화를 가져오기 위한 더 좋은 접근법을 개발하자는 말이다.

그래서 여성의 목소리를 듣는 일은 내가 느끼는 안온함을 파괴하는 경향이 있다. 귀를 기울이는 목적은 여성이 (그리고 특정한 일부 남성이) 느끼는 분노를 이해하고 경험하기 위함이다. 더 안전하고 더 정의롭고 더 번영하는 세상을 만들기 위해 우리의 직장, 가정, 국가가 가야 할 방향을 이해하는 일이다. 억압된 재능, 억압된 아이디어, 억압된 지도력, 억압된 힘을 분출하도록 돕는 일이다. 우리의 인간관계를 개선하는 일이다.

여성의 눈을 통해 보는 세상

만약 남성이 여성의 눈을 통해 세상을 본다면 다음과 같은 것들을 보게 될 것이다. 여성과 남성 사이의 끈질긴 소득 격차. 일부 (저소득) 직종에서의 여성 쏠림 현상. 여전히 대기업 여성의 승진을 가로막고 있는 장벽. 유색 여성과 소수 민족, 소수 종교 여성이 겪는 두 곱절의 차별. 여성에게 눈곱만큼 주어진 공직과 법관직. 수많은 여성이 경험하는 성적, 신체적, 정서적 폭력. 맞벌이 집안에서마저도 여성이 가사와 육아에 할애하는 평균 시간과 남성이 할애하는 시간 사이에 존재하는 깊은 간극. 가정친화적인 사내 방침, 질 높은 육아 서비스, 육아 휴가의 부재. 그리고 그로 인해 여성이 더 큰 영향을 받는다는 사실. 더 높은 여성 빈곤율. 여러 종교 내의 여성이 경험하는 2급 교인 대우. 정치적, 종교적 영향력을 이용해 피임과 임신 중지에 대한 접근을 막음으로써 여성의 몸에 대한 통제권을 놓지 않으려는 남자들. 다수의 국가들에 여전히 존재하는 아득한 여성 교육 장벽.

이것은 아주 긴 목록의 짧은 버전에 불과하다. 듣기 고통스럽지만 우리 남성은 귀 기울여야 한다. 친구와 직장 동료, 팀원, 아들들에게 영향력을 행사하기 위해서다. 여전히 여성의 권리 신장에 반대하거나 우리가 이제 포스트페미니즘 유토피아에 들어섰다고 생각하는 남자들(그리고 여자들)의 주장에 이의를 제기하기 위해서다. 남자아이들을 어떻게 키워야 하는지 다시 생각해보기 위해서다. 문제의 일부일 수 있는 우리 자신의 편견과 태도, 행위를 진정성을 가지고 검토하기 위해서이기도 하고, 젠더 평등에 어울리는 태도와 행위를 강화하기 위해서이기도 하다. 우리 자신의 삶 속에서 실천하기 위해서다.

우리 남성은 여성이 직면한 차별, 편견, 폭력 그리고 노골적인 억압의 대가를 알아볼 수 있어야 한다. 우리는 이런 것들이 어떻게 나타나며 어떻게 여성의 삶의 수많은 영역에 영향을 미치고 그 결과 우리 삶에 영향을 미치는지 가능한 한 명확하게 이해하고 있어야 한다.

직장 내 회의실과 가정, 교실, 교회 그리고 투표소에서 여성은, 두려움이 없으며 지칠 줄 모르는 교양 있는 지지자로서 우리 남성을 믿을 수 있어야 한다. 우리가 변화의 주도자로서 여성의 곁을 지키려면 이런 것들을 공부해야 한다.

그러나 우리가 알아야 할 것이 하나 더 있다. 그리고 이것은 남성에게는 놀라운 소식일 것이다. 이상하게 들릴지 모르겠지만 우리가 남성성을 정의하는 방식, 남성이 사회에서 더 큰 권력을 가지도록 설계된 삶 속에서 남성은 끔찍한 대가를 치른다. 우리는 우리 삶의 중심에 있는 이 역설을 드러내야 한다. 남성이 변화의 파트너로서 여성 곁에 우뚝 설 수 있는 가장 의미심장한 이유들이 그 속에 있기 때문이다.

결국 젠더 평등 혁명은 우리 남성의 삶 또한 더 나은 방향으로 변화하게 한다는 뜻이기도 하다.

남성 지배적인 세계에서
살아가는 남자들

내 인생에서 가장 놀랍고 행복했던 순간은 내 아이가 태어났을 때였다.

바로 그 순간 아기가 태어나자마자 간호사는 말했다. 그 전까지는 평소대로 말하던 간호사는 갑자기 목소리를 한 옥타브 낮추더니 말했다.

"아들이에요. 아주 튼튼한 꼬마 친구네요."

나는 충격을 받았다.

아들이기 때문이 아니었다. 아들일 가능성이 절반이라는 것을 내가 몰랐을까? 나는 간호사의 말하는 방식에 충격을 받았다. 간호사의 낮은 음성을 내 아들이 따라가려면 적어도 13년은 걸릴 터였다.

만약 딸이었다면 간호사의 목소리는 높이높이 올라갔을 것이며 간호사는 "아주 사랑스러운 아기네요"라고 말했을지 모른다.

아들이 튼튼했던 것은 사실이지만 내 눈에 우리 아들은 지구에 꼬물거리며 나타난 어떤 존재보다 사랑스러웠다. 그런데 태어난 지 몇 초 만에 세상은 내 아들을 위한 미식축구 저지를 맞춤 제작하고 있었다. 가볍게 주름진 아들 이마에 남자라는 단어가 새겨지고 있는 것 같았다.

이것은 여성이든 남성이든 우리 모두에게 벌어지고 있는 일이다. 이와 똑같은 일이 전국의 분만실에서 벌어지고 있다. 아주 어린 나이부터 우리는 서로 다른 자세로 품에 안기고, 다른 말을 듣고, 다른 옷을 입으며, 다른 장난감을 받는다. 아이들은 남자아이 혹은 여자아이로 크는 것이 어떤 의미인지에 대해 사회가 내린 정의에 쉴 없이 노출된다.

적어도 문화적 전통에 따라 남녀 아이들은 누군가 만들어놓은 짐을 짊어지게 된다. 불과 얼마 전까지만 해도 여자아이들은 상냥하고 섬세하고 말 잘 듣고 감성이 풍부한 작은 공주님이어야 했다. 나는 이제는 많은 것이 변했다고 말하고 싶다. 어떤 면에서는 변하기도 했다. 특히 1960년대 후반 이후 여성이 전형적 여성성의 한계와 2등 시민으로서의 지위에 이의를 제기하면서 여자아이들이 할 수 있는 일, 꿀 수 있는 꿈의 범위는 상당히 넓어졌다. 그럼에도 여자아이들의 삶에 꾸준히 제공되고 있는 핑크색은 몸서리나는 현실을 반영한다. 실로 여성 지도자들이 직장이나 정치계에서 이미 종종 깨닫고 있듯 낡은 고정관념을 따라가도 낭패를 보고 고정관념에서 벗어나 여성으로서 힘을 써도 낭패를 본다.

그리고 최근 들어 남자들에게 허락된 감정 세계는 꽤 넓어졌지만(남자들이 드디어 서로 포옹을 할 수 있게 되었다니 정말 기쁜 일이다. 물론 그 와중에 서로의 등을 사정없이 두드려야 하기는 해도) 남자아이들은 여전히 굳세고, 강하고, 위험을 무릅쓰고, 무엇보다도 나

약함을 드러내는 어떤 감정에도 굴복하지 않아야 한다.[1]

아이들은 놀랄 만큼 어릴 때부터 이런 메시지를 받아들인다. 부분적으로 이것은 인간이 유아기 때부터 모방에 능하기 때문이다. 실제로 우리에게는 거울 뉴런이라고도 불리는 신경세포가 있는데 이것은 우리가 주위 사람들의 감정을 모방할 때 보상을 내린다.

부모들은 종종 나에게 이렇게 말한다.

"제가 아들도 있고 딸도 있는데 둘이 하는 행동이 달라요."

이것을 실험한 연구도 있다. 관찰자들은 각각 주어진 아기와 놀이를 했다. 절반은 남자아이, 절반은 여자아이였다. 관찰자들은 유아들의 행동에 대해 기록을 남겼다. 그런 뒤 아기들이 나가고 새로운 아기들이 들어왔다. 이 실험은 새로운 관찰자 집단과 아기 집단을 데리고 반복되었다. 마지막으로 연구자들은 관찰자들의 기록을 컴퓨터에 입력했고 정말로 남자아이들은 더 시끄럽고 더 활동적이었으며 대근육을 더 많이 사용했다. 여자아이들은 더 섬세하고 조용했으며 더 순했다. 우리의 모든 추측과 일치하는 듯했다.

문제가 있다면 관찰자들이 속임을 당하고 있었다는 것이다. 아이들 절반이 남자아이, 절반이 여자아이였던 것은 사실이다. 그러나 방을 나간 아이들은 실제 성별과 상관없이 임의로 남자아이, 혹은 여자아이 옷을 입고 다시 방으로 들어왔다. 다시 말해 관찰자는 분홍 원피스를 입은 꼬마든 튼튼한 작업복 같은 바지를 입은 꼬마든 누가 여자아이이고 누가 남자아이인지 알지 못했다. 가장 중요한 점은 알지 못한다는 사실조차 알지 못했다는 사실이다.

연구자들은 이 모든 것을 추적하고 있었고 관찰자들의 기록을 아기들의 생물학적 성별과 비교했을 때 성별과 관찰된 행동 간에는 어떤 상관관계도 없음을 발견했다.

그렇다면 관찰자들은 왜 뚜렷한 남녀 차이가 있다고 생각했을까? 한 가지 이유는 우리가 보고 싶은 것만 보기 때문이다. 모든 고정관념은 이런 식으로 작동한다. 우리가 지켜보는 아래 누군가 열 가지 다른 행동을 한다고 가정했을 때 우리는 그 집단에 대해 우리가 가지고 있는 편견에 들어맞는 행동만을 눈여겨보고 기억한다. 분홍 원피스를 입었으니 여자아이라고 짐작했고 그 결과 특정 행동에만 주목한 것이다. 남자아이 옷을 입은 경우에도 마찬가지였다.[2]

그러나 거기서 끝나지 않는다. 관찰자들이 차이를 느낀 이유는 우리가 남자아이들과 여자아이들과 상호 작용할 때 서로 상반되는 방식으로 하기 때문이다. 하루는 내 친구가 아이를 데리고 버스 정류장에서 버스를 기다리고 있었다. 아이는 빨강과 검정 체크 무늬의 럼버잭 셔츠를 입고 있었다. 나무꾼도 울고 갈 힙스터 감성의 차림새였다. 그때 한 지인이 다가왔다. 내 친구에게 아이가 생긴 줄 모르고 있었던 지인은 좋다고 아이를 안았고 공중으로 던지는 시늉을 하면서 신이 나서 말했다.

"듬직한 아들내미네. 이름이 뭐야?"

"딸이야. 이름은 세라."

그러자 내 친구의 지인은 아무 일도 없었다는 듯 아이를 품에 꼭 안고 부드럽게 아이의 머리를 쓰다듬었다.

이런 상황을 통해 아이는 학습을 한다. '아들'은 위험을 무릅쓰고 몸의 떨림을 짜릿하게 느끼도록 배운다. '딸'은 우리 시대에 여러 변화가 있었음에도 여전히 가냘픈 존재이며 돌봄을 받아야 한다고 배운다.

사실 아이들은 거친 놀이와 부드러운 포옹 모두를 필요로 한다. 그러나 우리는 여전히 이를 불균등하게 나누어준다. 그래서 우리는 서로 다른 것들을 학습한다.

셀러리와 뇌의 발달

이런 식의 학습은 의식적이지 않다. 아이는 '고정된 젠더 관념에 맞춰야지'라고 생각하지 않는다. 그보다는 뇌가 빠르게 발달하는 과정의 일환이다. 아이의 신경은 매일 수백만 개의 새로운 연결고리를 만든다. 태어날 때 우리 뇌는 10퍼센트 정도밖에 발달되어 있지 않다. 성인의 뇌 크기의 10퍼센트라는 의미가 아니다. 뉴런과 시냅스가 복잡하게 뒤엉켜 있는 상태가 아니라는 뜻이다. 성인 두뇌에 존재하는 다양한 영역들이 아이에게는 거의 없다시피 하다.

초등학교 시절 했던 실험이 떠오른다. 색소가 든 물에 셀러리를 담가놓는 실험이었는데 하루인가 이틀 만에 셀러리가 색소를 빨아들였다. 물론 너무 단순한 비교라는 점은 인정한다. 그러나 빠르게 발달하는 우리의 두뇌 역시 주변의 사회적, 그리고 자연적 환경에 반응하고 그것을 흡수하며 그것과 맺는 관계를 통해 체계를 갖추어간다. 다른 동물에 비해 인간의 경우 더욱 그러하다. 우리는 훨씬 더 긴 기간 동안 부모에게 철저하게 의지하기 때문이다. 우리는 색소를 탄 물을 훨씬 더 오랫동안 빨아들인다.

그 수많은 놀이 시간들을 통해 남녀에게 다르게 발화되는 말을 들으며, 그리고 세계를 신중하게 관찰하는 속에서 우리는 자라고 우리의 두뇌가 발달한다. 그런데 이것이 젠더가 유의미한 남성 지배 사회에서 벌어지고 있으므로 이 과정은 특정 젠더에 대한 기대치나 특정 젠더의 이상화된 모습, 그리고 젠더 간의 관계, 즉 젠더 권력을 두뇌 속에 내재화하는 과정이다. 우리는 고정관념에 우리를 맞추는 법을 배우는 데서 그치지 않는다. 우리의 두뇌가 젠더를 갖게 되는 것이다.

젠더라고 할 때 나는 우리의 남녀 성별을 말하는 것이 아니다. 성별은 생식 작용의 관점에서 우리 위치를 말해주는 생물학적 사실로서, 전부는 아니지만 대부분의 인간의 성별은 신체적인 특징에 의해 정해진다.(과학자들은 유전적 다양성을 인정해야 하는 동시에 수많은 트랜스젠더 개인의 고백을 무시할 수가 없기에 인간이 예전의 생각대로 두 개의 성별로 명확히 나뉘지 않는다는 점을 시인하고 있다.) 반면 젠더는 남성과 여성, 남성성과 여성성에 대한 우리의 관념, 그리고 이상화된 모습과 관련이 있다. 젠더는 성별 간의 권력 관계와 관련이 있다.

다시 말해 '남자의 두뇌' 혹은 '여자의 두뇌'에 대해 말하는 것은 옳지 않다. 남녀의 염색체가 98.6퍼센트는 동일한 것처럼 남녀의 두뇌에는 태어날 때 뚜렷한 차이점이 없다.[3] 그보다 본성과 양육이 서로 부딪히거나 일치하거나 한다. 우리의 두뇌는 본래 가소성이 있어서 우리가 원하는 대로 빚을 수 있다. 또한 우리 인간은 본성적으로 여러 해 동안 성인에게 철저히 의존한다. 그동안 우리는 그 성인들과 깊고 강력한 정서적 유대를 형성하고 우리의 두뇌는 아주 길고 느린 과정을 통해 힘겹게 발달한다. 이 발달 과정은 사회적인 환경 속에서 일어난다. 그 사회는, 적어도 지금까지는, 여전히 젠더에 따라 구분되고 정의 내려진다. 본성은 우리 두뇌가 젠더를 갖게 허락한다. 사회는 우리의 정체성, 자의식 그리고 그 이상의 것들을 형성하는 젠더 기반의 틀을 제공한다.

본성이냐 양육이냐 하는 양자택일의 문제가 아니다. 그것은 시대에 뒤떨어진 논의다. 본성과 양육은 서로 어우러져 남성과 여성을, 남성다움과 여성다움을, 너와 나를 만든다.

내가 '남성다움과 여성다움'이라고 말하고는 있지만 젠더에는 두 가지만 있는 것이 아니다. 사실 이상화된 젠더의 모습과 정의는 시대와 문화에 따라 달라진다. 개인은 각각 자기만의 방식으로 젠더의 정의를 통합하거나 거기 반발하거나 거부하거나 수정한다.[4] 1950년대 북미에서 태어나 도시에서 자란 백인 중산층 고학력 이성애자 유대인 남성으로서 내가 남성성에 대해 내리는 나만의 정의, 나의 자의식, 내가 남성의 권력을 그 자의식과 조화시키는 방법, 내가 즐기는 특권은 우리 동네에 사는 젊은 흑인 게이 남성 노무직의 특권이나 불과 한 시간 떨어진 시골에 사는 가난한 백인 남성 농부의 특권과는 다르다. 뿐만 아니라 점점 더 많은 개인들이 수면 위로 올라와 누굴 남자로 또 누굴 여자로 정의하느냐에 관한 기존의 틀이 그들에게 전혀 맞지 않다고 말하고 있다.

남성성의 관념은 어디서 오는가

즉답을 하자면 우리가 태어나자마자 비처럼 쏟아지는 이미지와 메시지, 그 밖의 수많은 것들에서 온다. 그 가운데 일부는 노골적이다. 커다란 장난감 가게에 들어가보면 여자아이와 남자아이의 장난감을 가르는 베를린 장벽이 있게 마련이다. 일부 메시지는 미묘하지만 영향을 미친다. 지나가는 자동차 앞자리에 남녀가 있다면 남자가 운전하고 있을 확률이 훨씬 더 높다. 이것은 뒷자리에 앉은 아이들의 작고 유연한 생각에 특정한 메시지를 심는다. 커다란 기계를 작동하려면 남자가 있어야 하고 남녀가 함께 있을 때는 남자가 주도권을 갖고 있어야 한다는 메시지다. 통계적으로 여성이 더 운전을 잘한다는 사실은 무시된다. 젠더의 눈으로 세상을 보라. 언론이 보여주는 이미지, 누가 공적인 공간을 더 많이 차지하는지, 누가 권위적인 목소리를 내는지, 누가 어떤 직업을 갖고 있는지 눈여겨본다면 결코 전과 같은 눈으로 세상을 보지 못할 것이다.

그러나 여기에 이르면 묻지 않을 수 없다. 젠더 관념, 더 구체적으로는 남성성에 대한 우리의 생각은 궁극적으로 어디서 오는가? 남자들이 이사회를 구성해서 남성성과 여성성을 규정한 것은 아닐 테니까 말이다. 정말 아닐까? 종교계 우두머리들, 과거 남성으로만 이루어졌던 통치기관들, 그리고 20세기 초 현대 스포츠 문화를 만든 남성들의 모임 등은 남성성과 여성성을 규정하는 규칙들을 만들고 법제화하고 정당화했다.(그리고 그 규칙을 깨는 사람은

벌을 받도록 했다.)[5]

간단히 말해 남성성에 대한 우리의 생각은 남성 지배 사회, 즉 가부장제의 현실로부터 발생했으며 그 현실을 강화하고 있다.

비행기를 타고 포르투갈 리스본에 내린 뒤 차를 빌려 타고 남동쪽으로 몇 시간 운전하면 성벽으로 둘러싸인 마을 에보라에 도착한다. 내가 거기 간 이유는 주변 지역에 기원전 5천 년에서 3천 년 사이에 만들어진 인간 부락과 유적이 상당히 많이 남아 있기 때문이다.

그중 초기 유적은 영국의 스톤헨지나 오크니 제도의 원형 유적, 프랑스 브르타뉴의 선돌을 연상케 하지만 그 정도로 규모가 크지는 않다. 하지와 춘분, 추분을 나타내도록 줄이 세워져 있다. 유적은 인간이 처음 곡식을 심고 가축을 기르기 시작한 신석기 초기에 만들어졌다. 인간의 조상은 생존에 무척 중요해진 계절의 변화를 따지기 위해 이런 유적을 만들었을 것이다. 유적의 규모, 즉 바위에 새겨진 조각이나, 기반암에 깊은 홈을 파서 공들여 바위를 세운 점 등을 보면 우주와 자연의 신비를 깊이 숭배했던 것으로 보인다. 그러나 서서히 자연을 정복해가는 인간으로서의 모습도 드러난다. 이 바위들은 그 정복을 기념하고 있는 듯하다. 일부 바위에 새겨진 그림 중에는 양치기의 굽은 지팡이도 있다. 자연에 대한 지배의 상징이자 이집트의 파라오가 휘둘렀던 상징이며 오늘날에도 종교적 의미가 있다. 교황이 들고 다니는 지팡이가 바로 이렇게 생겼다. 양치기들은 물론 양 떼를 돌보지만 양 떼의 지배권이 궁극적으로 누구에게 있느냐 하는 질문은 물으나 마나다.

초기 신석기시대는 사회적 변화의 시기였다. 이 지역 인류는 자연을 지배하기 시작했지만 아마도 꽤 평등한 사회에 살고 있었을 것이다. 그러나 몇 킬로미터 떨어지지 않은 곳에서 수백 년 뒤 변화가 있었음을 보여주는 흔적이 발견됐다. 기원전 4천 년에서 3천 년 전으로 거슬러 올라가는, 8미터 높이의 거대한 판석으로 만든 돌무덤이다. 공들여 모양을 다듬고 이곳으로 운반한 뒤 수십 년에 걸쳐 원형 모양의 방을 세웠다. 그 안에는 누가 묻혀 있었을까? 세 가지 특징이 있었다. 일단, 무덤의 수가 많지 않았다. 이미 소수가 다수를 지배하는 사회가 되어 있었으며 그 소수가 사회가 생산하는 결과물의 훨씬 많은 부분을 전용하고 있었음을 시사한다. 이는 무덤을 만드는 데 들어간 엄청난 시간과 에너지가 말해주고 있다. 둘째로, 무덤 안의 시신은 모두 남자였다. 세 번째는? 모두 무기를 가지고 있었다. 남성이 사냥을 위해서만이 아니라 싸우기 위해 폭력을 사용하는 법을 터득한 사회였던 것이다.

여러 인류학자들의 추측에 따르면 우리와 닮은 인류가 존재해온 지난 20만 년 동안 우리는 대부분의 시간을 생존을 위해 채집 활동을 하면서 작고 평등한 공동체를 이루며 살곤 했다. 물론 남성과 여성은 서로 다른 일을 했다. 여성은 성인이 된 이후 짧은 인생의 상당 부분을 임신한 상태로 혹은 수유를 하면서 보내야 했기 때문에 부락에 좀 더 묶여 있을 수밖에 없었다.(이것은 인류 역사의 가장 위대한 기술 혁명, 즉 인간이 가축을 길들이고 농사를 시작한 신석기 혁명에서 남성이 편중된 역할을 했다는 의미이기도 하다.) 그러나 분업이 곧 위계질서로 이어지지는 않았다. 지역에 따라서 다르기는 해도 아마도 8천 년에서 1만 년 전에 남성 지배 사회가 출현했을 것이라고 보는 시각이 일반적이다.

철학자 매리 오브라이언Mary O'Brien은 창의적 발상을 담은 책 《생식의 정치The Politics of Reproduction》[6]에서 가부장제가 부분적으로는 여성의 출산과 생식 과정을 통제하기 위한 방법으로서 발생했다고 추정하고 있다. 자연을 통제하는 법을 터득한 당시 인류가 출산을 통제하려고 했다는 것이다. 적어도 다음과 같이 말할 수 있다. 남성이 자신의 씨족이나 부족의 땅과 가축을 지배하고 물려주려면 기본적으로 여성을 지배해야 했다. 우리가 여전히 남성이 더 합리적인 인류인 반면, 여성이 자연의 무분별한 부침과 연관이 있다고 가정하는 데에는 이런 배경이 있다. 그리고 특정 남성 집단들은 여전히 여성의 생식을 통제하는 데 기를 쓰고 있다. 피임과 임신중지를 금지하는 온갖 다채로운 종교적 근본주의자들을 떠올려 보자. 이것은 여성의 몸을 통제해야 한다는 강박이 오늘날까지도 남아 있음을 보여준다.

따라서 우리가 남성성을 여성, 자연, 다른 남성 그리고 제멋대로인 자기감정에 대한 통제라고 정의할 때 남성성의 이런 정의는 사회적 현상을 반영한다. 일단 발생한 이상 아주 자연적인 것처럼 느껴진다. 남성이 원래 이런 존재라고 가정하게 된다.

과학자들은 사회적 경험과 현상이 실제로 어떻게 우리 본성을 빚어내는지에 대해 점점 더 많이 알아가고 있다. 인간 두뇌의 가소성으로 인해 두뇌는 경험에 기반하여 변화하고 발달한다.[7] 이것은 후생유전학의 영역이기도 하다. 우리에게 벌어지는 일들이 실제로 우리의 본성을 바꿀 수 있는 것으로 보인다. 다시 말하면 우리의 본성은 과학자들이 한때 생각했던 것처럼 고정되어 있지 않다. DNA 정보는 고정되어 있지만 스트레스와 식단, 생활 방식은 어떤 유전자가 일을 하고 어떤 유전자가 다만 잠재력으로 남을지 결정할 수 있다. 우리의 환경과 우리가 날마다 하는 행동은 유전자를 끌 수도 켤 수도 있다.(남자가 아버지가 되었을 때 생기는 변화에 대해서도 추후 살펴볼 것이다.) 남성으로 사는 삶, 그리고 '사내답기' 위해 겪는 압박과 스트레스는 복잡한 호르몬의 분출에 변화를 일으킨다. 인간 본성의 특징은 바로 그 본성이 변할 수 있다는 점이다. 젠더에 따른 기대와 젠더 관계가 우리 두뇌에 각인되면서 뒤따르는 본성의 변이는 그 한 가지 사례다.

"나한테 권력이 있다고요?"

나에게는 아내 베티가 질색하는 버릇이 하나 있다. 낯선 사람에게 말을 거는 습관이다. 마트 계산대에 줄 서 있을 때나 엘리베이터에서, 길을 걸어갈 때도 모르는 사람과 대화를 한다. 재미있는 사실을 발견할 때도 있고 무엇보다 세상과 연결되어 있다는 느낌을 받을 수 있다.

어느 날 학회에서 기조연설을 하려고 기다리는 중이었다. 복도를 좀 헤매다가 학회장으로 돌아가려는데 한 건물 관리인이 학회장 문에 난 창을 들여다보고 있었다.

나는 인사를 했다.

그가 무슨 학회냐고 물었다.

여성 인권 강화, 젠더 평등 추구, 남성 권력에의 도전에 관한 학회라고 대답했다.

관리인은 콧방귀를 뀐다. 악의가 있어 보이지는 않지만 동의할 수 없다는 표정임은 분명하다.

"좋은 거잖아요, 평등인데."

내가 항변한다.

"누가 나쁘대요?"

나는 관리인이 말을 잇기를 기다린다.

"그런데 권력이라고요? 그걸 말이라고 해요, 지금? 나한테 권력이 있다고요? 난 월급도 변변찮고 윗사람한테 날마다 무시당해요. 내 차는 덕지덕지 붙은 청테이프가 없으면 몰고 다니지도 못해요. 정부가 나한테 이래라저래라 하고 목사님이 나한테 이래라저래라 해요. 마누라도 이래라저래라, 애들도 이래라저래라 해요. 심지어 우리 집 개도 나한테 이래라저래라 한다고."

우리는 이 같은 푸념을, 남성이 여성보다 권력이 많은 사회에서 살고 있다는 주장과 어떻게 조화롭게 받아들일 수 있을까?

건물 관리인을 이해해보자

건물 관리인의 반응은 여러 가지 방식으로 설명이 가능하다.

설명 1: 관리인은 여성과 페미니즘에 화가 나 있다. 그러나 그렇게 보이지는 않는다. 관리인은 평등에 대해 불평하는 게 아니라고 한다. 게다가 이야기를 나눌수록 관리인은 두 딸을 언급하며 두 딸에게 좋은 것만 주고 싶다고 한다.

설명 2: 여성의 권리와 젠더 평등이 실질적으로 향상되었다. 그래서 관리인은 여성이 여전히 차별에 직면해 있다는 주장을 받아들이지 않는다. 생각해보라. 엄마나 할머니 시절에는 전 세계 거의 모든 지역의 여성이 엄청난 장벽에 가로막혀 교육을 받지 못했다.(불행히도 아프리카와 아시아 일부에서 이것은 여전히 엄연한 현실이다.) 오늘날 북미와 유럽 그리고 남미와 아시아 일부에서는 대학 학부생 대다수가 여성이다. 우리 며느리가 다닌 의대에서도 여성이 대다수였다. 엄마나 할머니 시절에는 미국 여성도 남편의 서명 없이는 자기 계좌를 개설할 수 없었다. 여성 폭력은 거의 언급조차 되지 않았다. 발전이 없지는 않았다. 이 모든 것이 변화를 촉구했던 여성들의 결의를 입증한다. 그러나 이것은 관리인의 푸념에 대한 부분적인 설명만을 제공할 뿐이다.

설명 3: 너무나 눈부신 발전으로 인해 관리인은 세계 대부분 지역에서 여성이 여전히 2등 시민으로 취급받고 있다는 점을 미처 모르고 있다. 심지어 우리나라에서도 여성은 여전히 뒤처지고 있음을 모르고 있다. 또한 노골적인 편견도 여전히 존재한다는 사실을 미처 모르고 있다.

설명 4: 관리인이 누리고 있는 특정한 형태의 권력과 특권은 관리인의 눈에는 보이지 않는다.(이런 특권에 대해서는 2장에서 이미

다루었다.)

설명 5: 남성 지배 사회는 남성이라는 집단 전체가 여성에 대해 권력을 가진 사회를 의미하는 것만은 아니다. 일부 남성은 다른 남성을 상대로 권력을 행사한다. 일부 남성 집단은 더 높은 가치를 부여받는다. 이 건물 관리인은 저임금 노동자로 권위가 낮은 직업을 갖고 있다. 관리인은 권력 없는 기분이 어떤 건지 잘 안다. 경제적 계층의 최하위에 있는 사람으로서 관리인은 남성으로서 얻는 실질적인 이득이 별로 없어 보인다. 그러므로 관리인의 말은 특정한 현실을 반영하고 있다. 관리인에게는 정말로 별 권력이 없다. 많은 남성이 권력이 없다고 느끼는 데에는 일부 혹은 많은 남자들보다, 그리고 일부 여자들보다 실제로 사회경제적 권력이 없기 때문일 것이다. 일부 남성은 피부색이나 출신국, 종교, 성적 지향, 신체적 차이, 경제 계층 때문에 엄청난 차별과 억압을 당한다. 남들보다 훨씬 더 많은 사회, 정치, 경제적 권력을 가진 소수의 남성이 분명히 존재한다. 그리고 여러 남성보다 더 많은 사회, 정치, 경제적 권력을 가진 여성도 늘어나고 있다. 그러나 그런 여성도 여전히 여러 가지 방식으로 억압을 경험한다.

이 모든 사실은 건물 관리인의 반응을 설명하는 데 꽤나 유용하다. 그러나 또 다른 이유가 있다. 더 깊은 곳에 꼭꼭 숨어 있다. 남성 삶의 핵심에 있는 어떤 것과 관련이 있다.

남성 권력의 역설

젠더는 사회적 개념으로 인간의 능력 전부를 놓고 절반으로 딱 갈라 형성되었다. 특정 의류나 헤어스타일에 대한 선호도라든가 특정한 기계를 다룰 능력, 특정한 업무를 수행할 능력, 정치 혹은 종교 행사에서 남을 이끌 능력, 남을 보살필 능력 등 분할된 목록은 좀처럼 끝이 보이지 않는다. 우리는 오래전부터 인간 속성과 능력의 절반을 하나의 성별로 몰아놓았을 뿐만 아니라 다른 성별에는 접근조차 불가능하도록 만들었다. 따라서 태어나는 순간부터 우리 사회는 우리 모두의 개성을 제한한다.

그리고 분할선을 넘어, 허락되지 않는 속성이나 관심사를 취하는 남자 혹은 여자에게는 불행만이 있을 뿐이다.

최근 몇 년간 여성이 보여준 여러 훌륭하고 긍정적인 변화 중에는 이 뚜렷한 경계의 한쪽에 갇혀 있어서는 안 된다는 강력한 고집이 있다.

또한 동성애자 남성에 대한 여러 낡고 고리타분하며 멍청한 편견 가운데 하나는 바로 그들이 여성스럽다는 생각, 즉 그들이 선을 넘었다는 생각이다. 이것은 사실이 아닐 뿐만 아니라(동성애자 남성도 이성애자 남성과 마찬가지로 다양한 성격을 보이기 때문이다) 이런 생각에는 더 깊은 문제가 있다. 전통적으로 여성과 관련이 있다고 여겨졌던 속성(풍부한 감정 표현이라든가 자신의 건강과 외모에 대한 관리 등)을 남자가 드러내는 경우 부끄러워해야 한다고 암시하고 있기 때문이다. 사실은 그 정반대가 옳다.

따라서 모든 남성에게 남성성은 사내다운 행동뿐만 아니라 사내답지 못한 행동에 의해 정의 내려진다. 예를 들어 남자는 언제나 힘이 세고 용감해야 할뿐더러 나약함이나 두려움을 보여서는 안 된다. 남자는 거칠고 강인해야 할 뿐만 아니라 제 건강과 안위를 내팽개쳐야 한다. 그러면서도 고독하게 버티고 서서 인생이 던지는 모든 것들을 태연하게 아무 불만 없이 받아들여야 한다.

어떤 남성도 이런 기대에 부응할 수 없다. 늘 강인하고 두려움이 없으며 모든 답변을 갖고 있을 수는 없다. 돈을 벌어오고, 언제나 싸울 준비가 되어 있고, 연장을 잘 다루고, 운동도 말도 음주도 잘하면서 남성성이라는 꽉 끼는 옷에 몸을 맞출 수는 없다. 게다가 우리는 너무 많은 감정을 보여서는 안 된다. 심지어 여러 문화에서 우리는 분노를 제외한 어떤 감정을 가져서조차 안 된다. 이건 옷이 아니라 갑옷이다. 어떤 남자도 여기에 몸을 구겨 넣을 수는 없다.

'그래도 어느 정도까지는 기대에 부응할 수 있지 않을까?'라고 생각할 수도 있다. 일단 우리를 격려하기 위한 상벌 제도가 있다. 기대에 부응하는 것처럼 보이는 남자아이나 젊은 남자는 큰 보상을 받는다. 미식축구팀의 주장이 되고 인기를 얻고 예쁜 여자를 '얻는다'. 반면 어울리지 못하는 아이는 고통을 받는다. 인기도 없고 놀림을 받거나 괴롭힘을 당하며 얻어맞기도 한다. 성장하는 남자아이의 눈에 보이는 장면은 이것뿐이다. 아이는 TV에 나오는 영웅적이고 힘센 운동선수의 이미지, 록 가수의 태연하고 느긋한 모습, 나이 많은 형들이 거드름 피우며 뻐기는 모습, 아버지와 기타 성인 남자들의 권위 있는 모습에 노출되어 있다. 이처럼 아이가 모방할 수 있는 본보기는 많다. 이런 이상화된 모습은 온 사방에 있기 때문에 이것이 단지 남성성의 정수라고 생각하기보다는 이런 모습이 무척 자연스럽다고 느끼게 된다. 눈에 보이는 모든 남성이 이런 모습에 들어맞는다는 착각을 하게 되는 것이다. 아이들은 물론 권력을 가지고 있지 못하다. 따라서 권력을 체현하고 있는 이상적 남성상은 믿을 수 없을 정도로 유혹적이다.

그런데 특정한 방식으로 행동하도록 학습한다는 것은 의식적으로 어떤 행동을 배우고 그 배움을 두뇌 속에 마치 도로 표지처럼 세워놓는다는 의미가 아니다. 앞에서 보았듯이 외부의 사회적 현실은 발달 중인 우리의 두뇌 속으로 들어와 내면화된다. 그렇다면 모든 것이 단단히 자리 잡았으니 이제 문제가 없을까?

그러나 진실은 이러하다. 우리는 그 모든 기대에 부응할 수 없다.

남성 지배 사회에서 설정해놓은 남성에 대한 기대와 이상에 부응하려는 남자아이, 성인 남성은 실패할 수밖에 없다.

남성 지배 사회는 남성이 감정을 인식하거나 표현해서는 안 된다고 정해놓았다. 표현하더라도 은근하게 해야 한다고 정해놓았다. 그 결과 우리는, 그리고 우리 곁의 사람들은 뿌리 깊은 감정, 종종 깊이 숨겨진 감정에 의해 상처를 받곤 한다.

남성 지배 사회는 실제로 인류의 절반에게 엄청난 보상을 가져왔지만 우리가 남성 권력의 세계를 정의한 바로 그 방식이 남성에게는 죽음의 덫이다.

남성 지배 사회는 그 보상을 남자들 사이에서 매우 불공평하게 분배했다.

젠더 불평등의 세상을 끝장내는 일은 남성에게도 매우 중요한 일이다.[8]

저항 그리고 변화하는 이상적 남성상

오하이오에 사는 한 여성이 내게 들려준 이야기가 있다. 곧 다섯 살이 되는 아들은 크리스마스 선물로 핑크색 잠옷을 원했다. 핑크색은 아들이 가장 좋아하는 색깔이다. 여자는 남편에게 이 사실을 이미 언급했지만 남편은 기분 좋게 받아들이지 못했다. 여자는 아들이 핑크색을 좋아하는 게 별일 아니라고 생각했다. 다음 해 유치원에서 놀림을 당할 수도 있다고 생각하니 걱정됐을 뿐이다. 그래도 여자는 아들에게 핑크색 잠옷을 사주었고 아들은 선물을 열어보고 기쁨을 감추지 못했다. 반면 집에 놀러 온 할머니는 강한 반감을 보였다.

"그건 여자애 잠옷이잖아. 너 정말 그런 게 좋니? 아니지?"

아이는 기가 죽은 듯했지만 말대꾸는 하지 않았다. 그러나 할머니가 떠날 때가 되자 달라졌다. 할머니가 겨울 외투를 껴입은 채 현관 앞에 서 있을 때 꼬마 손자는 할머니에게 성큼성큼 걸어가 이렇게 말했다.

"난 그래도 핑크색이 좋아요."

색소 탄 물을 빨아들이는 셀러리 이야기로 돌아가보자. 우리 두뇌에 젠더가 부여되는 과정에 대한 설명으로 셀러리 이야기는 적절하지만은 못하다. 어린 나이에도 우리는 사회의 메시지를 수동적으로 받아들이지만은 않는다. 영향을 받는 것은 사실이나. 그러나 우리의 기질과 성격도 영향을 끼친다. 상반된 메시지를 전달하는 애정 어린 응원도 마찬가지다.

또한 태어나는 순간 부여받는 편협한 요구 사항에 대한 저항도 유효하다. 우리가 모든 기대에 부응하지 못하는 점도 있지만 오늘날에는 점점 더 많은 남자아이와 성인 남성이 그런 제한적이고 자멸적인 기대를 저버리고 싶어 한다. 뿐만 아니라 우리는 여성이 먼 옛날부터 갈고닦아온 능력과 특성의 반대편에 우리 자신을 한정시키고자 하지 않는다. 한 젊은 남성이 나에게 이렇게 얘기한 적이 있다.

"억울했어요. 사기를 당했다고 생각하니 정말 억울했어요."

남자아이와 성인 남성을 향한 남성성에 대한 끊임없는 메시지의 폭격에도, '진정한 사내'로 행동함으로써 얻게 되는 보상에도, 놀림을 받고 괴롭힘을 받으면서도, 남자아이와 성인 남성은 남성 지배 사회가 우리에게 부과하는 요구, 우리 남성이 우리 자신에게 부과하는 요구에 저항하는 방법을 찾곤 했다. 많은 남성이 아버지일 때보다 할아버지일 때 더 좋은 역할을 하는 이유가 여기에 있다고 나는 생각해왔다. 시간이 더 많기 때문만은 아니다. 우선순위가 바뀌었기 때문이다. 많은 남성은 5, 60대가 되면 더 이상 편협하게 규정된 남성성을 맹목적으로 추구하지 않는다.

나이 든 남자들은 엄청난 후회와 함께 이렇게 말하곤 한다.

"나는 평생을 일에 바치면서 이게 다 가족을 위해서라고 말했습니다. 이제 은퇴해서 일에서 오는 기쁨은 없고 다 커버린 아이들은 낯설게 느껴집니다."

여기에는 굉장한 비극이 있다. 그러나 이것은 우리가 남성에게 부여한 특권 때문이다. 과거에 이 남성은 허구한 날 이어지는 고된 노동, 즉 기저귀를 갈고 도시락을 싸고 집안 살림을 돌보고 그 안에 사는 사람들이 당장 필요로 하는 것을 제공하는 일을 아마 공평하게 나누어 하지 않았을 것이다. 남자는 커리어를 쌓고, 취미나 학업에 열중할 수 있었을 것이다. TV 앞에서 휴식을 취하거나 저녁때 친구들과 시간을 보냈을 것이다. 그러나 역설적으로 남자가 받은 보상은 고통의 원인이 됐다. 그리고 바로 이런 남자들이 종종 할아버지로서의 역할을 기쁘게 받아들이거나 지역 사회에서 열정적으로 봉사를 한다. 인생의 진정한 가치는 좋은 차나 직함이 아니고 사랑하는 사람들과의 관계임을 깨달았기 때문이다.

전국에서, 그리고 전 세계에서 남성성의 편협한 규정을 거부하고 남성이 여성보다 우월하다는 생각을 거부하는 남자들이 급격히 늘어나고 있다. 갈수록 많은 남성이 동성 친구들에게 애정을 표현하려고 한다. 갈수록 많은 남성이 여성과 친밀한 우정을 나누고 여성 동료에게 엄청난 존경을 보낸다. 아버지가 되면서 급격한 역할 변화를 기꺼이 받아들이는 남성도 많다.

점점 더 많은 남성이 자신의 취약점을 인정하고 건강에 신경을 쓴다. 나는 미국의 프로 미식축구 리그에서 공격 태클 포지션을 맡고 있는 한 선수에게 결과가 어떻든 고통을 참고 경기에 임한다는 옛 원칙을 여전히 따르고 있는지 물었다.

"말도 안 돼요. 미식축구는 벌이가 좋지만 저는 앞으로도 계속 우리 딸과 놀아주고 싶어요."

또한 다른 남성에 대한 사랑과 욕구를 공개적으로, 또 자랑스럽게 선언하는 남자들도 늘고 있다. 또한 세계 여러 지역에서 인간 욕구의 다양성과 부침을 더욱 포용하는 모습을 보여주고 있다. 지난 몇 년간의 LGBTQ 인권의 진전, 즉 다양한 관계의 인정, 동성혼을 인정하는 국가들의 확대, 트랜스젠더 개인에 대한 지지와 찬동의 증가는 모두 인간의 경험을 흑백 논리로 분할하고 인간이 그어진 선의 한쪽에만 있어야 한다고 강요하는 전통적인 젠더 기준의 구속과 압박에 대한 저항의 일환이다. 컴퓨터의 이진법 언어처럼 우리는 0이나 1이어야 했다. 그러나 이제는 실험 단계의 양자 컴퓨터처럼 0이거나 1이거나 동시에 둘 다가 될 수도 있다. 아무것도 아닐 수도 있다. 누구든 이진법적인 젠더 정의에 의해 혹은 이진법적인 권력 관계에 의해 가두어지거나 행동을 제한받을 필요가 없으며 틀에 자신을 끼워 맞추거나, 학대, 억압을 당하거나 자신을 억누를 필요가 없다.

남성에게 이러한 다양한 변화가 가능하게 된 것은 누구 덕분일까?

대개의 경우 페미니스트 운동이 자극을 주고 문제를 제기한 덕분이다. 우리 삶 속에 있는 강인한 여성들은 새로운 가능성의 세계로 우리를 초대했다. 수백만의 남성이 자신도 남을 돌볼 수 있고 육아라는 날마다 반복되는 고된 노동에서 만족을 얻을 수 있다는 사실을 우연히 깨닫게 된 것이 아니다. 여성이 우리에게 우리 몫의 일을 하도록 떠밀고 자극했기 때문이다.

모든 인간은 타인이 벌이는 인간 해방 운동에 빚을 지고 있다. 미국의 인권 운동이나 남아프리카공화국의 반아파르트헤이트 투쟁과 같은 반인종주의 운동은 우리에게 사회적 가치 체계와 제도를 바꿀 집단적 능력이 있음을 모든 남성과 여성에게 보여주었다.(그리고 변화를 가로막는, 좀처럼 사라지지 않는 장벽이 있다는 모진 깨달음도 얻게 해주었다.) 이러한 사회운동은 평등의 가치를 되새긴다. 그러나 변화가 아무에게나 공짜로 주어지지 않는다는 사실도 보여주었다. 사회는 불행히도 영속하려는 성질이 있다. 낡은 태도와 낡은 전통은 끈질긴 손을 놓지 않고, 현상 유지가 득이 되는 사람들은 모든 것을 그대로 놔두려는 욕구가 매우 크다.

뿐만 아니라 **모든** 남성은 1970년대와 80년대의 동성애자 해방 운동과 오늘날의 LGBTQ 운동에 감사해야 한다. 이 운동은 욕구와 사랑의 대상을 개인이 정의할 수 있다는 점을 새기는 데서 그치지 않는다. 누구든 우리를 지배하고 가두는 젠더 관념으로부터 벗어나 우리가 누구인지 발견할 수 있다고 말하고 있다. 실제로 어느 한 무리의 사람들 덕분에 남성이 자신을 돌보고 자기 몸을 더 긍정적으로 바라보고 다른 남성과 더 솔직한 우정을 쌓게 되었다면, 바로 남성 동성애자들 덕분일 것이다.

지난 몇 십 년간 우리는 이례적이고 강력한 변화의 시작을 목격했다. 물론 남성 대다수가 스스로 페미니스트라고 칭하고 있다고 말할 수는 없다. 그래도 그 수가 점점 늘어나고 있다. 그러나 페미니즘의 다양한 목표를 고려할 때, 즉 동등한 교육권, 동일 임금, 모든 직종에 동일하게 취직할 권리, 직장 내 성적 괴롭힘과 가정 내 폭력 근절을 고려할 때 남성의 뚜렷한 내나수가 우리 편에 있음은 분명하다. 이런 변화는 수치로도 설명할 수 있다. 예를 들어 1977년에는 미국 남성의 74퍼센트가 남성이 돈을 벌어오고 여성이 집에서 살림과 자녀를 돌보는 게 낫다고 생각했다. 2008년, 불과 30년 만에 이 숫자는 40퍼센트로 떨어졌다. 이 수치는 여성의 답변과 거의 비슷했다. 이것은 모두가 젠더 평등의 가치를 수용하려면 여전히 갈 길이 멀다는 뜻이기도 하지만, 한때 '오직' 여성의 문제로만 여겨졌던 문제에 대해 남녀의 시각이 비슷해지고 있다는 의미이기도 하다.[9]

같은 맥락에서 나는 페미니즘이 **앞으로** 남자아이들과 성인 남성에게 이득이 될 것이라는 논리를 펼칠 필요가 없다. 배당금은 이미 차곡차곡 쌓이고 있다. 특히 젊은 남성이 위태롭고 자멸적이고 동성애 혐오적인 남성성으로부터 벗어나고 있다. 워싱턴 D.C.와 리우데자네이루에 본부를 두고 있는 프로문도Promundo 연구소(남성들의 육아와 가사 참여를 독려하고 젠더 평등을 촉진하는 비영리 단체—옮긴이)의 내 동료들은(나는 이곳 수석 연구원이다) 18세에서 30세 사이의 미국, 영국, 멕시코 남성을 대표하는 표본 집단을 대상으로 연구를 진행했다. 그들은 한두 세대 이전만 해도 일반적이라고 여겨졌던 남성상에 눈에 띄게 저항하고 있었다.(그리고 멕시코 남자들이 마초적이라는 고정관념이 진실이 아님을 드러내고 있다.)[10]

아래의 주장에 동의하는 남성의 비율	미국	영국	멕시코
남자아이에게 요리나 바느질, 집 청소, 육아를 가르치는 것은 좋지 않다.	28%	31%	17%
동성애자 남성은 '진짜 남자'가 아니다.	29%	30%	23%
'진짜 남자'는 성관계를 거부하지 않는다.	28%	31%	26%
남자는 필요하다면 존중받기 위해 폭력을 사용해야 한다.	23%	25%	10%
남자는 연인 관계나 혼인 관계에서 늘 최종적인 결정권을 가져야 한다.	34%	33%	21%

그럼에도 젠더 평등에 대한 남성의 지지가 넘친다고 생각한다면 착각이다. 페미니즘에 대한 심각한 반발이 존재하기 때문이다. 이른바 남성 인권 운동가들은 추의 위치가 이동했으므로 이제 남성이 진정한 피해자라고 주장하며 여성 인권을 위해 목소리를 높이는 여성의 글에 악성 댓글을 다는 등 소란을 피운다. 기독교, 유대교, 이슬람교, 힌두교의 근본주의자들 가운데에도 여성이 쟁취한 권리를 되돌려놓고 여성의 몸, 여성의 행동, 여성의 이동할 자유에 대한 남성의 통제권을 되찾기 위해 혈안이 된 자들이 있다. 일부 입법자들과 재정이 풍부한 로비스트들이 시행하려고 노력 중인 법안들은 불법 임신중절 수술을 하다가 죽음에 이르는 여성의 수를 늘릴 것이며 피임약이나 종합적인 성교육에 대한 청소년의 접근을 제한함으로써 원치 않는 임신을 증가시키고 누군가를

사랑한다는 이유로 LGBTQ 개인들을 피해자로 만들 것이다. 뿐만 아니라 페미니즘의 목표에 대해 혼란스럽거나 기만적인 정보를 제공받고 있는 남자들도 많고, 젠더 평등을 지지하는 견고한 논리를 접하지 못했을 뿐인 남자들도 많다. 우리가 가야 할 길은 실로 멀고도 멀다.

페미니즘이 남성에게 단순하고 긍정적인 방향을 제시한다고 말하는 것 역시 솔직하지 못할 것이다. 그랬다면 가부장제의 성벽은 이미 오래전에 무너졌을 것이다. 남자아이들과 성인 남성은 수정될 당시 50 대 50의 확률로 던져진 주사위 덕분에 여전히 수많은 가시적인 이득을 누린다. 괜히 특권이라고 부르는 게 아니다. 문제는 특권뿐만이 아니다. 변화는 극히 감정적인 저항을 불러일으킨다. 남성성이라는 갑옷을 벗어던질 때는 좋을지 몰라도 그 갑옷이 없으면 위험에 노출된 것처럼 느껴질 수 있다. 게다가 그러려면 자신의 지난 행동에 대해 책임을 져야 한다.

그럼에도 갈수록 더 많은 남성이 젠더 평등을 받아들이고 있다. 남자들은 서로를 자극하고 자기 자신을 자극하고 있다. 남자들은 여성의 권리를 위해 목소리를 높이며 거리를 행진하고 있다. 그리고 남자들은 아끼는 여자들을 위해서 뿐만 아니라 자기 자신을 위해서 남성성의 정의에 변화를 가져오는 일에 동참하고 있다.

변화는 이미 일어나고 있다. 그러나 여러 커다란 걸림돌이 여전히 남아 있다. 그중 가장 큰 축에 속하는 여러 걸림돌은 우리 직장에 있다.

젠더 평등의 최종 목적, 그리고 그 목적을 이루는 데 동참하고자 하는 남성들의 결정적인 역할은 직장에서 가장 뚜렷하게 두드러진다. 모든 문제는 젠더가 평등하지 못한 경제 구조로부터 시작한다. 동일하지 못한 임금. 젠더에 따른 직종의 제한. 일과 생활의 불균형. 육아 휴직의 부재 혹은 부족. 승진과 출세를 가로막는 장벽. 여성을 억압하고 생산성을 떨어뜨리며 남성에게도 부정적 영향을 초래하는 직장 내 문화 등.

세계 경제를 떠올려보자. 온갖 공장과 상점, 사무실, 농장, 광산, 교통 네트워크, 금융 기관이 뒤섞여 있다. 병원과 학교, 어린이집과 요양원도 있다. 사업과 상거래가 기능할 수 있도록 돕는 정부 기관과 자치 기관들도 있다. 전체가 잘 돌아가게 돕는 규칙과 제도도 경제의 일부이며 때로는 규칙이 잘 지켜지도록 관리하는 경찰과 법관들도 마찬가지다.

세계 경제의 일부이지만 우리가 측정하지 않는 광범위한 분야들도 많다. 집안 살림을 돌보고 자녀를 키우는 일도 여기에 속한다. 우리가 이러한 분야를 관리하는 방식은 한 사회의 경제 구조

전반에 영향을 미친다. 집은 우리가 차세대 근로자를 키우는 곳이고 날이면 날마다 우리가 재충전하며 일할 능력을 재창조recreate하는 곳이다. 휴양recreation이라는 말노 여기서 나왔다.

일단 금전적 보상이 있는 근로에 국한해서 생각해보면 이 모든 직장에는 우리 같은 사람이 수십억 명 있다.

이제 이 가운데 상당수가 수십 가지의 걸림돌 때문에 경제에 전적으로 참여하지 못한다면 그 영향이 어떨지 생각해보자. 그들이 어떤 기분일지, 개인의 삶과 가족의 삶에 미치는 영향뿐만 아니라 전체 경제가 치르는 대가를 생각해보자.

우리 경제에는 여성의 참여를, 특히 정규직으로서의 참여를 대대적으로 축소해온 여러 장벽이 있다. 시간제 근로자라고 하면 여성일 가능성이 높다. 예를 들어 미국에서는 시간제 근로자의 64퍼센트가 여성이고 정규직 근로자의 43퍼센트가 여성이다. 아프리카계 미국인 집단에서만 상이한 패턴이 보인다. 흑인 정규직의 51퍼센트가 여성이다.(그러나 흑인 시간제 근로자의 63퍼센트 역시 여전히 여성이다.)[1] 이것은 아프리카계 미국인 남성이 취업에서 겪는 인종차별 장벽을 반영하고 있다. 감옥에 수감되는 흑인 남성의 비율이 어마어마하게 높다는 사실도 이런 장벽의 일부다.

유럽에서는 남성의 56퍼센트가 정규직이지만 여성의 39퍼센트만이 정규직 근로자다.[2](한국의 경우 2018년 전체 임금 근로자의 33퍼센트가 비정규직 근로자였고 남성 비정규직 근로자가 남성 전체 임금 근로자의 26퍼센트인 반면, 여성의 경우 41퍼센트였다. 자료 출처: 통계청, 〈경제활동인구조사〉 ―옮긴이)

시간제 일자리는 대개 시급이 낮고 복지 혜택이 적으며 안정적이지 못하다. 시간제 근로는 낮은 가계 소득, 여성의 경제적 독립 능력 저하로 이어진다. 낮은 소득은 빈곤 여성의 편중이라는 결과를 낳는다. 미국 인구조사국 통계에 따르면 근로 연령의 여성은 남성에 비해 빈곤할 확률이 38퍼센트 높다.[3] 저하된 경제적 독립 능력은 여러 가지 결과를 초래한다. 불행하거나 폭력적인 관계에서 쉽게 벗어날 수 없음을 뜻하기도 한다.

무엇이 이런 상황을, 즉 임금 불평등과 시간제 여성 근로자의 편중 현상을 낳았을까? 암묵적이거나 노골적인 장벽, 제도적이거나 편견에 따른 장벽에는 어떤 것이 있을까? 가장 크고 중요한 장벽은 집안일을 하고 육아를 해야 한다는 요구가 여성에게 치중된다는 점이다. 선택에 의해서 집안일과 육아를 할 수도 있고 그것이 당연하게 여겨져서 할 수도 있지만 집안일과 육아를 하는 한 내가 원한다고 해도, 금전적 보상을 받는 정규직 일자리를 얻거나 승진을 하거나 추가 근무를 하거나 추가적인 직무 훈련이나 학업을 이어나가기는 힘들다.

여기에, 특정 직업에 누가 어울리는지, 어떤 일자리가 더 가치가 높은지에 대한 고정관념까지 더해진다면? 정규직 자리를 우선적으로 남성에게 주어야 한다는 생각이 여전히 남아 있다. 캐나다 같은 국가들에서는 이런 생각이 감소해가는 추세이지만 전 세계적인 관점에서는 여전히 유효하다. 법이나 정부 정책이 장벽이 되는 경우도 있다. 주 소득보다 '2차' 소득(여성이 버는 소득을 말함)에 더 높은 세율을 적용하는 국가에서는 소득세법처럼 악의 없어 보이는 법조차 여성이 유급 일자리를 얻는 데 방해가 된다.

여성을 가로막는 장벽을 없애고 여성과 남성이 동일하게 정규직과 시간제 근로를 나누어 갖고 동일하게 경제 활동에 기여한다면 경제적 이득은 어마어마할 것이다. 맥킨지 글로벌 연구소의 분석가들은 이것이 2025년까지 전 세계 GDP에 28조 달러라는 엄청난 이득을 가져올 수 있다고 추정한다. 이것은 미국과 중국의 현 경제 규모를 합한 규모이고 세계 GDP가 26퍼센트 증가한다는 의미다.[4] 여성의 정규직 근로 비율이 가장 낮은 국가에서(예를 들면 인도나 인도를 페미니스트의 낙원으로 보이게 하는 사우디아라비아) 증가율이 가장 크겠지만 모든 국가가 긍정적인 영향을 받을 것이다.

노동 시장에서 여성에게 평등한 기회를 주면 푼돈을 버는 데서 그치지 않는다. 현재 세계 경제에 우리가 놓을 수 있는 가장 강력한 주사 한 방은 바로 젠더 평등이다.

직장 내 젠더 평등 측정하기

젠더 평등을 수치화하는 작업은 엄청나게 쉽다. 경제와 같이 수치 측정 작업이 활발한 분야에서는 특히 그렇다.

급여를 예로 들어보자.

현대 페미니즘 운동이 탄생하고 반세기가 지난 지금 미국의 정규직 여성은 남성이 1달러를 벌 때마다 평균 82센트를 벌고 있다.

캐나다에서는 시급을 받는 정규직 여성의 경우 남성이 버는 금액의 88퍼센트를 번다. 유럽에서는 84퍼센트다. 일본에서 여성은 남성의 73퍼센트를 번다.[5] (2016년 OECD 성별 임금격차 자료에 따르면, 한국 여성 노동자의 중위 임금은 남성보다 36퍼센트 적어 OECD 국가 가운데 가장 큰 임금격차를 보였다. ─옮긴이)

일부 사례의 경우 임금이 다른 이유는 실제로 여성이 동일한 일을 하고도 더 적은 임금을 받기 때문이다. 그러나 또 다른 이유는 일자리 편중 현상이다. 특정 일자리와 직종에서 여성, 혹은 사회경제적 권력이 적은 기타 집단의 비율이 비정상적으로 높은 것이다. 마지막 이유로는 우리가 전통적으로 여성 노동의 가치를 규정해 온 방식이다. 가장 임금이 높고 가장 존경받는 교육자는 대학교수로 이 직업은 전통적으로 남성이 도맡아왔다. 고등학교 교사로 가면 임금과 사회적 지위가 푹 꺾이는데 이 직업을 가진 남녀의 숫자는 좀 더 균등해지지만 여성이 남성보다 더 많다. 초등 교사직은 여성에게 편중되어 있고 전통적으로 고등 교사보다 임금이 적다. 그러나 특정 지역에서는 노동조합의 활동으로 초등 교사 역시 다른 교사와 동등한 임금을 받는다. 마지막으로 어린이집 '근로자'는 교사라고 칭하는 일도 드물고 임금이 이 중에서 가장 낮다. 그리고 대다수가 여성이다. 이러한 불균형은 우리가 무엇을 값지다고 여기고(남성의 노동) 무엇의 값어치를 깎아내리는지(여성의 돌봄 역할과 관련된 문제들) 잘 반영하고 있다. 이것은 누가 배움에 더 많은 기여를 하는가 하는 문제와 전혀 상관없다. 사실 그렇게 따지면 정반대여야 한다. 우리가 평생 받는 가르침의 대부분은 두뇌가 주로 발달하는 아주 어린 시절에 이루어진다. 그럼에도 어린이를 돌보고 가르치는 사람들의 임금이 가장 낮다. 나는 대학교수의 일을 매우 값지다고 여기지만(그리고 나 또한 한때 대학교수였지만) 가장 중요한 교육자들이 여성과 관련된 일, 여성이 도맡는 일에 종사하기 때문에 가장 낮은 임금을 받고 있으며 가장 덜 존경받고 있다는 주장은 여전히 유효하다.

흥미로운 사실은 과거 남성이 독점하던 직종에 여성이 뛰어드는 사례는 늘고 있는 반면(특히 여성 의사가 급격하게 늘고 있다) 반대의 현상은 일어나지 않고 있다.(간호사는 여전히 대다수가 여성이다.)

오래도록 이어져온 성차별적 고용 행태, 고학력 여성의 부족, 육아와 집안일이 평균적으로 여성에게 더 집중되는 현상, 승진을 할 수 없거나 하는 데 관심이 없는 현상, 저임금 일자리에 여성이 몰리는 현상, 동일하거나 비슷한 일을 하고도 여성이 받는 낮은 급여 등 임금격차의 원인을 고려한다면, 이제 이러한 부분들에서 진전이 있는 만큼 임금격차도 줄어들고 있으리라 기대해볼 수 있다. 다행인 건 정말 그렇다는 점이다. 여성이 싸워온 결과다. 1979년 미국 여성 임금은 남성 임금의 62퍼센트였다. 오늘날의 82퍼센트라는 숫자는 놀라운 발전이며 페미니즘의 영향을 보여준다.

그러나 이제 나쁜 소식을 덧붙이겠다. 대부분의 국가에서 발전 속도가 이미 10년도 전에 거의 멈추다시피 했다. 이 속도대로라면 여성과 남성이 받는 임금은, 영국을 예로 들자면, 2069년에야 동일한 수준에 이를 것이라고 컨설팅 회사 딜로이트는 말하고 있다.[6]

그날이 오면 내 증손자들이 퍽이나 좋아하며 환호를 지를 것이다.

고학력 여성이 많아지면 좀 나아지리라는 기대도 해볼 수 있다. 미국에서 이란에 이르기까지 남성에 비해 더 많은 여성이 대학을 졸업하고 있다. 그러나 학사 학위를 가진 미국 여성은 동일한 학위를 가진 남성이 버는 돈의 77퍼센트만을 받는다. 대학원 학위의 경우 격차는 73퍼센트로 더 심해진다.[7]

이른바 평등의 시대라는 지금도 대학을 갓 졸업한 젊은 정규직 남성은 시간당 평균 20달러 87센트를 벌고 있고, 동일한 교육을 받은 여성은 17달러 88센트를 번다.[8]

임금 불평등은 무엇을 의미할까? 미국과 호주의 경우 여성은 남성이 버는 만큼 벌기 위해 한 해에 추가로 47일을 더 일해야 한다. 새로운 차를 사거나 휴가를 가려면 남성-여성 커플이나 여성-여성 커플은 훨씬 더 오래 일해야 한다는 뜻이다.(이런 점에서 남성-남성 커플은 경제적 이득을 누린다. 두 남성이 생활비를 번다는 단순한 이유로 이 집단의 평균 가계 소득은 높은 편이다.)

여성이 줄어드는 놀라운 마술

이런 사실을 눈앞에 두고도 일부 남성은 이의를 제기할 것이다. 예전에는 정말 불평등했다는 걸 인정할게요. 하지만 이제는 입장이 바뀌었어요. 이제 모든 혜택이 여자들한테 가고 남자들은 계속 지고만 있어요. 이런 주장에 나는 다음과 같이 대답한다.

일단 젠더가 평등한 세상에서 남성은 실제로 취업이나 승진, 선거에서 두 번 중에 한 번은 여성에게 패하게 될 것이다. 그러나 변화가 일어나고 있는 현재 너무 많은 남성이 자신을 '선택된 자'라고 믿고 있기 때문에 갑자기 여성과 자원을 나누거나 여성과 경쟁해야 하는 상황을 명백한 손해라고 여긴다. 따지고 보면 가부장제는 8천 년 동안 이어진 남성 우선 할당제였다. 페미니즘은 이 제도를 없애자고 제안하고 있다.

남성이 좋은 일자리를 얻는 경우가 점점 줄어들고 있다는 점은 사실이다. 그러나 이는 여성 때문이 아니다. 우리 경제 구조 안에서 이득을 보는 주체가 급격히 변화하고 있기 때문이다. 우리는 엄청난 부가 점점 더 소수의 사람에게 집중되는 현상을 목격하고 있다. 승자 한 명당 실제로 수만 명의 패자가 있다. 수많은 근로자들에게(미국의 경우 특히 백인 남성에게) 여러 혜택을 가져다주었던 노동조합 활동은 급격히 줄어들고 있다. 사회복지 서비스도 감소하고 있다. 보수도 적당하면서 안정적인 중산층 일자리를 기대했던 여러 남성은 이제 기대를 접어야 하게 되었다. 나는 그들에게 이렇게 말한다. 당연히 손을 써야 한다. 그러나 여성 탓을 하지는 마라.(이민자나 특정한 피부색을 가진 소수자 집단을 탓하지도 마라.)

우리가 특정 분야나 특정 회사에서 여성의 승진을 가속화하려고 한다면 한동안 남성은 절반 이상의 패배를 경험할 것이다. 만약 남성이 기업의 중간 관리직, 고위 관리직의 대부분을 차지하고 있다면, 그리고 해당 직급의 성비를 노동 인구, 혹은 고객의 성비와 가깝게 만들고자 한다면(보다 평등한 사회를 위해서만이 아니라 좀 더 효율적으로 돌아가도록 만들기 위해) 평등해질 때까지는 남자보다는 여자를 더 많이 고용하거나 승진시켜야 한다. 여기에 대해서는 좀 솔직해지자. 남자들은 감당할 수 있다.

지난 수십 년 동안 젠더 평등을 향해 놀라운 진전이 이루어졌지만 일터는 여전히 여성에게 불리하다. 더 높은 장애물과 더 심한 편견과 마주하는 유색 인종 여성에게는 더더욱 그렇다. 최고의 자리로 올라간 미국 여성도 CEO나 CFO 같은 최고 임원직의 19퍼센트만을 차지한다. 그러나 유색 인종 여성은(다 합해서 인구의 20퍼센트를 차지함에도) 이런 직위의 3퍼센트만을 차지한다.[9]

실제로 여성은 기업에서 경력직으로 고용되거나 승진하는 데 특히 불리하다. 이것은 최근에 더 많은 주목을 받은 문제로, 캐털리스트Catalyst나 린인Lean In과 같은 단체의 노력 덕분이다.

나는 거대 보험사와 연결된 다국적 자산 관리 회사의 여성 부사장과 이야기를 나눈 적이 있다. 캐서린은 자신의 회사가 젠더 평등과 여성의 취업 및 승진을 위해 노력하고 있지만 좀처럼 나아지지 않는다고 말했다.

"신입 직원을 뽑을 때는 성비가 동등했지만 위로 갈수록 여성의 숫자가 줄어들었어요. 좀 더 깊이 파보니 일을 그만두는 여성의 비율이 더 높다고 할 수는 없었지만 이도저도 아닌 중간에 걸려 있는 경우가 많았어요."

우리는 유리 천장이 기업 내 고위직과 관련되어 있다고 생각하기 쉬운데 캐서린은 유리 천장이 정중앙에 있다는 사실을 발견한 것이다.

여성의 승진과 커리어의 전진을 가로막는 장벽은 어떤 영향을 미치고 있을까? 수치가 모든 것을 말해준다. 기업 내 직위가 높아질수록 남자의 비율이 훨씬 더 높았다.

여성이 줄어드는 놀라운 마술

	여성 점유율	남성 점유율
신입사원	46%	54%
과장급	37%	63%
부장급	33%	67%
부사장급	29%	71%
수석 부사장급	24%	76%
최고 경영자급	19%	81%

출처: 맥킨지앤컴퍼니와 린인의 보고서 〈2016 일터의 여성들Women in the Workplace 2016〉에 수록된 미국 내 통계

요즘 기업가에서 고위직이나 이사회 내의 여성 부족에 대해 많은 말이 오가고 있으나 수치로만 봐도 더 큰 문제는 그보다 낮은 직급에서부터 시작된다.

정말 많은 여성이 보이지 않는다.

신입사원에서 과장급으로만 올라가도 거기 있어야 할 수백만, 수천만 여성이 보이지 않는다.

여성은 심각하고 다양할뿐더러 점점 더 많아지는 장벽과 마주하고 있다. 장벽은 층간 이동을 막는 데서 그치지 않는다. 여성은

같은 층에 있는 사무실 내에서, 혹은 작업 현장 안에서 움직이다가 또 다른 벽과 맞닥뜨리기 일쑤다. 장벽이 남자들 눈에는 보이지 않을지 몰라도 여성은 통렬하고 고통스럽게 그 존재를 인식하고 있다. 일부 장벽은 특정 집단의 여성, 즉 젊은 여자나 나이 든 여자, 결혼하지 않은 여자나 임신한 여자, 레즈비언, 흑인, 아시아계, 히스패닉계, 무슬림, 장애 여성 등에게만 작용하기도 한다. 동일한 장벽이 특정 집단의 남성에게 작용하기도 한다.

여성이 맞닥뜨리는 장벽에는 다음과 같은 것이 있다.

여성 능력의 평가 절하 한 연구 집단은 생물학, 화학, 물리학 실험실을 운영하고 있는 교수들을 대상으로 실험을 했다. 연구자들은 한 대학원생이 실험실 관리직에 지원한다고 가정하고 가상의 이력서를 작성했다. 지원서의 절반은 여성의 이름으로 제출했고 나머지는 남성의 이름으로 제출했지만 이력서의 다른 내용은 동일했다. 고용을 결정한 교수들은 '여성' 지원자에게 '남성' 지원자보다 14퍼센트 더 적은 임금을(여성에게는 26,500달러, 남성에게는 30,200달러를) 주겠다고 했다. 교수들은 '여성'이 '남성'보다 더 적합하지 못하다고 말했다. 여성에게는 교수의 지도를 받을 기회도 더 적게 돌아갔다. 채용을 담당한 교수가 나이가 많건 적건, 심지어 여성이건 남성이건 상관없었다.[10] 간단히 말하면 여성의 능력은 평가 절하된 것이다. 동일한 능력과 동일한 이력서를 가진 남성과 여성을 나란히 놓았을 때 남성은 일자리를 얻고, 지도받을 기회와 더 높은 임금도 가져간다.

사교 모임으로부터의 소외 사석에서 편안하게 커피나 술을 마시면서, 혹은 스포츠 경기를 보면서, 혹은 가족들과 저녁 식사를 하면서 다지는 인연은 고용이나 승진에 긍정적인 영향을 미칠 수 있다. 우리는 편한 사람과 함께 일하고 싶어 하고 사적으로 믿을 수 있는 사람을 고용하고 싶어 한다.

거기에는 문제가 없다. 그러나 여성은 이러한 사적인 네트워크에서 종종 배제된다. 후배에게 조언을 해주는 자리, 혹은 퇴근 후 사적인 모임에 여성 동료를 초대할 생각조차 하지 못하는 남성도 있다. 일부 업계는 전통적으로 여성에게 적대적인 환경에서 사적인 모임을 가져왔다. 나는 탄광업계의 한 회사에 다니는 남자와 이야기를 나눈 적이 있는데 그 남자는 고객을 정기적으로 스트립 클럽에 데려간다고 했다.(남자는 나와 이야기를 하다 말고 진저리를 치며 자리를 떴다.) 여성에게 조언을 하거나 여성과 사적인 시간을 보내는 행동을 꺼리는 남성도 있다. 부적절한 관계라고 동료들 사이에 소문나지는 않을까? 아내에게 뭐라고 하지? 그 여자를 승진시키면 소문이 더 심해지지 않을까?

알고 보니 남자만 이런 걱정을 하는 것이 아니었다.《뉴욕 타임스》와 모닝컨설트가 공동으로 시행한 여론 조사에서 배우자가 아닌 이성과 일대일 만남을 가지는 것이 적절하다고 생각하는지 남성과 여성 모두에게 물었다. 간단한 점심 식사에 대해서는 여성 43퍼센트, 남성 52퍼센트만이 적절하다고 생각했다. 같은 차를 타고 이동하는 것은? 여성 47퍼센트와 남성 58퍼센트만이 괜찮다고 했다. 업무 관련 회의라고 해도 적절하지 못하다는 반응이 많았다.

남성과 여성 각각 3분의 1이 부적절하거나 잘 모르겠다고 대답했다.[11]

응답한 여성의 일부는 은연중에 약간 다른 질문을 염두에 두고 있었을 가능성이 있다. 적절한 행동이냐 아니냐의 문제가 아닌 잠재적인 성적 괴롭힘이 걱정되느냐의 문제를 고려하고 있었을 수 있다. 그러나 업무 관련 회의에 대한 질문에 남녀가 비슷한 답변을 했다는 사실은 여성 또한 남성과 동일한 걱정을 하고 있음을 보여준다. 동료나 친구, 배우자의 오해를 걱정하고 있으며 잘못된 메시지를 전달할까 걱정하고 있는 것이다. 또한 화장실에 갈 때든 여가 시간을 보낼 때든 여성과 남성이 서로 분리된 영역에 머물러야 한다는 고루한 전제를 바탕으로 하고 있다. 여성과 남성의 응답이 비슷했다는 사실은 젠더 관계와 젠더 불평등이 제도의 일부이며 이 제도가 남성에게 더 많은 이익을 가져다주기는 했어도 많은 여성이 여기 동참하고 있으며 이 제도의 존속을 가능하게 했다는 사실을 보여준다.

영혼을 들여다보기 위한 창구는 눈이 아닌 언어 수많은 연구와 수많은 여성의 증언에 따르면 우리는 직장 내 여성을 설명할 때 다른 어휘를 사용한다.

그 어휘는 성차별적 편견을 반영한다. 여러 학문적인 연구가 보여주듯, 그리고 맥킨지앤컴퍼니와 린인의 보고서 〈일터의 여성들 Women in the Workplace〉에서 말하고 있듯 "여성이 능력이 뛰어나면 성격이 좋지 않다고 여겨지고 성격이 좋으면 능력이 덜하다고 여겨진다. 이런 편견은 여성을 묘사하는 방식에서 종종 드러난다. 지나가는 말에서도 근무 평가에서도 드러난다. 여성이 자신의 주장을 내세우면 종종 '공격적이다' 혹은 '야심차다'라고 하거나 '자기중심적이다'라고 한다. 남성이 동일한 행동을 하면 '자신감이 있다' '강인하다'라고 한다."[12]

말에는 의미가 따른다. 그래서 말이 있는 것이다. 의미는 영향을 미친다. 그래서 여성은 진퇴양난에 빠진다. 남성이 정의한 게임의 규칙을 따르고 대가를 치르거나 게임을 하지 않고 대가를 치르거나.

여전히 여성은 무엇보다 어머니로 여겨진다 이름이 안젤라인 한 여성은 내게 이런 이야기를 들려주었다.

"남자들로 가득한 이사회 회의실에서 제가 유일한 여자였는데 회의가 시작될 무렵 누가 저한테 묻는 거예요. '자녀를 키우신 것 말고는 어떤 일을 하셨어요?'"

악의는 없었고 그저 잡담을 나누려 했다고 생각할 수도 있다. 아마 남자는 여자를 편안하게 해주려는 의도였을지도 모른다. 그러나 안젤라는 회의 탁자에 앉아 있는 자신의 능력이 축소되는 느낌이 들었다. 안젤라는 엄마로서가 아니라 전문적인 자격을 가지고 그 자리에 앉아 있었기 때문이다. 문제는 이런 일이 한 번으로 끝나지 않는다는 점이다. 남성의 경우는 그렇지 않지만 여성에게 가정이 먼저라는 생각은 직장 내에서 매우 흔하며 여성의 발목을 붙잡는다. 한 남자는 나에게 이런 이야기를 들려주었다. 남자의 회사는 직원을 뽑고 있었는데 30대 여성과 30대 남성으로 후보가 좁혀진 상태였다. 회사는 두 사람 중 누구에게도 자녀 계획이나 심지어 가족 관계를 물을 수가 없었다. 그러나 남성 후보는 슬쩍 아내가 내조를 잘한다는 말을 끼워 넣었다.(이것은 "이성애자입니다" "저는 어느 정도 자리를 잡았으며 믿을 수 있는 사람입니다" "저녁 시간에 회사 이메일을 확인해도 아내는 잔소리하지 않을 사람입니다"라는 의미다.) 채용팀은 여성 후보가 4, 5년 안에 아기를 가질 가능성이 크다고 판단했다. 그러면 출산 휴가를 써야 할 뿐 아니라 이후 집안일로 인해 일을 우선시할 수 없을 것이라고 생각했다. 채용팀은 남성에 대해서는 동일한 판단을 내리지 않았다. 그러나 남성 후보 역시 아기를 가질 확률이 높았고 이 남성 또래의 다른 남성은 육아 휴직을 점점 더 많이 쓰고 일보다 가정을 우선시하는 경우가 많다. 그럼에도 회사에서는 남성 후보를 고용했다.

여성에 대한 기본 전제들 다리샤는 이런 이야기를 들려주었다.

"고객을 만나려면 출장을 가야 하는데 절 안 보내는 거예요. 그래서 결국 상사에게 왜 저를 보내지 않느냐고 물었더니 상사가 놀라면서 '애들이 아직 어려서 못 갈 줄 알았지' 하는 거예요."

다리샤는 출장 다니는 다른 남성 직원들 역시 애들이 어리다고 대답했다. 상사의 의도가 선했다는 사실은 중요하지 않다. 상사의 행위로 인해 다리샤는 승진에 도움이 되는 활동에서 배제되었다.

가정친화적인 정책의 부재 모든 여성이 임신을 하거나 남성보다 집안에서 더 많은 역할을 할 것이라고 가정해서는 안 되지만 여성을 동등하게 포함시키고 밀어줄 일터를 원한다면 평균적인 가정에서 여성이 남성에 비해 여전히 육아와 집안일을 더 많이 하고 있다는 점을 인정해야 한다. 한 여성은 이렇게 말한다.

"부서 회의를 늘 월요일 아침 8시 반에 했어요. 제시간에 갈 때도 있었지만 대개는 애들을 학교에 데려다주어야 했죠."

사람들은 이런 상황을 이해해주었지만 이 여성이 남들만큼 회의에 기여할 수는 없었다. 이것은 빙산의 일각에 지나지 않는다. 대부분의 직장은 여전히 유연근무제를 실시하고 있지 않으며 대부분의 근로자, 적어도 미국에서는, 최소한의 무급 육아 휴직만을 쓸 수 있다. 이러한 제도적 결함은 주로 여성에게 영향을 주고 있지만 점점 더 많은 남성이 가정친화적인 정책과 프로그램의 부족을 따끔하게 느끼고 있다. 유연근무제와 휴직 제도가 있는 직장에서도 여성과 남성은 커리어에 미칠 부정적인 영향이 두려워 사용하기를 꺼려 한다.[13]

가정 폭력의 영향 부상을 입힐 정도의 관계 내 폭력은 주로 여성에게 가해진다. 그 결과 여성은 두려움에 떨며 긴 밤을 보내거나(그로 인해 직장에서 최상의 컨디션으로 일하기가 힘들어지며) 남편이 자동차 키를 숨겨서 지각하거나, 병원에 가야 해서, 혹은 드러내기 부끄러운 멍이 들어서 아주 결근을 하기도 한다. 안타깝게도 가정 폭력을 겪고 있는 근로자를 지원하기 위한 구체적인 정책을 갖고 있는 고용주는 드물고 관리직 직원이 폭력의 징후를 눈치채고 도

움을 제공하는 훈련을 받는 경우는 거의 없다.[14]

이 모든 것을 합하면 그 영향은 엄청나다. 2018년 영국에서는 기업이 여성과 남성의 임금격차를 의무적으로 보고해야 하는 법이 시행되었다. 미국에서는 기업이 사실을 왜곡함으로써 실태를 숨기고 있는 반면, 영국에서는 사실을 왜곡하지 못하도록 법을 기안했다. 예를 들어 미국의 어도비, 익스피디아, 마스터카드는 임금격차가 0퍼센트라고 보고한 반면, 영국 지사들은 각각 18.2, 17.9, 19.8퍼센트라고 보고했다. 이 법으로 인해 드러난 수치들은 놀라울 정도다. 영국의 가장 큰 은행인 HSBC에서 여성은 평균적으로 남성보다 59퍼센트 적은 임금을 받는다. 여성이 주로 임금이 낮은 하위직에 머물고 있음을 반영한 수치다. 골드만삭스의 임금격차는 55퍼센트, 바클레이스는 48퍼센트, 딜로이트는 43퍼센트다. 정유, 가스, 제조업의 임금격차는 영국 전국 평균에 가까운데 BP의 임금격차는 23퍼센트, 3M은 14퍼센트다. 훨씬 더 나은 수치이기는 해도 평등과는 거리가 멀다.[15]

전 세계적으로 우려는 증가하고 있지만 진전은 매우 느린 가운데 아이슬란드는 극단적인 조치를 취했다. 동일 임금을 법적으로 의무화하겠다고 발표한 것이다. 이 법은 25인 이상의 모든 공기업과 사기업에 적용된다. 대기업은 1년 동안(2018년 말까지) 법에서 요구하는 조건을 충족시켜야 했다. 중소기업에는 2022년 말까지 4년이 주어진다. 머지않아 모든 기업은 동일 노동에 동일 임금을 지불한다는 것을 개별적으로 인증해야 하고 미인증시 일일 단위로 벌금이 부여된다. 물론 이 자체로는 여성이 저임금 일자리에 몰린다는 점이 해결되지 않는다. 그러나 이제 일부 아이슬란드 기업이 나서고 있다. 아이슬란드의 주 전력 공급 회사 레이캬비크 에너지는 지난 몇 년간 관리직 여성을 29퍼센트에서 49퍼센트로 늘리는 동시에 기존의 임금차를 줄이기 위한 노력도 계속했다. 임금차는 여전히 존재한다. 여성 측이 0.2퍼센트를 앞서고 있다.[16]

남성이 대다수인 업계에서도 변화는 빠르고 급격할 수 있다.

일부 고용주들은 동일 임금, 그리고 여성의 고용과 승진에 대해 많은 논의를 하고 있으며 어느 정도는 실천에 옮기고 있다. 새로운 멘토링 프로그램이나 직장 내 젠더 평등을 추구하고 싶어 하는 여성 혹은 남성을 위한 지원 단체 등을 만들기도 한다. 그러나 실천은 느리고 여전히 단편적이며 특정 고용주의 의지에 달려 있다고 볼 수 있다. 일부 기업은 옳은 일이라서, 혹은 경제적 효과가 크기 때문에 여러 조치를 실천에 옮기겠지만 경제 전반이 변화하려면 강력한 정부 조치가 필요한 것이 사실이다. 그리고 개별 기업에서든 정부에서든 행동에 나서려면 남성이 강력하게 동참 의사를 밝혀야 한다.

유독한 일터와 성적 괴롭힘

상상해보자. 업무 관련 회의가 이루어지고 있다. 부서에서 언제나 유쾌하고 농담을 좋아하는 한 남자가 다 같이 웃자는 의미에서 노골적으로 성차별적인 발언을 던진다. 남자 몇 명과 여자 한 명은 웃지만 여러 남성과 여성이 탁자에 놓인 노트 위로 시선을 내리깐다. 이런 장면과 마주했을 때 우리는 종종 잘못된 질문을 한다. 여자들이 어떻게 반응해야 할까? 이런 질문이 잘못된 한 가지 이유는 여성이 이의를 제기할 경우 유머 감각이 없거나 꽉 막혔다는 소리가 나올 수 있기 때문이다. 별것 아닌 일을 키운다는 비난을 피할 수 없다.

그러나 이 질문이 잘못된 가장 큰 이유는 우리가 가장 먼저 던져야 질문이 바로 "남자들은 과연 어떻게 반응해야 할까?"이기 때문이다.(여성의 반응을 먼저 묻는 것은 동성애 혐오에 LGBTQ 집단이 반응하기를 기대하거나 인종차별에 흑인, 아시아계, 라틴 아메리카계 사람들이 반응하기를 기대하는 것, 반이슬람 혹은 반유대 발언에 이슬람교도나 유대인이 이의를 제기하길 바라는 것과 다름없다.)

많은 남성이 일부 남성 동료의 행동을 불편하게 느끼지만 입을 다무는 쪽을 선택한다. 그런 말과 행동이 미치는 가혹한 영향을 이해하지 못하기 때문에 침묵을 택하는 것일지 모른다. 부적절한 행동을 하는 사람이 선배나 상사일 경우 이의를 제기하는 일이 남자에게도 마찬가지로 어렵기 때문일 수 있다. 그러나 상대가 동료일 때도, 문제를 제기해야 한다는 사실을 알고 있을 때도 침묵하는 이유는 무엇일까? 3장에서 언급된 남성 권력의 역설을 떠올려보자. 남자들은 무의식적으로 남자들 무리에 낄 수 없을까 봐 걱정한다.

할리우드와 그 너머에서 쏟아져 나오고 있는 여러 폭로를 감안하면 성적인 괴롭힘에 대해 얘기할 때 주로 성폭력이나 폭력에 가까운 행위를 말한다고 생각할 수 있다. 이런 말도 안 되는 일들은 실제로 일어나고 있으며 다른 장에서 다루게 될 것이다. 그러나 여성의 말에 귀 기울이는 남성이라면 많은 여성이, 실제로 여성의 과반수가, 외모에 대한 불필요한 발언, 모욕적인 말, 원치 않는 접촉 등과 같은 것들에 가장 많은 부담을 느낀다는 사실을 빠르게 깨닫게 된다. 작업 현장에서 던지는 여성 비하적인 농담이라든가, 여성의 어깨를 주무르는 일이 업무에 포함되는 줄 아는 관리자 혹은 동료, 여성에게 꿋꿋이 데이트 신청을 하는 남자, 매일 아침 여성의 외모를 칭찬하는 부장 등.

이런 일이 평생 한 번쯤 일어나는 것이 아니다. 귀를 기울이는 남성에게 여성은 말해줄 것이다. 수도꼭지에서 똑, 똑, 똑 떨어지며 매일 밤 나를 잠 못 들게 하는 물소리와 같다고 할 것이다. 너무 많은 일터에서 이것은 배경에 깔려 있는 잡음과도 같고 일부 여성에게 이것은 하루도 빠짐없이 나를 기다리고 있는 어떤 것이다.

물론 여자들은 대처법을 마련해놓고 있다. 특정 남성과 근무하는 것을 피하고 부서 이동을 요청하고 직장을 그만둔다. 안젤라는 부적절한 발언이나 농담에 대해 이렇게 말한다.

"세월이 흐르는 동안 우리는 유머나 재치로 그러한 발언을 지적하거나 모르는 척 무시하는 방법으로 상황을 타개하는 법을 배우게 되죠."

그러나 그 일을 왜 여성이 도맡아야 하는가? 일부 남성이 어질러놓아 난장판이 된 일터를 왜 여성만이 청소해야 하는가? 답은 간단하다. 여성이 도맡으면 안 된다.

광범위하고 유해한 성적 괴롭힘

미국 취업기회균등위원회US Equal Employment Opportunity Commission 에서 실시한 자세한 연구 결과 직장 내 성적 괴롭힘의 실태가 한 눈에 들어왔다. 이 연구는 또한 문제를 이해하려면 남성이 제대로 된 질문을 던져야 한다는 점을 강조한다.

연구자들은 여성에게 직장에서 성적 괴롭힘을 경험한 적이 있 는지 물었다. 많은 여성, 즉 25퍼센트가 있다고 대답했다. 우리와 함께 일한 여성 네 명 중 한 명이 그런 경험이 있다는 뜻이다.

그러나 이것은 성적 괴롭힘의 정의를 대답하는 쪽에서 내리도 록 한 결과다. 답변자는 성적 괴롭힘이 성적 강요 혹은 폭력만을 의미한다고 생각했을 수도 있고 다른 형태의 성적 괴롭힘을 포함 시켰을 수 있다. 연구자들이 여성에게 '원치 않는 성적 관심이나 성적 강요'를 경험한 적이 있는지 보다 구체적인 질문을 던지자 수치는 40퍼센트로 수직 상승했다.

여기서 끝이 아니다. 연구자들은 이어서 이른바 **젠더 괴롭힘**에 속하는 행동을 질문에 포함시켰는데 나를 포함해서 많은 사람들 은 이런 행동을 대개 **성적 괴롭힘**이라는 포괄적인 표현에 포함시킨 다. 이런 행동은 성차별적이고 모욕적인 인신공격, 여성을 비하하 는 농담, 포르노를 공공연하게 보는 행위 등을 포함한다. 이 같은 행동에 대해 묻자 여성의 60퍼센트가 직장에서 그런 경험을 한 적 이 있다고 대답했다.[17] (이것은 일터에서 성적 지향과 젠더 정체성에 대해 모욕적인 발언을 들은 적이 있다고 말한 LGBTQ 답변자들의 숫자와 비슷하다. 인종, 나이, 종교, 장애를 이유로 행해지는 괴롭힘까지 더하면 이 문제가 얼마나 심각한지 깨닫게 된다.)

우리 귀에 계속해서 들려오는 보다 심각한 폭력 행위이든, 다소 무해하다고 여겨질 수 있는 가랑비 같은 괴롭힘이든 이런 것들은 어떤 결과를 초래할까? 나를 괴롭히는 사람과 함께 일해야 한다면 더 큰 긴장감과 두려움을 느끼게 되므로 생산성이 떨어진다. 해고가 두려워 불만을 말하지 못할 수도 있다. 신변 안전에 대한 우려를 낳을 수도 있다. 나는 남녀를 불문하고 신뢰하지 않는 동료와 함께하다가 위험에 처한 경찰이나 군인과 이야기를 나눈 적이 많다.

괴롭힘은 직장 전체에 독을 퍼뜨릴 수 있다. 의심과 불신을 불러 일으키고 뜬소문을 부추길 수 있다. 엄청난 비용을 초래하기도 한다. 불만을 접수하는 과정에서 근무에 소홀하게 되거나 장기 결근으로 이어지기도 하며 사직으로 비게 된 자리에 새로 직원을 채용하는 데도 비용이 들 뿐만 아니라 정식 수사와 합의에 드는 비용도 엄청나다.

대외 신뢰도가 추락하기도 한다. 기업가에서는 성적 괴롭힘을 호소하는 사람들의 숫자가 무서울 정도로 많으며 점점 증가하고 있는데 그 결과는 뻔하다. 우버Uber의 창립자가 성적으로 공격적인 행태를 보였다는 주장이 속속 나오자 수천, 수만 명의 사람들이 우버 사용을 중단했다.

성적 괴롭힘은 여성이 지속적으로 경시되는 사내 문화를 강화하기 때문에 직장 내 젠더 평등을 가로막는 중요한 장벽이라고 할 수 있다. 그리고 괴롭힘의 경우 종종 직장 내에서 좀 더 높은 권력을 가지고 있는 사람이 가해자이고 그들은 높은 비율로 남성이기 때문에 여성은 그동안 괴롭힘을 방지하는 데 어려움을 겪었다. 남성 또한 직장에서 성적 괴롭힘을 당할 수 있다. 그럼에도 성적 괴롭힘의 주체는 주로 남성이다. 남성이 권력을 휘두르는 지위에 있기 때문만은 아니다. 남성이 그동안 누려온 집단적 특권에 따라 공적 공간과 일터를 통제해왔기 때문이다.

직장 내 괴롭힘 문제의 복잡한 속성

직장 내 성적 괴롭힘에 대해서는 수많은 오해가 있다. 성적 괴롭힘에는 성폭력뿐만 아니라 노골적으로 성차별적인 비하 발언도 포함된다.(직장 내 괴롭힘에 노골적으로 인종차별적이거나 동성애차별적인 발언이 포함되는 것과 마찬가지다.) 점점 더 많은 남자들이 성적 괴롭힘의 심각성을 깨닫고 있고, 대다수는 성폭력을 저지르지도 용납하지도 않을 것이다. 그러나 다수의 남성을 혼란스럽게 하는 것은 위에 언급했듯이 수돗물이 똑, 똑, 똑 떨어지는 것과 같은 보다 미묘한 요소들이다. 구체적인 사례를 몇 가지 들어보자.

가벼운 신체 접촉 동료의 어깨를 가볍게 두드린다고 해보자. 우리 대부분은 이따금 이루어지는 친밀한 접촉을 괴롭힘이라고 여기지 않을 것이다. 그러나 동료의 엉덩이를 가볍게 두드린다면? 동료가 미식축구팀 그린베이패커스의 수비수라면 아마 괜찮을 것이다. 그 동료가 옆 사무실 회계 담당이라면 괜찮지 않을 것이다. 어깨를 가볍게 두드리다가 등을 살짝 문지른다면? 두드리던 손을 어깨에 놓고 한동안 움직이지 않는다거나 하루에도 몇 번이나 두드린다면?

이 모든 것은 문화와 연결되어 있다. 바르셀로나 혹은 리우데자네이루에 가면 누구나, 남자와 여자든, 여자끼리든, 남자끼리든, 서로의 볼에 입을 맞춘다. 직장에서도 마찬가지다. 그와 정반대로 정통파 이슬람 혹은 유대 교인들이 모인 사무실이라면 남자와 여자는 악수조차 하지 않을 것이다.

농담 농담을 하지 않는 문화는 없는 것 같다. 그렇다면 성적 주제의 농담은? 어떤 농담이 적절한가의 문제는 누가 결정할까?

빈도 동료나 비서가 자메이카에서 2주간의 휴가를 보내고 돌아온다고 치자. 나는 "아주 좋아 보이네요"라고 말한다. 그 여성(혹은 남성) 동료나 비서는 그 칭찬을 반길 수도 있다. 그러나 내가 날이면 날마다 멋져 보인다는 말로 하루를 시작한다면?

상사와 부하의 관계 내가 무척 다정한 사람이라고 하자. 나는 남에게 칭찬을 잘한다. 그래서 직장에 있는 여성이 헤어스타일을 바꾸고 오면 칭찬한다. 다정하게 포옹할 때도 있다. 가끔 휴식 시간에 곁에 앉아 이야기를 나눌 때도 있다. 주말에 뭘 했는지 물어보는 정도다. 직장 밖에서도 친한 친구라면 이런 행동은 괜찮을 수 있다. 그러나 직장 내에서만 보고 지내는 사이라면 괜찮지 않을 수 있다. 내가 그 여성의(혹은 남성의) 상사라면 더욱 그렇다. 그 직원은 상사의 관심이 부담스럽다고 말하기가 무척 어려울 것이다.

그 행동이 행해지는 장소 직장에 좋은 친구가 있다고 치자. 우리는 서로의 외모나 성생활에 대해서 약을 올리며 장난을 치곤 한다. 그래도 아무 문제가 없다고 하자. 그러나 부서 회의에서 혹은 타인 앞에서 그런 말을 해도 과연 아무 문제가 없을까?

어조, 단어 선택, 보디랭귀지 직장 동료가 퇴근 후 옷을 사러 간다고 언급한다. 다음 날 아침 동료가 새로운 스웨터를 입고 나타난다. 나는 "스웨터가 아주 잘 어울린다"고 말할 수도 있다. 아무런 문제가 없을 것이다. 그런데 "그 스웨터 입으니까 섹시하다"고 말하면서 동료 직원의 가슴을 바라본다면 당연히 문제가 된다.

집적거림과 데이트 신청 동료 직원에게 데이트 신청을 한다. 동료는 "좀 바빠서요"라고 대답한다. 몇 주 기다렸다가 다시 물어본다. 또 다른 핑계가 되돌아온다. 고등학교 시절 수년에 걸쳐 받은 훈련은 바로 이 순간을 위해서였을 것이다. 동료는 나와 데이트가 하기 싫지만 내가 상처받지 않도록 돌려서 말을 하고 있다. 내가 계속 물어본다면 동료가 처음부터 "싫다"고 확실하게 말했는데도 계속 귀찮게 하는 행동과 다를 게 없다.

내 경험상 남자들은 이렇게 둘러댄다. "칭찬이었어요." "농담이었어요." 문제는 칭찬이나 농담의 경우 듣는 사람의 기분이 좋다는 점이다. 상대가 창피해하거나 불편해하거나 두려워한다면? 뭔가 잘못된 것이다.

잠재적인 성적 괴롭힘의 상황은 남녀 모두에게 까다롭고 새로운 영역이다. 남자가 "기분 나쁘게 할 의도는 없었다"고 말할 때 바로 괴롭힘의 본질이 드러난다. 대개의 경우 핵심은 누군가의 의도가 아니라 그 사람의 말이나 행동이 미치는 영향이다.(어떤 경우에서든 괴롭힘으로 여겨지는 명백한 예외도 있다. 부탁을 들어준다고 하며 성적 대가를 노골적으로 요구하거나 암시하는 경우, 모욕, 상처를 주거나 위협을 가할 목적으로 공격적인 행동을 하는 경우다.)

어떤 행동이 미치는 영향의 관점에서 보기 시작하면 직장 내에서 어떤 행동이 적절하고 어떤 행동이 부적절한지 구분되기 시작한다. 성적 괴롭힘의 형태는 다양해서 십계명처럼 새겨놓을 수가 없다. 형식에 치우친 말장난뿐인 회사 규정도 많다. 맥락에 따라, 상호 간의 공적인 혹은 사적인 관계에 따라, 그리고 행위가 미치는 영향에 따라 괴롭힘이 성립되거나 성립되지 않을 수 있다는 현실을 고려하고 있지 않은 것이다.

그렇다면 괴롭힘은 너무 자의적이거나 너무 예민한 정서의 문제는 아닐까? 내가 채식주의자인데 옆자리에서 치킨 샌드위치를 먹는다고 해보자. 옆 사람이 나를 괴롭힌다고 신고해도 될까? 괴롭힘은 그 행위가 미치는 영향에 달려 있기는 해도 자의적이지는 않다. 내가 불만을 신고했을 때 어떤 조치가 있으려면 합리적인 사람이 느낄 만한 불만이어야 한다.

이처럼 복잡한 문제이기 때문에 직장 내에서 진지하고 사려 깊은 대응이 이루어져야 한다. 미국 취업기회균등위원회의 보고에 따르면 "괴롭힘을 경험한 네 명 가운데 세 명은 상사나 노조 위원과 이야기조차 하지 않았"다. 그 이유는? "자신의 주장을 믿어주지 않거나 어떤 대응도 없거나 자신의 탓이라고 하거나 사회적, 혹은 직업상의 보복을 당할까 두려웠기 때문"이다.[18]

유독한 근무 환경을 비롯해 어떤 형태이든 직장 내 괴롭힘을 경험하는 여성 혹은 남성은 그 경험이 특별히 심각하지 않았거나 큰 손해를 입지 않았다면 대개 보복이나 금전적 보상을 원하지 않는다. 다만 부적절하고 상처를 주는 그 행동이 중단되기를 바랄 뿐이다. 직장 내 규정을 두는 것만으로는 충분하지 않다. 남성과 여성 모두에게 지식과 실용적인 도구를 주어 목소리를 낼 수 있도록, 친구나 동료에게 말할 수 있도록 도와야 한다. 직급이 높아질수록 남성이 훨씬 많은 현실이기는 하지만 직장 상사들은 이 문제의 심각성을 깨달아야 할 뿐만 아니라 효과적이고 공정하고 유익한 방식으로 반응하기 위한 실용적인 도구를 확보해야 한다.

내가 여러 정부 기관, 기업, 유엔의 일부 기관에 적용한 나만의 접근 방식은 직장 내 괴롭힘의 영향과 미묘한 차이에 초점을 맞추고 있으며 관리자들에게 괴롭힘을 멈추기 위한 도구를 제공한다. 나는 이 방식을 '빨간 불 파란 불Red Light Green Light'이라고 부른다.(쓸모 있는 조언이 필요한 독자라면 '덧붙이는 말 3'을 참고하기를 권한다.)

직장 내 괴롭힘에 대해 남성이 끝까지 혼란스러워하는 점

한 남자가 웃으면서 이렇게 말한다.

"남자들이 집적댄다고 불만이래요. 여자들이 나한테 그렇게 관심이 있으면 나는 아주 신이 나겠던데."

여기서 우리는 2장에서 논의된 보이지 않는 특권과 관련된 문제들로 되돌아온다. 외모에 대한 칭찬을 즐길 수도 있다. 그러나 권력과 특권이 균등하게 주어지지 않은 세상에서 칭찬은 무언가 다른 것이 된다. 일단 남성은 성폭력을, 특히 여성에 의한 성폭력을 경험했을 가능성이 현저히 낮다는 특권을 누린다.(남자 어린이의 경우 우리가 예전에 생각했던 것보다 더 자주 성폭력을 경험한다는 사실이 밝혀졌다. 여자 어린이의 경우와 마찬가지로 가해자는 가족 구성원, 코치, 종교 인사, 혹은 가족의 지인일 가능성이 가장 높다. 신뢰를 바탕으로 하는, 접근 가능성이 높은 위치에 있는 사람이라는 의미다. 그럼에도 그 빈도는 여전히 여자 어린이보다 낮다.)

대학에 강연을 나가면 나와 동료들은 남성 참가자들에게 이렇게 묻곤 한다. 첫 데이트에 나갈 때 친구나 룸메이트에게 명확한 지시 사항을 남겨둔 적이 있다면 손을 들어보세요. 누군가 술에 약을 타지 않도록 친구에게 봐달라고 부탁한 적이 있거나, 폭력을 당할까 두려워 밤중에 도서관 가는 게 꺼려진 적이 있거나, 나를 더듬는 사람을 밀쳐낸 적이 있거나, 누가 내 외모를 칭찬하며 따라와서 두려웠던 적이 있다면 손을 들어보세요. 그러면 띄엄띄엄 몇 명이 손을 든다. 그다음 여성 참가자에게 물으면? 모두가 번쩍 손을

처든다.[19]

바로 이러한 배경과 삶의 경험들이 다양한 상호 작용에 배어들어 있다. 그것이 길거리에서 들려오는 휘파람이든 말 한마디든, 직장 내에서 겪는 원치 않는 접촉이든 발언이든.

뿐만 아니라 남성은 아주 오래전부터 외모나 몸으로 평가를 당하지 않아도 되는 특권을 누려왔다. 그러므로 직장에서 동등한 자격을 누리지 못할 수 있다는 염려조차 하지 않는다.

이와 유사하게 우리는 남성이 여성에 의해 제도적으로 평가 절하되고 비하를 당하는 사회에 살고 있지 않다. 따라서 여성이 반남성적인 농담을 하거나 고정관념을 되풀이할 때(가령 남자가 아이를 잘 보지 못한다든가, 자기감정을 표현하지 못한다든가, 집안일에 서툴다든가) 나는 짜증스럽기는 해도 그것을 비하 혹은 위협, 공격으로 여기지 않는다. 나는 이런 고정관념이 많은 남성에게 공정하지 못하다고 생각하지만 여성이 우리를 제도적으로 억압하기 위한 무기로 이를 사용하고 있지 않음을 알고 있다.

남성의 특권과 관련된 이러한 사항들을 일부 남성은 오래전부터 잘 알고 있었다. 동성애 혐오를 겪었던 게이 남성이나 인종차별을 겪었던 유색 인종 남성이 그들이다. 가벼운 '농담'이나 발언에서 그들은 평생, 아니 수 세기 동안 이어졌던 혐오와 억압, 차별과 공포를 느낀다.

이 모든 사실은 우리가 특정한 말과 행동의 영향을 고려해야 한다는 점을 강조한다.

결국 직장 내 성적 괴롭힘에서 의도가 아닌 영향이 중요하다는 사실로 다시 한 번 되돌아온다. 그리고 그 영향은 사회 전반의 젠더 불평등, 여성의 성적 대상화, 그리고 여성에 대한 성폭력에 좌우된다. 우리가 이런 것들을 없애면 직장은 너 즐겁고 편안한 곳, 젠더 평등이 여성과 남성 모두에게 이로운 곳이 된다.

이것이 괴롭힘이 없고 젠더가 평등한 직장을 만들기 위한 남성의 헌신이 필요한 이유다. 견고한 규정도 필요하지만 관리자들을 현명하게, 그리고 반복적으로 교육해서 괴롭힘을 방지하거나 즉각 신고할 수 있도록 해야 하며 관리자들에게 일정한 책임을 지워야 한다.

가정친화적인 일터

마지막으로 직장 내 문제에 대해 짧게 짚고 넘어가고자 한다. 직장 밖의 삶도 중요하다는 점을 인정하는 일터를 만든다면 젠더 평등의 혜택은 여성과 남성 모두가 분명히 느낄 수 있을 것이다.

일과 삶의 균형의 필요성이 처음 대대적으로 요구된 것은 그 어느 때보다 많은 여성이 법조계와 같은 특정 직업군에 들어가면서였다. 여기서 여성이 마주한 환경은 긴 근무 시간을 요구하는 환경, 개인적으로 어떤 대가를 치르든 상관하지 않는 승자 독식의 정신에 익숙한 사람에게 보상이 돌아가는 환경이었다. 갓 졸업한 신입 사원의 경우에는 어떨지 몰라도 가정을 우선시하는 동시에 파트너가 되기 위해 이 같은 생활을 지속하기는 힘들었다. 여성은 이에 대한 불만을 행동으로 드러냈다. 대대적으로 거대 로펌 등을 떠나거나 대기업의 법률팀, 혹은 정부 소속 변호사로서 직업 활동을 이어나간 것이다. 법조계를 아주 떠나는 경우도 있었다.

비슷한 우려는 모든 직업군에서, 그리고 노동계 전반에서 나타났다.

여성은 변화를 주장했고 많은 경우 성공적이었다. 유연근무제도 쟁취했다.(덕분에 자녀들을 학교에 데려다주거나 학교에서 데려올 수 있고, 아니면 출퇴근 시간의 어처구니없는 교통 지체나 붐비는 대중교통을 피할 수 있다.) 일부 직업의 경우 재택근무를 허용하기도 했지만 거기에는 좋은 점도 불편한 점도 따른다. 여성은 몸이 아픈 식구를 돌보기 위한 가족 간호 휴가 역시 쟁취했다. 이른 아침이나 늦은 오후를 피해 회의를 잡자고 주장했다. 그리고 국가가 정한 유급 육아 휴직이 없는 유일한 선진국인 미국에서는 일부 기업과 정부 기관에서 육아 휴직을 쟁취했다.

점점 더 많은 남자들이 이런 변화를 환영하고 있다. 더 많은 남자들이 부모로서 적극적이고 중심적인 역할을 맡기 시작했기 때문이다.

이런 규정이 있다고 해서 여성의 취업과 승진을 가로막는 장벽이 없어지는 것은 아니다. 규정은 존재하지만 고용주들이 적극적으로 권장하지 않는다면 문제가 생긴다. 여러 여성과 남성은 유연한 근무를 위한 다양한 사내 규정의 혜택을 보려고 하지 않는데 남의 빈축을 사거나 일 욕심이 없다고 여겨질 수 있다고 생각하기 때문이다.

그래서 리더십이 중요하다. 그리고 여전히 현저히 많은 남성이 지도력을 발휘할 수 있는 지위에 있으므로 이는 남성이 현저히 커다란 역할을 해야 한다는 뜻이다.

이런 이유에서 나는 싱가포르에서 수석 부사장으로 일하고 있는 한 영국 출신 은행 임원과의 만남이 참 즐거웠다.

"자녀들과 더 많은 시간을 보내고 싶어 하는 남자들이 점점 더 많아지고 있는 걸 느껴요. 특히 아이들이 아주 어릴 때 말이죠. 마침 이 현상은 더 많은 여성이 자신의 커리어를 쌓길 원하는 현상과 일치하고 있어요."

변화가 일어나고 있는 것은 확실하지만 이 남자는 기업계에서 전통적인 역할이 여전히 깊이 뿌리박혀 있다고 했다.

"직원이 일과 삶의 균형을 추구할 수 있도록 역동적인 환경을 제공해야 해요."

이 남자의 경우에는 그것이 어떤 의미일까?

정답은 리더가 본보기가 되는 것이다. 게다가 이것은 이 남자가 자기 삶에서 추구하는 방향과 일치하는 리더십이다. 남자는 이렇게 덧붙였다.

"저는 아침마다 애들한테 팬케이크를 구워줘요. 회사에는 9시 이후에 도착해요."

은행 임원에게는 전혀 이른 시각이 아니다.

이것이 업무에 해를 끼치거나 커리어에 부정적인 영향을 끼치지는 않을까?

"아이들한테서, 그리고 아이들의 지적을 통해 많은 걸 배웁니다.

이런 것들이 저를 더 훌륭한 리더이자 제 분야의 전문가로 키워주고 있다고 생각합니다."

이 말은 젠더 평등 운동이 남성의 삶에 가져온 가장 큰 변화를 암시하고 있다. 이것은 남성이 젠더 평등에 기여할 수 있는 가장 본격적인 방법이자 남성이 즐기고 있는 가장 중요하고 긍정적인 변화다.

나는 이것을 '아빠의 변화Dad Shift'라고 부른다.

1분만 있으면 아들 리암은 아버지로 새로 태어나게 될 것이다.

30년 전 리암 자신이 꿈틀거리며 지구로 나온 이후 가장 특별한 순간이 될 것이다.

우리는 아버지의 역할이 본성에 의해 거의 정해져 있다고 생각한다. 여성은 양육을, 남성은 사냥을 하는 사람이라는 믿음이 있다. 그러나 리암은 곧 깨닫게 될 것이다. 리암의 역할은 주변 사람의 태도, 사회적 지원, 그리고 리암과 아내 리사가 내리는 결정에 의해 정해지게 된다.

리암이 리사와 함께 내리는 결정이 두 사람뿐만 아니라 아이의 삶에 얼마나 막중한 영향을 끼치게 될지 안다면 리암은 무척 당황하겠지만 초를 다투는 이 순간 리암에게 그런 생각은 안중에도 없다. 다만 두 사람의 결정은 아이의 삶뿐만 아니라 지금 이 순간 부성을 재정의하고 있는 사회에도 영향을 미칠 것이다. 젠더 평등을, 그리고 수십 년, 수백 년 동안 남성의 삶에 도움을 줄 긍정적인 변화를 판가름할 결정적인 순간에 그들은 와 있다.

보통 우리는 아이가 태어나는 순간을 한 사람이 태어나는 순간이라고 생각한다. 그러나 사실 어머니와 아버지가 태어나는 순간이기도 하다.

그 순간은 정밀이지 중대한 순간이다. 새로운 딱지가 붙는 데 그치지 않는다. 아버지가 된다는 것은(생물학적 아버지가 되건 입양을 하건, 심지어 손자, 조카, 혹은 가족의 지인을 돌보며 친밀한 유대를 형성하건) 인류의 미래와 연결점을 형성했다는 의미다.

그리고 그 연결점에서 남성이 젠더 평등에 본격적으로 기여할수 있는 가능성이 생긴다.[1]

부성에 대한 꽉 막힌 생각들을 넘어서

얼마 전까지만 해도 우리 세상 속 아버지의 모습은 서로 상충하는, 제한적인 모습이었다.

먼저 현명한 아버지상이 있다. 아버지는 무엇이든 제일 잘 알고있으며 인내심이 많다. 아버지는 완벽한 가족 중심 세계의 완벽한중심이다.

한편 호머 심슨 같은 아버지가 있다. 기가 막힐 정도의 얼간이에다가 생각 없고 능력도 없다. 여기 기본적으로 깔린 생각은 남자는양육자로서 자격이 없다는 생각이다.

세 번째로 우리가 곧잘 듣는 가장 위협적인 말 속에 들어 있는아버지상이 있다.

"너, 이따가 아빠 들어오시면 보자."

아버지는 벌을 내리는 사람이고 훈육 방법을 최종적으로 결정하는 사람이다. 여기 기본적으로 깔린 생각은 경찰, 신, 사형 집행인을 한데 섞어놓은 사람이 곧 아버지라는 생각이다.

덧붙일 모습이 한 가지 더 있다. '잘 도와주는' 좋은 아버지의 모습이다. 아버지가 꼭 해야 하는 일은 아니지만 거들어주고 아이들과 귀중한 시간을 보내기 위해 최선을 다한다. 아버지가 곁에 있으면 마치 필요한 순간에 마운드에 오르는 구원 투수 같은 존재처럼 유용할 수 있다는 생각이 깔려 있다.

이런 생각은 난데없이 생겨나지는 않는다. 그러나 요즘 아버지들이 맞닥뜨리기 시작한 현실과 형편없이 거리가 멀다. 알고 보면 미국의 아버지들이 평일에 아이들과 보내는 시간은 지난 30년간 무려 65퍼센트나 증가했다.[2]

이런 변화는 전 세계적으로 일어나고 있다. 지난 10년간 내가 방문한 모든 대륙의 모든 국가에서 남자들은 아버지가 된다는 것의 의미를 바꾸느라 분주하게 움직이고 있었다. 물론 다른 지역에 비해 갈 길이 훨씬 먼 지역도 많다.

1977년 미국 남성의 64퍼센트는 남자가 돈을 벌고 여자가 집안일과 자녀들을 돌보는 게 최선이라고 대답했다. 2008년 이 숫자는 39퍼센트로 떨어졌다.[3]

2016년 프로문도에서 실시한 연구에 따르면 미국 아버지의 절반이 육아를 동일하게 분담하고 있거나 자녀의 주 양육자라고 대답했다. 비록 상대방 여성은 다른 생각을 갖고 있었지만(여성의 34퍼센트만이 상대 남성이 육아를 동일하게 분담하고 있거나 주 양육

자라고 대답했다) 그래도 이들의 아버지 세대에 비하면 큰 발전이다.[4]

1970년 자신이 전업주부이자 아빠라고 밝힌 미국 남성은 여섯 명이었다.(오타가 아니다. 여섯 명이 맞다.) 2012년 이 수치는 2백 만으로 급증했다.[5] 전업주부이자 아빠인 남성의 비율이 가장 높은 주는 사우스다코타였고(전업주부이자 부모의 39퍼센트) 그다음이 웨스트버지니아였다.

남자들이 하는 집안일의 양도 점점 증가했다. 아내 혹은 여자 친구가 시킬 때만 빗자루를 잡는 것이 아니라 책임지고 집안일을 하는 경우도 증가했다.(이 점이 중요하다.) 집안일에 대한 남성의 기여도는 1960년대 중반에서 21세기 초반까지 전체의 15퍼센트에서 30퍼센트로 증가했다. 뿐만 아니라 노동력을 줄여주는 가전제품이 나오고 여성의 집 밖 근로 시간이 늘면서 여성이 집안일에 들이는 시간이 주당 2시간 줄었다.[6]

현대 페미니즘의 대두 이래 생긴 변화는 상당하다.

- 미국의 아버지가 육아에 들이는 시간은 1965년 주당 2.5시간에서 2011년 7시간으로 늘었고 집안일은 4시간에서 10시간으로 늘었다. 한편 어머니가 육아에 들이는 시간도 10시간에서 14시간으로 늘었다. 집안일에 들이는 시간은 32시간에서 18시간으로 줄었다.[7]
- 1965년에서 2000년 사이, 결혼한 미국의 아버지들이 오로지 육아에 들이는 시간은(아이들을 차에 태우고 다니며 볼일을 본

다든가 함께 TV를 보는 시간은 제외했다는 뜻) 두 배로 늘어났다.[8] 또 다른 미국 연구에 따르면 남성이 육아에 기여하는 시간은 1965년에서 2003년 사이 세 배로 늘어났다.[9]

- 영국에서는 1975년에서 1997년 사이 아버지가 유아 혹은 어린이를 돌보는 시간이 여덟 배 늘어났다. 평균적인 근무일에 아이를 보는 시간이 말하기도 민망한 15분에서 2시간으로 늘어난 것이다.[10] 2002년에서 2005년까지 불과 3년 만에 갓난아이와 더 많은 시간을 보내기 위해 근무 시간을 유연하게 조정한 신참 아빠들은 11퍼센트에서 31퍼센트로 훌쩍 뛰어올랐다.[11]

- 1986년 유치원생 자녀를 둔 캐나다 아버지들 가운데 절반을 조금 넘는 숫자만이(57퍼센트) 매일 육아에 참여한다고 밝힌 반면 20년 후 2005년에 이 숫자는 73퍼센트로 증가했다. 증가 폭이 상당하지만 매일 육아에 참여한다고 밝힌 어머니의 숫자를(90퍼센트) 따라가기에는 한참 먼 수치였다.[12]

이런 변화에 대해 쾌재를 부르기 전에 먼저 갈 길이 멀다는 사실을 말해두자. 어머니와 아버지가 동등하게 집안일과 육아를 나눠 하는 집이 있는 것은 사실이다. 남성이 상대 여성보다 더 많은 집안일을 하는 집도 있고 남성이 전업주부이자 아빠인 집안도 있다. 아버지 홀로 아이를 키우는 집안도 있다. 아버지가 둘인 집안도 있다. 갈수록 많은 동성애자 아버지들이 아이를 입양하거나 커플 한쪽의 생물학적 자녀를 데리고 산다.

그러나 사회 전반의 가사 분담 정도를 보면 여전히 여성이 더 많은 집안일과 육아를 하고 있다. 그리고 여성이 남성보다 유급 노동을 하는 시간이 적기는 해도 대부분의 국가에서 여성의 유급 노동과 무급 노동을 합친 시간은 남성보다 많다.

- 미국에서 평균적인 남성은 하루 7.9시간의 노동을(무급 노동 2.5시간, 유급 노동 5.4시간) 한다. 여성은 8.1시간의 노동을 하고 무급 노동이 이 중 절반이다.
- 캐나다에서 남성은 하루 8.4시간의 노동을(무급 노동 2.7시간, 유급 노동 5.7시간) 한다. 여성은 8.8시간의 노동을(반올림해서 무급 노동 4.2시간, 유급 노동 4.5시간) 한다.
- 일부 국가에서는 말도 안 되는 수치가 나오기도 한다. 일본에서는 유급과 무급 노동 모두에서 심각한 격차가 있다. 남성은 하루 1시간의 무급 노동만을 하고 여성은 5시간 일한다. 유급 노동에는 남성이 7.9시간, 여성이 3.4시간을 할애한다.[13]

이와 다른 분류 방식을 사용하는 한 연구에서는 가족 구성원을 돌보는 데 남성과 여성이 들이는 시간을 비교한다. 미국 남성은 하루 19분을, 여성은 41분을 사용한다. 캐나다에서는 남성이 21분, 여성이 44분을 들인다. 영국에서는 남성이 34분, 여성이 62분이다.[14]

부성에 대한 꽉 막힌 생각들은 시대에 한참 뒤떨어졌음에도 확고부동한 규범이 장벽을 이루고 있는 탓에 새로운 아버지상이 젠더 평등을 위한 제 역할을 하기가 힘들다. 그러나 이런 규범을 없애는 일은 쉽지가 않은데 단지 우리 머릿속에만 존재하는 것이라 우리가 사회를 정립한 방식, 특히 일터를 구성해놓은 방식과 연결되어 있기 때문이다. 육아에서 동일하거나 더 큰 역할을 하고 싶어 하는 아버지가 많고 여기 적극적으로 동의하는 어머니들도 많다. 많은 남성에게 육아의 기술을 배울 기회가 주어지지 않았다는 점은 사실이다. 그러나 그보다 사회적 지원, 유급휴가, 직장에서 육아를 권장하는 분위기 등이 부족하다는 점이 더 큰 문제이다. 우리는 개개인의 남성이 필요로 하는 도구, 그리고 모두가 필요로 하는 정책이 무엇인지 알아내서 남성이 육아의 절반을 맡는 세상을 더 빨리, 더 확고하게 만들어야 한다. 이것은 여성에게, 아이들에게, 그리고 우리 남성에게 유익할 것이다. 그리고 다른 어떤 단일 요소보다 젠더 평등을 가져오는 데 결정적인 역할을 할 것이다.

나아가 이렇게 주장하고 싶다. 여성에게 페미니즘이 가져다준 혜택을 남성은 아버지상의 변화를 통해 누리게 될 것이다. 아버지상의 변화는 우리 삶을 강력하고, 긍정적이고, 발전적으로 재정의하고 있다.

그러나 변화가 일어나려면 남성과 여성이 일치된 행동을 통해 부성을 재정의해야 하고 그러기 위한 사회적 기틀이 마련되도록 해야 한다.

그러나 새로운 아버지상을 만든다는 생각이 부질없는 바람은 아닐까? 무엇보다도 인류 역사와 인간의 생리에 역행하는 것은 아닐까?

진화와 호르몬

1879년 스위스 동물학자 헤르만 폴Hermann Fol은 정자에 의한 난자의 수정을 처음 관찰했다. 이제 와서 생각하면 좀 이상하지만 그때까지만 해도 단 한 개의 정자가 이 중요한 임무를 완수한다는 사실을 확실히 알고 있지 못했다. 모든 아이에게 단 한 명의 생물학적 아버지가 있다는 사실을 아무도 입증하지 못했던 것이다.

여성과 남성의 전통적 역할과 관련된 여러 다른 경우와 마찬가지로 여러 명백한 생리적 원인을 고려하지 않을 수 없다. 생물학적 어머니는 아홉 달 동안 자신의 몸속에 살면서 자신의 심장 소리를 듣고 자신의 에너지와 감정을 감지하는 아이와 엄청난 신체적, 정서적 유대를 형성한다. 수유하는 동안 형성하는 신체적, 정서적 유대 또한 그만큼 엄청나다.

그렇다면 입양을 하거나 수유하지 않는 어머니는 어떨까? 여전히 우리는 그러한 여성에게 남성에게는 없다고 간주되는 생리적 능력이 있다고 여긴다. 우리는 남성이 육아에서 보조적인 역할을 (그것도 아주 미약한 보조의 역할을) 하는 이유를 종종 남성의 생물학적 본성에서 찾는다.

그렇다면 잠깐 부성의 생물학적 측면을 살펴보자.

인간은 수컷이 새끼를 돌보는 몇 안 되는 포유류에 속한다. 5,400종의 포유류 가운데 10퍼센트만이 여기 해당한다. 영장류 중에서는 40퍼센트가 해당되는데 주로 원숭이가 해당된다. 다른 유인원의 경우, 즉 침팬지, 고릴라, 보노보, 오랑우탄은 수컷이 새끼

를 돌보지 않는다. 다른 유인원 암컷은 암컷이든 수컷이든 다른 개체에게 새끼를 믿고 맡기지 않는다.[15]

그렇다면 인간 진화의 역사에서 과연 무슨 일이 있었기에 2만 년 전 초기 인간이 색다른 육아의 길로 들어서게 되었을까?

나는 이 질문을 캘리포니아 대학 데이비스 캠퍼스의 명예 교수인 진화생물학자 세라 블래퍼 허디Sarah Blaffer Hrdy에게 던졌다. 허디 교수는 협동 육아, 즉 수컷과 다른 암컷이 어미와 육아 책임을 나누는 습성이 우리의 진화에 핵심적인 역할을 했다고 답변했다. 두뇌가 더 크게 발달하고 수컷에 비해 암컷의 몸집이 상대적으로 커지고, 유년기가 연장되었으며, 수명이 늘었다는 것이다.

그러나 인류의 진화 덕분에 남성이 육아에 뛰어들 가능성이 생겼다고 말하는 것으로는 부족하다. 여성의 경우 다양한 호르몬의 조합이 남성이 결코 따라갈 수 없는 육아 능력을 부여하는 것은 아닐까?

여성의 경우 출산 시, 혹은 유두가 자극을 받을 때 옥시토신과 프로락틴의 분비가 급증하지만 남성의 경우 그렇지 않다는 점은 사실이다. 그러나 놀라운 어느 연구 결과에 따르면 임신한 여성이나 갓난아이와 가깝게 지내는 남성의 경우 프로락틴 농도가 증가한 것으로 나타났다. 아이를 단 15분만 안고 있어도 효과가 있다고 한다.[16] 그렇다면 그 영향은? 일단 엄마의 경우와 마찬가지로, 아이의 울음소리를 들었을 때 아이의 요구 사항에 더 민감해졌다.

뿐만 아니라 아기가 태어나기도 전에 남성의 테스토스테론과 에스트라디올 농도가 크게 감소했다.[17]

가장 인상적인 사실은 이러한 호르몬의 변화가 일회적인 사건이 아니라는 점이다. 남성이 육아에 더 깊이 관여할수록 호르몬 변화가 더 크게 일어난다. 예를 들어 깃난아기의 울음소리를 들었을 때, 육아 경험이 많은 아빠의 프로락틴은 초보 아빠에 비해 더 많이 증가한다.[18]

적극적으로 육아를 하는 남성의 경우 더 적극적이 될 수 있도록 호르몬이 변화한다는 뜻이다. 다시 말해 긍정적인 피드백 순환이 생기는 것이다. 더 많이 할수록 생물학적으로 더 잘할 수 있다. 그러나 단지 호르몬 변화가 아이를 돌보는 행동을 유발하는 것만은 아니다. 오히려 남성의 행동이 과거 경험과 결합해 호르몬 농도 변화를 낳고 그 결과 갓난아기의 요구에 더 민감해지게 된다.

호르몬의 변동 폭은 여성에 비해 덜하지만 이것만은 분명하다. 인간 남성은 타인을 돌보는 사람으로 진화해왔다.

아빠는 언제 손을 놓았을까

인류의 긴 여정을 내재화한 부족 사회들에서 아버지의 역할은 폭넓은 차이를 보인다. 중앙아프리카공화국의 아카족(피그미족이라고 부르기도 한다) 아버지들은 세계의 가장 앞서나가는 아버지들이다. 하루 24시간 중 88퍼센트는 자녀를 안고 있거나 팔이 닿는 거리에 두고 있거나 지켜보고 있다. 반면 스펙트럼의 정반대 끝에 있는 킵시기스족 아버지들은 아이가 만 한 살이 될 때까지 단 한

번도 아이를 안지 않는다.[19]

　한 사회에서 아버지의 참여도는 특정 패턴에 의해 결정되는 것으로 보인다. 이 패턴은 남성의 육아 참여가 젠더 평등을 촉진하는 혹은 가로막는 원리를 이해하는 데 핵심적이다.

　앞서 나는 8천 년에서 1만 년 전에 있었던 가부장제의 도래에 대해 이야기했다. 인간은 생존을 위해 채집 방식을 뒤로하고 동물을 길들이고 식물을 재배하면서 점점 더 깊이 뿌리를 내리고 있었다. 초기의 수렵 채집 사회는 주로 젠더 평등의 수준이 높거나 비교적 높은 사회였다. 이런 사회에서는 남성이 갓난아기와 아이들을 더 많이 보살폈다. 그러나 동물을 길들이고 식물을 재배하는 일이 증가하는 사회 변화 과정에서 종종 여성은 집을 떠나 남성 동반자의 가족과 함께 살게 되었다. 이러한 사회는 대개 좀 더 가부장적이었다. 남성이 여성을(그리고 여성의 생식 능력을) 대상으로 점점 더 많은 권력을 행사하게 된 이유는 아마도 이러한 통제를 통해 가축과 토지를 좀 더 확실히 자손에게 물려줄 수 있었기 때문일 것이다. 그래서 《구약성서》나 유대교 성서인 《토라》를 구해 〈민수기〉를 펼치면 상속, 특히 아들의 상속에 대한 온갖 법을 찾을 수 있다. 가부장제가 진화하고 성문화되던 시절 그 지역 모든 사회에서 상속은 상당히 중대한 문제였다. 그리고 이런 사회에서 남성은 대체로 육아 참여도가 낮았다.

새로운 아버지상이 가져다줄 이득

　남성은 육아에 적극적으로 참여할 능력을 갖도록 진화했지만 많은 남성이(어떤 문화의 경우 대부분의 남성이) 육아에 참여하지 않기로 선택했다. 곧이어 부성을 재정의하기 위해 밟아야 할 단계에 대해서 이야기하겠지만 그 전에 대답해야 할 의문이 있다. 누구에게도 큰 도움이 되지 않는다면 변화를 촉구할 필요가 없지 않을까? 다시 말해, 우리는 왜 반드시, 어김없이, 남성이 육아의 절반을 분담하는 세상으로 꾸준히, 힘차게 전진해야 할까?

　내가 인터뷰했던 한 여성에게 정답은 뻔했다. 장성한 아들이 있는 앤드리아는 육아의 대부분을 도맡아 했기 때문에 포기할 수밖에 없었던 삶에 대해서 이야기했다.

　"쓰레기를 내놓으면서 제 꿈도 같이 내놓아야 했어요. 나중에는 꿈을 꿀 힘도, 노력할 힘도 더 이상 남아 있지 않았어요. 그게 정말 짜증 나요. 속 깊은 곳 어딘가에는 강인한 사람이 있었을 텐데."

　젠의 경우에는 꿈을 놓지 않았고 사회복지학 석사까지 마쳤다. 그러나 둘째가 생기자 더 이상 일터에 있을 수 없었다. 자녀들이 청소년이 되고 몇 년 뒤 젠은 다시 바깥일을 시작했다. 빈약한 이력서를 들고 일을 찾기란 놀랄 만큼 힘든 일이었다. 밑바닥부터 다시 시작하려니 수입도 예전에 비해 뚝 떨어졌지만 그것보다 떨어진 자존감으로 인해 더욱 힘들었다.

　"예전에는 능력이 달린다고 생각한 적은 없어요. 그런데 복귀한 지금은 자꾸 나를 의심해요. 작은 실수 하나만 해도 날 죽일 듯 자책해요."

엄마들은 아이를 낳고 엄청난 경제적인 타격을 입는다. 갓난아기, 어린 애들을 돌보느라 일을 쉬어야 할 뿐만 아니라 집안에서의 역할 때문에, 남성에 비해 훨씬 더 큰 비율로 본인의 능력을 제한하는 직업을 가져야 하고, 커리어를 제한하는 결정을 내려야만 한다. 아이를 병원에 데려가거나 방과 후 수업에 데려가거나 아이가 아플 때 집에 남는 일 등을 더 많이 하기 때문에 시간제로 일하거나 덜 야심 찬 일을 택할 확률이 높다. 실제로 이런 일들을 더 많이 하지 않더라도 고용주들은 엄마로서의 역할이 일에 방해가 될 것이라고 종종 간주하곤 한다.

경제학자 바스Barth, 커Kerr, 올리베티Olivetti, 골딘Goldin은 2000년 이후 미국 인구조사 데이터를 분석해서 여성의 소득이 낮은 주요 원인이 가사 노동의 분담, 즉 여성의 육아 책임이 더 크기 때문이라고 설득력 있게 주장했다.[20]

나아가 앤드리아와 젠의 사례가 보여주듯 여성은 정서적으로도 엄청난 타격을 입는다. 먼저 여성의 가치에 대한 시각이 문제다. 돈 버는 일과 집 밖에서의 지도력에 가장 큰 가치를 부여하는 사회에서 우리는 좋은 부모가 되고 가정을 유지하는 데 필요한 여러 실용적, 지적, 교육적, 정서적 능력의 가치를 폄하해왔다.

여성에게 편중된 육아 책임은 일터에서만 문제가 되는 것이 아니다. 예를 들자면 여성의 정치 참여에도 영향을 끼친다. 이것 역시 부분적으로는 여성의 능력을 보는 시각이 문제지만, 시간적 여유의 문제이기도 하다. 한 연구에서는 여성의 사회적 권력과 아버지와 자녀 간의 유대의 관련성을 조사했다. 여성이 공적 의사 결정에 참여하는 비율이 높거나 적당한 부족 사회의 경우 아버지 72퍼센트가 자녀와 친밀한 유내를 형성하고 있었다. 그러나 여성이 공적 의사 결정에서 배제된 사회에서는 아버지 21퍼센트만이 자녀와 친밀한 유대 관계를 맺고 있었다.[21]

이 모든 것이 의미하는 바는 남성이 육아를 비롯한 집안일을 공평하게 분담할 때 여성이 엄청난 이득을 누리게 된다는 점이다. 여성에게는 자신의 학업이나 커리어를 이어가는 데 필요한 시간이 생길 것이다. 더 많은 남자가 그동안 여성에게 국한되었던 직업을 갖게 될 것이고 그 반대도 가능해지면서 동일 임금을 향한 움직임이 더욱 추진력을 얻을 것이다. 엄마나 예비 엄마를(남성에 비해) 일터에서 문제시하지 않을 것이며 인생의 특정 단계에 있는 평범한 근로자로 볼 것이다.

또한 남성이 육아와 집안일에 더 많이 참여하게 되면 여성의 건강이 향상된다. 여러 국제적인 연구에 따르면 남성이 산전 진료에 처음부터 함께하고 출산 시에도 곁에 있을 때 여성의 출산이 더 안전하고 더 신속하며 덜 고통스럽다고 한다.[22] 남성이 임신 중, 그리고 출산 후에 여성 파트너를 도와주면 출산 후 우울증을 겪을 확률이 낮아지고 여성의 의료 서비스 활용도 또한 높아진다.[23] 파트너의 도움을 받으면서 수유하는 산모의 경우 수유에 문제가 생길 확률이 적고 출산 후 6개월 시점에 아기에게 분유가 아닌 모유만을 먹이고 있을 확률이 높다.[24] 게다가 부모 모두가 팔을 걷어붙일 경우 둘 다 더 많은 휴식을 취할 수 있으며, 여유를 가지거나 밖에 나가서 운동할 수 있으리라는 사실은 과학적 연구가 없어도 충분히 알 수 있다.

아버지들은 젠더 평등을 위해 가정뿐만 아니라 그 밖에서 역시 엄청난 역할을 할 수 있다. 정부나 기업의 남성 지도자라면 육아휴직, 좋은 공공 육아 시설, 유급 근로에 대한 좀 더 유연한 사고와 관련된 정책을 지지함으로써 젠더 평등의 실마리를 찾는 데 도움이 될 수 있다.

아이들에게도 유익하다

당신은 아버지나 다른 남성이 육아에 더 깊이 참여할 수 있도록 도울 수 있는 위치에 있는 지도자일 수도 있고 직접 아이를 키우는 아버지일 수도 있다. 어느 쪽이든 여성이 남성과 같은 기회와 삶의 가능성을 누리고, 또 행복하고 건강하기 위해서 남성의 동등한 참여가 결정적이라는 사실을 이제 납득하게 되었길 바란다. 그리고 4장에서 이야기했듯 이것이 경제적으로도 유리하다는 사실 역시 깨달았을 것이다. 그러나 이 모든 희소식에도 아버지상의 변화를 지지하는 남성의 숫자는 충분하지 못할 수 있다.

그래서 다음으로 이것이 아이들에게 얼마나 유익한지 남성에게 알려주고자 한다.

아이들에게 아버지가 "필요하다"고 주장하는 부성애 지지자들도 있다. 내가 여기 동의할 것이라고 여겨질 수도 있으나 그렇지 않다. 아이들 곁에 꼭 아버지가 있을 필요는 없다. 나는 분주한 워싱턴 D.C.에 있는, 프로문도의 국제부장 게리 바커Gary Barker의 사무실에 들렀다. 바커는 유아청소년발달 분야 박사이며 멘케어 MenCare의 창립자이기도 하다. 멘케어는 남성이 이 세상 모든 육아와 돌봄 노동의 절반을 담당하는 것을 목표로 하는 전 세계적 캠페인이다.

"아이들 곁에 꼭 아버지가 있을 필요는 없어요."

바커는 강조하려는 듯 잠시 말을 멈춘다.

"그렇게 보면 곁에 꼭 어머니가 있을 필요도 없어요."

아이들에게 필요한 것은 특정한 생식기를 가진 사람들의 육아가 아니라고 바커는 강조한다. 아이는 성별이 무엇이든 "그 아이와 그 아이의 행복에 미쳐 있는" 하나 이상의 어른이 주는 끝없는 사랑, 그리고 끝이 없다시피 한 관심을 필요로 한다.

아이들이 이 세상에서 안전하다고 느끼고 정서적으로 신체적으로 무럭무럭 잘 크려면 아이의 인생에 들어와 있는 한 명 이상의 사람이 아이의 필요를 그 어떤 것보다 우선해야 하며 특히 매우 어린 시기부터 그렇게 해야 한다. 아이들을 구하기 위해 위험을 무릅쓸 사람, 아이들을 먹이고 입히기 위해 고된 노동을 마다하지 않을 사람, 피곤할 때도 아이들에게 긍정적인 관심을 보이고 아이들이 바보 같고 짜증스러운 행동을 해도 계속 사랑해줄 사람이 필요하다. 아이들은 인지 자극이 필요하다. 안정이 필요하다.

이것은 여성과 남성이 제공할 수 있다. 두 여성이나 두 남성이 제공할 수도 있고 한 부모 가정에서, 혹은 친척이 제공할 수도 있다.

대부분의 경우 아이의 삶에는 생물학적, 혹은 사회적 아버지가 있으므로 아버지가 이런 필수적인 역할들 가운데 적어도 하나를 수행하게 되는 것은 당연하다. 모르는 부모는 없겠지만 아이를 키우는 데는 엄청난 관심을 들여야 하기 때문이다. 한 사람이 아이의 모든 신체적이고 정서적인 필요를 채우기란 몹시 힘들다. 갓 태어나 몇 년간은 더욱 그렇다. 이 일을 혼자서 해내는 사람은 꽤 굉장한 사람이다.

그렇다면 아이들 삶에 아버지가 아버지 고유의 역할을 한다는 논리는 어떻게 받아들여야 할까? 예를 들어 아버지는 어머니에 비해 아이들과 더 자주, 더 거칠게 놀아준다는 점이 자주 이야기된다. 수많은 연구가 이를 뒷받침하는 듯하다.[25]

이 주장을 보다 객관적으로 바라보기 위해 나는 케임브리지 대학의 마이클 램Michael Lamb 교수에게 물었다. 그는 지난 40년간 부성과 아동 발달에 관한 연구가 주목받도록 결정적인 역할을 해왔다. 울스웨터를 입고 반백의 수염을 기른 램 교수의 모습은 연구실에 편안하게 앉아 있는 전형적인 대학교수의 모습 그대로였다.

"저는 한때 어머니와 아버지에게 서로 다른 특별한 역할이 주어져 있다는 생각에 끌렸어요."

램 교수가 말한다.

"문제는 수십 년이 흐르며 그렇지 않다는 점이 명확해졌다는 거예요."

그렇다면 아버지가 아이들과 갖는 놀이 시간이 어머니에 비해 더 많다는 연구는 어떻게 이해해야 할까?

마이클은 아이들과 보내는 시간 전체에서 차지하는 비율로 봤을 때 그 주장은 사실이라고 말한다. 그러나 평균적으로 여전히 어머니가 아이들과 훨씬 더 많은 시간을 보내고 있기 때문에 평균적인 어머니가 아이들과의 놀이에 들이는 시간이 아버지보다 많다. 다른 문화권에서 실시된 연구들을 보면 결코 아버지가 어머니에 비해 아이와 더 잘 놀아준다고 말할 수 없다.[26]

그렇다면 아빠와의 놀이 시간이 좀 더 신이 나고 예측 불가능하며 자극적이라는 증거는 어떤가?

이것은 어느 정도 사실일 수 있지만 아버지가 육아에 참여해야 한다는 이유가 되기보다는 단순히 어떤 문제에 따른 증상일 수 있다. 아버지와의 놀이는 왜 좀 더 거칠게 이루어질까? 답은 앞서 이야기했던 젠더의 분리에 있을 수 있다. 우리가 남자아이와 여자아이를 다르게 키우기 때문에 우리는 전통적으로 다르게 행동하도록 배워왔다. 놀이하는 방식도 여기 포함된다. 뿐만 아니라 여러 추측에 따르면 여러 남성이 아이들과 보내는 시간이 부족하다는 바로 그 이유 때문에 좀 더 큰 반응을 얻기 위해 아이와의 상호 작용의 양을 늘린다. 아이들과 보내는 시간이 적기 때문에 더 큰 에너지를 투입하는 방식으로 보상하려고 한다는 말은 일리가 있다. 또한 아버지가 아이를 달래고 가라앉힌 경험이 많지 않다면(즉, 낮잠이나 밤잠을 재우거나 단순히 조용한 시간을 가지게 해본 경험이 적다면) 아이를 흥분시키는 것이 멋진 아빠가 되는 방법이라고 생각할 가능성이 높다.

나는 램 교수에게 물었다.

"그렇다면 왜 아버지 고유의 역할에 대한 고정관념이 사라지지 않는 걸까요?"

그는 잠시 생각하더니 대답했다.

"아버지가 육아에 참여해야 하는 이유를 사람들이 지나치게 단순화하고 싶어 하기도 하고 완벽하면서도 간단한 논리를 찾고 싶어 하기 때문에 그런 것도 있어요. 게다가 아버지가 원하는 만큼 자녀들과 시간을 보내지 못하는 경우가 많기 때문에 적은 시간을 보내더라도 그 시간이 특별하고 특히 중요하다고 믿고 싶어 하죠."

아이들은 각각의 양육자로부터 서로 다른 것을 배운다. 양육자가 서로 다른 사람들이기 때문이다. 그러나 램 교수의 주장에 따르면 이것은 "사바나에서 끌려 나와 오늘날까지 이어지고 있는 젠더 역할"과는 관계가 없다.

"아버지다운 행동에서 드러난 중요한 특징은, 그러니까 온정, 헌신, 감수성은 어머니다운 행동에서 드러난 주요 특징과 동일했다." 램 교수는 한 논문에서 이렇게 쓰고 있다.

"다시 말해 두 관계 모두 아이의 발달에 영향을 미쳤다. 어머니와 아버지가 아이의 발달에 미치는 영향이 서로 다르다는 증거를 [나의 연구에서는] 찾지 못했다."[27]

고유하거나 없어서는 안 되는 존재는 아니지만 육아에 적극적인 아버지는 여러 연구에서 보여주듯 아이들에게 굉장한 도움이 된다.

- 아버지가 가족을 돌보는 일의 적어도 40퍼센트를 담당할 경우 아이는 "참여가 덜한 아버지의 아이들보다 학업 성적이 뛰어났다."[28]
- 또 다른 연구에 따르면 일상 육아에서 아버지의 높은 참여율은 아이들의 높은 학업 성적과 연관이 있었다.[29]
- 경제적으로 열악한 가정의 경우 아버지가 육아에 적극적일수록 남자아이들은 공격적 행동을 덜하는 것으로 나타났다. 이러한 가정에서는 남자아이와 여자아이 모두 청소년기에 범죄율이 낮았다. 또한 사회적 혜택을 받지 못한 아프리카계 미국인 가정을 연구한 결과, 아버지가 적극적으로 참여하는 가정의 경우 자녀들의 "3세 때 지능지수가 현저히 높았다." 이러한 긍정적인 효과는 부유하지 못한 가정에서만 나타난 것은 아니다. 경제적으로 유리한 가정에서 아버지가 적극적으로 참여하는 경우 자녀들은 "저학년 때 행동 장애를 겪을 확률이 더 적었다."[30]
- 다른 연구들은 아버지의 높은 참여가 갓난아기의 인지 발달을 향상시키고 유년기와 성인이 된 후 더 뛰어난 사회적 능력으로 이어진다고 밝혔다.[31]

영국 학자이자 부성의 중요성을 주장하는, 부성 연구소Fatherhood Institute의 에이드리언 버제스Adrienne Burgess는 정이 많고 적극적인 아버지가 자녀들에게 좋은 영향을 가져다준다는 사실을 믿지 못하는 사람들을 다소 퉁명스러운 태도로 무시한다. 에이드리언은 엄청난 데이터를 종합한 자신의 연구 보고서를 나에게 건넨다.

에이드리언의 보고서에 따르면 "긍정적인 결과에는 또래와의 더 나은 관계, 행동 장애의 감소, 낮은 범죄율과 약물 남용률, 부모의 취업 상태와 상관적인 학업과 직업 유동성의 증가, 공감 능력, 소득 활동과 육아에 대한 비관습적인 태도, 성인이 된 후 성적 관계의 만족도 상승, 높은 자존감 및 삶에 대한 만족도" 등이 있다.[32]

물론 에이드리언은 아버지 육아의 양뿐만 아니라 질도 중요하다고 재빨리 덧붙인다. 군림하거나 언어적, 신체적인 폭력을 가하는 아버지는(어머니도 물론 마찬가지다) 아이의 정서적, 지적 발달에 부정적인 영향을 끼친다. 그러나 질 좋은 육아 활동은 단기적으로도 장기적으로도 보상을 받는다. 예를 들어 한 연구에 따르면 "애정이 많고 따뜻한 아버지를 둔 자녀의 경우 41세에 이르러 삶에 더 잘 대처하고 있을 확률, 정서적으로 더 건강하고 심리적으로 성숙할 확률이 높다."[33]

아버지가 자녀의 삶 속에서 중요한 역할을 할 수 있다는 사실을 깨닫고 나면 미국 내 별거 중이거나 혹은 이혼한 여성의 오직 42퍼센트만이 약속된 양육비의 전부를 받고 있다는 사실이 특히 슬프게 느껴진다. 게다가 거의 3분의 1에 이르는 숫자, 즉 29.5퍼센트는 받아야 마땅한 양육비를 단 한 푼도 받고 있지 못했다.[34]

다행히 아버지 대부분은 주어진 책임을 진지하게 받아들인다. 그리고 이미 보아왔듯이 점점 더 많은 아빠들이 집안에서의 책임을 직장에서의 책임만큼 혹은 그보다 더 중요하게 여기고 있다.

육아에서 남성의 역할이 급격하게 변화하면서 다음 세대는 폭넓은 변화를 경험하게 될 것이다. 좀 더 동등한 육아를 하는 아버지나 기타 남성 보호자의 손에 자란 여자아이들은 원치 않는 성관계를 경험하는 일이 적다. 남자아이들은 애정을 주는 아버지를 긍정적인 역할 모델로 삼게 된다는 점에서 유익한 영향을 받는다. 그런 남자아이들은 젠더 평등을 지지할 확률이 더 높다. 두 부모가 모두 집안일을 하는 모습을 보는 것은 여자아이들에게도 이롭다. 한 연구에 따르면 부모가 "집안일을 동등하게 나누어 하는 경우 딸은 비전통적이고 잠재 소득이 높은 직업을 지향할 가능성이 높다."[35]

아버지와 자녀 간의 건전한 관계, 그리고 안정감이 있으면 아이들은 잠재력을 충분히 발전시킬 수 있다. 〈세계 아버지 현황State of the World's Fathers〉에서 내가 공동 저자들과 함께 썼듯 적극적인 아버지상은 "남자아이들이 젠더 평등을 받아들이고 여자아이들이 높은 자주성과 자신감을 갖도록 하는 데" 기여한다. 모든 아이들이 폭력, 학대, 착취, 무관심으로부터 보호받고 보호, 생존, 교육, 발달, 참여의 권리를 즐길 수 있도록 보장하는 데 도움을 주기도 한다. 집안일을 나눠서 하고 집안의 의사 결정에 참여하는 행위 등을 포함해서 "아버지가 어머니 그리고 다른 여성들과 상호 존중하는 비폭력적이고 평등한 관계를 가지는 모습"을 본다면 남자아이들과 여자아이들 모두 "남성과 여성이 동등하다는 생각을 내면화하고 이것을 다음 세대에게 물려줄 것이다."[36]

일단 깊은 유대감이 형성되면 영원히 이어질 수 있다는 것이다.

육아가 남성에게 중요한 이유

내가 와 있는 곳은 아빠와 엄마들이 유아차에 수백 달러를 지출하기 위해 줄을 선 북미의 상점들로부터 아주 멀리 떨어져 있다. 나는 케이프타운 교외에 펼쳐진 소도시 카옐릿샤Khayelitsha에 있는 산부인과 진료소를 방문 중이다. 겉으로 봤을 때 이곳은 암울한 동네다. 인구 40만 중 대다수는 수도도 없이 다닥다닥 붙어 있는 판자촌에 살고 있고 유일한 문명의 흔적은 아무렇게나 엉킨 전깃줄로, 이는 아파르트헤이트가 폐지된 뒤 있었던 가장 큰 개선 사항에 속한다.

20대 중반인 솔론지는 도드라진 광대뼈를 더욱 도드라져 보이게 하는 보기 좋은 미소를 가지고 있다. 폭이 좁은 올리브색 카고 바지와 감청색 플리스 소재의 상의를 입고 있는 솔론지에게는 몇 주 내로 출산할 예정인 여자친구가 있다. 솔론지는 주차장 안내원으로 취직이 되었다는 소식을 손꼽아 기다리고 있다.

"우리 아버지요?"

내가 질문을 던지자 솔론지가 이렇게 되묻는다.

"아버지는 딱 한 번 만났어요. 제가 아는 건 아버지 이름밖에 없어요."

솔론지는 계속해서 이렇게 말한다.

"나한테 아이가 생기면 내가 겪은 걸 똑같이 겪게 하지 말아야겠다고 생각했어요. 우리 아이는 나의 모든 관심을 받았으면 좋겠어요. 나는 배울 수 있는 건 다 배울 거예요. 기저귀 가는 것부터 전부 다요. 청소하는 것도 괜찮아요. 이미 요리는 거의 다 제가 하고 있고요."

솔론지는 이렇게 말하고 수줍은 미소를 짓는다.

"여자친구가 제 요리를 좋아해요."

나는 솔론지에게 어떤 아버지가 되고 싶은지 물었다. 솔론지는 진지한 표정을 지었다가 이내 미소를 짓는다. 다시 한 번 광대뼈가 환하게 도드라진다.

"우리 아기를 위해서라면 뭐든지 다 할 거예요. 시작부터 무한대까지."[37]

남성의 동등한 육아 참여와 가사 분담이 여성과 아이에게 긍정적인 영향을 미친다는 사실을 우리는 이제 알게 되었다. 그러나 아직 충분히 설득되지 않은 사람이 있거나 자꾸만 다른 우선순위 혹은 필요가 가로막는다고 가정해보자.

그렇다면 남성이 육아의 절반을 담당하자는 주장을 모든 남성이 지지할 수 있도록 마지막 남은 근거들을 정리해보자.

아버지가 되어 하는 고생은 남성에게도 매우 긍정적인 영향을 미친다. 지금 아버지가 아닌 남성에게도 좋은 영향을 미친다. 이것은 직관에 반하는 것처럼 느껴진다. 육아가 커리어에 악영향을 미치거나 내가 사랑하는 일을 방해하지 않을까? 애를 키우느라 직장에서 더 많은 시간을 일해야 하지 않을까? 여유를 부릴 수도 없고 헬스장에 가거나 친구들과 한잔할 시간도 없어지지 않을까? 아이들과는 가끔 양질의 시간을 보내면 되지 않을까?

내가 앞서 남성 권력의 역설에 대해 했던 말을 기억하는가? 우리가 만들어놓은 남성 권력 사회는 남성에게 보상을 주는 것은 확실하지만 끔찍한 대가를 치르게 만들기도 한다. 더 이상 커리어가 없는 남성들을 떠올려보자. 모두 가족을 위해 한 일이지만 은퇴하고 나니 자식들마저 남남처럼 느껴졌다는 남자들이 기억나는지? 나도 좋은 아버지가 될 수 있었을지 모른다는 익숙한 말도?

남성이 집안에서 훨씬 더 큰 역할을 하는 데서 오는 젠더 평등의 혜택은 여러 단점들을 훌쩍 넘어선다.

아버지들을 인터뷰하거나 대화 중에 아빠로서의 경험을 이야기해달라고 하면 온갖 말들이 정신없이 뒤범벅되어 나오곤 한다. 마치 그 전까지는 이해할 수도, 기대하지도 않았던 경험을 짜 맞추어 설명하려는 듯 말이다.

자꾸 반복되는 표현 중에는 **인생을 바꿔놓았다**는 표현이 있다.

"내가 누군가를 그렇게 사랑할 수 있을 줄 몰랐어요."

미국 버지니아 산골에 사는 조는 이렇게 말한다.

"아들을 보고 있으면 정말 신기해요. 세상 다른 아이들과 똑같다는 걸 머리로는 잘 알아요. 그렇지만 아들이 새 단어를 하나씩 배울 때마다 지구상에 이렇게 놀라운 일이 또 있을까 싶어요."

러시아 상트페테르부르크에 사는 한 아버지는 나와의 인터뷰 중에 이렇게 얘기했다.

"아버지가 되고 나서는 제가 하는 일에 대해 좀 더 의식하게 돼요. 언제나 제 행동의 결과가 어떨지 의식해야 해요."

아버지들은 어머니들과 마찬가지로 육아가 매우 지치는 일이고 따분하며 금전적인 스트레스를 준다고 쉽게 인정한다. 조는 이렇게 말한다.

"처음으로 우리 부부는 서로한테 짜증을 내기 시작했어요. 전에는 그런 적이 없었기든요. 하지만 잠도 부족하고 아주 답답한 상황이었어요."

샌프란시스코의 한 스타트업 회사에서 일하는 IT 전문가 에릭은 한 시간이 걸리는 출퇴근 시간 동안 일보다는 잠을 택했다고 말한다.

화이트 리본 재단에서 인터뷰한 아버지들도 마찬가지로 즉흥성이 없어지고 삶에 대한 통제력을 잃었다고 설명했다. 아이들이 크면서 새로운 스트레스와 고민이 잔뜩 생겨났다.[38]

한편 많은 아빠들은 자신이 수행하고 있는 아빠 역할에 대한 가족이나 동료의 몰이해, 혹은 의심과 맞서야 한다. 스티븐이라는 한 아버지는 내게 이렇게 말했다.

"부모님한테 아내가 일하는 동안 아들을 돌볼 거라고 했더니 하루 종일 애를 데리고 뭘 할 거냐고 물으셨어요. 말이 돼요?"

물론 즐겁지만은 않다. 하지만 사랑하는 아이들의 삶의 일부가 되어 보호자 역할을 하고 있는 수백수천만의 아버지, 할아버지, 삼촌, 친구 그리고 기타 남성들과 마찬가지로 나와 이야기를 나눈 아버지들은 아이를 키우는 일이 생애 최고의 일이었다고 말한다.

여러 연구에서 아빠들은 "새로운 수준의 진정성""'나'에서 '우리'로의 심오한 전환"을 언급하고 있다.[39] 한 연구자는 이렇게 기록했다.

"남성은 육아에 더 적극적으로 참여할수록 자신의 삶에 대한 만족도가 높아졌고 사회적 교류가 늘어났다. 지역 사회 일에도 더 많이 참여했고 가족과 더욱 친밀해졌으며 직장 일에 신경 쓰는 정도가 줄었다."[40]

아버지들은 "더 성숙해졌다는 느낌, 새로운 공감 능력, 더 커진 자신감······ 좀 더 완성되고 안정된 사람이 되었다는 기분"을 갖게 되었다고 말한다.[41]

공감 능력이 커지면 몹시 지친다. 스티븐은 이렇게 말한다.

"나쁜 뉴스는 보지도 듣지도 못하겠어요. 이제 모든 걸 우리 아들과 모든 어린이들의 눈으로 봐요. 시리아에 대한 뉴스를 들으면 정말 죽을 것 같아요. 저같이 정치에 관심이 많은 사람한테는 안타까운 일이죠. 하지만 피가 나오는 장면이나 누구든 위험에 처한 상황이 나오면 도저히 못 보겠어요."

다시 말해, 한 연구의 저자가 내린 결론과 마찬가지로 "아이와의 애정 어린 관계라는 맥락에서 생기는 정서적 상호 의존 상태와 놀이 활동의 공유는 남성 자신의 발달에 핵심적인 역할을 한다."[42]

이러한 발달은 정말 뚜렷한 변화를 가져온다. 미국의 조 바이든 전 부통령은 이렇게 말한 적이 있다.

"사실 돌아보면 제가 매일 밤 집으로 간 이유는 아이들이 나를 필요로 하기도 했지만 그보다 더 내가 우리 아이들을 필요로 했기 때문이에요."

이런 변화는 남성에게 깊고 연쇄적인 영향을 미칠 수 있다. 아버지들은 다른 남성에 비해 더 높은 비율로 금연을 한다.[43] 아버지들은 건강을 더 중요하게 생각하고 위험을 무릅쓰는 행동을 자제한

다.[44]

여러 새로운 압박 요소가 생겨나기는 해도 아버지가 되는 일은 정신 건강에도 긍정적인 영향을 미친다. 미국 서부 해안에 사는 한 아빠 캐머런은 미디어업계 직장을 잃고 몹시 우울했다고 한다. 갑자기 하루 종일 집에만 있게 되었기 때문이다. 지나고 난 뒤에야 그는 깨달았다.

"막 걸음마를 하기 시작한 우리 애 덕분에 그 시간을 지나올 수 있었어요."

그리고 덧붙인다.

"저는 가정적인 아버지라는 말이 정말 싫어요. 가정적인 어머니라는 말은 쓸 생각도 못하잖아요."

아버지가 되는 일은 남성에게 완전히 새로운 세계를 열어줄 수 있다. 젠더 평등을 지지하는 남성Men for Gender Equality이라는 스웨덴 기구에 일하는 나의 동료 매츠 버그렌Mats Berggren은 에티오피아에서 아버지 모임을 운영하고 있다. 이 모임에서 한 남자가 말했다.

"정말 생소한 이야기예요. 젠더 평등 어쩌고는 잘 이해가 안 돼요."

그러나 남성은 곧 심장을 가리키며 덧붙였다.

"하지만 마음속으로는 간절히 바란다는 걸 알아요."

눈물을 흘리기 시작한 남자도 있었다.

"왜 진작 이 생각을 못했을까요?"

남성이 아이를 돌보는 일은 여성에게 좋다. 아이들에게도 좋다. 남성에게도 좋다.

부성의 변화는 젠더 평등이 남성에게 가져올 수 있는 이득을 다른 어떤 것보다 잘 시사한다.

아버지의 역할은 왜 변하고 있을까

우리는 여성 삶의 변화가, 특히 노동 시장에서 여성의 폭발적 증가가 가정의 변화를 이끌었다는 점에 초점을 맞추는 데 익숙하다. 지난 50년 동안 여성의 목표는 뚜렷하게 변화했다. 점점 더 많은 여성이 고등교육과 커리어에 집중하기 시작했다. 또한 안전하고 효과적인 피임법이 생겼고, 적어도 일부 지역에서는 안전한 임신 중절 방법이 가능해졌으므로 여성은 아이를 가질 것인지, 가지면 언제 가질 것인지에 대해 결정을 내릴 수 있게 되었다.

실제로 아버지의 역할을 변화시킨 주된 동력원은 페미니즘 혁명이다. 더 많은 여성이 노동 시장에 들어오거나 고등교육을 받기 시작하면서 가정의 남성에게 새로운 요구가 쏟아졌다.

그러나 우리는 변화의 방정식 안에 남성도 있다는 사실을 종종 잊는다.

지난 몇 십 년간 남성이 월등하게 많이 종사해온 여러 직종이 기계화로 인해 단순 작업으로 변했으며 노동조합 조직률이 폭락하고 실질 임금이 하락했다. 정부가 제공하는 사회적 서비스가 축소되고 보수와 진보가 똑같이 추진한 경제 정책들로 인해 가정이 부담해야 하는 비용이 확대되었다. 한 가족을 먹여 살릴 정도의 임금을 받는 남자들의 숫자도 점점 더 줄었다. 단일 소득 가정의 시대는 끝이 났다. 여성은 집 밖에서 일하고 싶어 했을 뿐만 아니라 해야 했던 것이다.

한편 2008년 불황과 계속되는 세계화의 영향으로 여러 남성이 직장을 잃거나 시간제 근무를 하지 않을 수 없었다. 많은 남성이 아내가 밖에서 일하는 동안 집에 머물러야 한다는 사실을 깨닫게 되었다.

그러나 아버지의 역할 변화를 추진한 요인 중에는 긍정적인 것도 있다. 1960년대와 1970년대에 있었던 문화 대격변이 가져온 결과 중 하나로 남성은 왜 가족과 인간관계를 버리고 직장과 커리어에 헌신해야 하는지 자문했다. 여성의 세대 반란과는 차이가 있었지만 남성도 세대 반란을 일으켰다. 한편 이 남자들은 점점 더 학벌이 높고 자주적이 되어 가는 여성에 의해 새로운 도전을 하게 되고 압박을 느꼈다. 어떤 도전이었느냐고? 바로 육아를 비롯한 집안일을 분담하는 것이었다.

오늘날 점점 더 많은 남성이 이러한 변화를 당연하게 여긴다. 정치, 사회, 경제적 요인이 남성을 전통적인 가장 역할에서 밀어내는 동안 여성은 남성의 전통적인 영역으로 밀고 들어왔다. 남성이 핵가족 내에서 전통적인 역할에 의문을 품는 동시에 여성은 남성에게 다른 역할을 요구했다. 그리고 남성은 배우자와 좋은 관계를 유지하고 자녀와 친밀한 유대를 형성하는 것이 직장 일보다 훨씬 더 중요하다는 것을 깨닫기 시작했다. 퓨 리서치 센터Pew Research Center는 미국 여성과 남성에게 결혼, 자녀, 커리어 가운데 어떤 것이 우선순위에 있는지 물었다. 여성의 답변은 예상대로였다고 말할 수 있을 것이다. 여성의 94퍼센트는 좋은 부모가 되는 것, 84퍼센트는 행복한 결혼 생활, 그리고 51퍼센트만이 성공적인 고소득 직장, 혹은 직업이라고 말했다. 남성 쪽 결과는 더 의외였다. 91퍼센트가 좋은 부모가 되는 것, 83퍼센트가 행복한 결혼, 그리고 겨우 49퍼센트만이 성공적인 고소득 직장이나 직업이라고 대답했다.[45]

이런 변화는 전 세계적으로 나타난다. 앞에서 나는 케냐의 킵시기스족 아버지가 아기를 절대로 안아주지 않는다고 말했다. 케냐에서 가까운 르완다에서도 여성은 아기가 걸음마를 떼기 전까지 남편이 아기를 안아주지 못하게 하고 심지어 곁에 있지도 못하게 한다. 프로문도와 르완다 남성 지원 센터에 있는 내 동료들이 여러 다른 마을을 방문했을 때 여러 예비 아버지나 갓난아기가 있는 아빠들은 예상대로 아기를 안아본 적이 한 번도 없다고 대답했다. 그러나 그들이 그다음에 한 말에 동료들은 적잖이 놀랐다.

"배우고 싶어요. 아기들을 안아주고 먹이는 법을 배우고 싶어요."

그러나 변화가 일어나고 있다고 말하는 것으로 부족하다. 변화는 뒷걸음치거나 너무 느릴 수도 있다. 어떻게 긍정적인 변화의 속도를 올릴 수 있을까? 그리고 어떤 변화가 되었든 그것이 최대한 많은 여성, 남성 그리고 아이들에게 이득이 될 수 있도록 어떻게 보장할 수 있을까?

나부터 변화하자

나는 스톡홀름으로 가서 초보 예비 아빠들의 모임을 방문한다. 아빠들은 일주일에 한 번씩 모여 아버지로서 마주치게 될(혹은 마주치고 있는) 어려움을 헤쳐나가기 위해 머리를 맞댄다. 육아 방법도 배우고 아이가 다른 인간관계에 미칠 영향에 대해 상의하기도 한다. 여기 있는 모든 아버지는 스칸디나비아 국가들의 모든 아버지와 마찬가지로 급여의 80퍼센트를 받으며 몇 주, 심지어 몇 달간 직장을 나가지 않고 갓난아기를 돌보게 될 것이다.

나와 만나고 있는 스웨덴 아버지들은 20대 혹은 30대 초반으로 아버지의 육아 휴직을 훈제 연어만큼 당연하게 여기는 세대에 속한다.

이 가운데 매그너스라는 덩치가 산만 한 남자는 머리가 아주 짧고 힘이 엄청나게 강해 보인다. 매그너스의 생업은 도로포장이지만 7개월 아기를 돌봐야 하는 지금은 매주 나흘만 일을 나가고 있다. 고용주가 싫어하지 않느냐고 묻자 매그너스는 이렇게 대답한다.

"우리가 만족하면 윗사람들도 좋아해요."

나는 무엇보다 매그너스의 고향 친구들 이야기를 듣고 놀라움을 감출 수 없었다.

"우리 고향은 스웨덴의 보수적인 지역이에요. 미국 바이블 벨트(미국 중남부에서 동남부 여러 주에 걸쳐 있는 지역. 기독교 근본주의, 복음주의 등 종교적 지역으로 보수적인 사회 성향을 띤다.—옮긴이)

지역과 비슷하지요."

나는 그 즉시 스웨덴 말을 하는 티파티Tea Party(미국의 조세 저항
운동으로, 특정 정당이 없는 무정형의 형태로 정치적으로는 보수 성향
을 띠어 '극우 반정부 운동'을 뜻하기도 한다. 자료 출처: 기획재정부
〈시사경제용어사전〉―옮긴이) 당원을 상상했다. 매그너스는 말을
이었다.

"최근에 고향에 가서 오랜 친구들을 만났죠. 딸이 9개월이 되면
아내가 복직하고 제가 7개월 동안 휴직을 낼 거라고 했어요. 그랬
더니 정말 이상하게 보더군요."

7개월이나? 정말 이상하게 보일 수도 있겠다고 나는 생각했다.
보수적인 지역이었으니 말이다.

매그너스는 이야기를 계속했다.

"7개월 동안 휴직할 예정이라고 했더니 다른 사람들처럼 2, 3개
월 휴직하면 되는 거 아니냐고 하더라고요."

매그너스는 내가 왜 웃음을 터뜨리는지 이해하지 못한다.

"뭐가 그렇게 웃겨요?"

나는 세계 다른 나라들에서는 남자가(7개월은 고사하고) 두 달간
육아 휴직을 사용하는 것은 꿈같은 이야기거나 그럴 생각조차 못
한다고 말했다. 7일 동안 쉴 수 있다면 운이 좋은 것이다.

모임의 다른 남자들도 내가 놀라워하는 이유를 이해하지 못한
다. 남성의 적극적인 육아 참여가 그들에게는 지극히 당연하다.

이 남자들에게 육아 참여는 정체성의 일부이고 으레 그렇게 해
야 하는 것이다.

이들의 이야기는 변화를 가져오는 데 필요한 중요한 단서를 제공한다. 가장 기본적으로는, 이 스웨덴 남자들이 받은 격려를 다른 모든 나라 아버지들이 받을 수 있도록 하고 육아의 절반을 담당하겠다고 자신과 약속하도록 해야 한다. 이것은 남성에 따라, 그리고 삶의 어떤 지점에 있느냐에 따라 그 의미가 달라진다. 그러나 이같은 약속을 하려면 누구든 개인적인 대가를 감수하고 자기반성을 거쳐야 한다. 우리 자신의 우선순위, 우리의 인간관계, 우리의 어린 시절에 대해 불편한 질문을 해야 한다. 배우자로부터 조언을 얻고 자녀들, 혹은 우리가 공동 책임을 지고 있는 아이들로부터 조언을 구해야 한다. 또한 지속가능한 계획을 세워야 한다.

변화하겠다는 자신과의 약속은 살면서 딱 한 번 하고 끝나는 게 아니다. 끊임없이 발전하겠다고 다짐하면서 평생 고생해야 한다는 의미는 아니다. 그러나 우리 모두는 양육자로서의 남성 역할이 부차적이었던 남성 지배적 세상의 산물이다. 그러므로 우리는, 곧 이어질 이야기가 말해주듯 변화에서 눈을 떼지 말아야 한다.

나는 노벨 평화상 수상자 말랄라 유사프자이의 아버지 지아우딘 유사프자이와 함께 우리 집 부엌 식탁에 앉아 있다. 지아우딘은 오랜 세월 동안 여성 인권을, 무엇보다도 여자아이들의 교육권을 지지해왔다. 그는 탈레반의 위협을 무릅쓰고 여자아이들을 자신의 학교에 입학시키면서 목숨이 위험에 처할 수도 있다고 생각했지만 탈레반이 대신 딸을 공격할 줄은 꿈에도 몰랐다. 말랄라 자신은 아버지가 귀감이 되었다고 공을 돌린다. 그러니 지아우딘은 아버지의 새로운 역할을 설정하고 낡은 성차별적 편견을 없애는 방면으로 꽤나 전문가라고 할 수 있을 것이다.

그러나 지아우딘은 우리 자신의 배경, 선입관, 성차별적 편견이 때때로 어떻게 고개를 드는지 예를 들어 설명한다. 몇 년 전 열다섯 살의 말랄라가 여전히 영국에서 고등학교에 다니고 있을 무렵이었다.

"식구들과 차에 타고 있었어요. 저는 말랄라의 남동생에게 말했죠. '아빠가 자리를 비운 동안 네가 이 집의 가장이다.' 말랄라는 십대 아이밖에 지을 수 없는 표정으로 저를 바라봤어요. 제가 말했죠. '그런 뜻이 아니었어. 취소할게. 그런 뜻이 아니었어.'"

지아우딘은 눈을 반짝이며 자신의 실수를 웃어넘긴다. 그러더니 진지해진다.

"변화를 위해 우리는 배웠던 것을 잊어야 해요. 변화는 우리부터 시작해야 해요."

그러나 스웨덴 아버지들의 사연에서 볼 수 있듯이 남자들을 깊은 물에 빠뜨려놓고 헤엄치는 법을 깨달을 때까지 지켜보자는 것이 아니다. 가정에서, 사회에서 우리는 아빠들이 적극적인 아빠가 되는 데 필요한 능력과 도구, 거기다가 마음가짐까지 갖출 수 있도록 도와야 한다. 따지고 보면 세상의 거의 모든 남성은 아버지가 양육자로서 부차적인 역할을 하는 모습을 보고 자란다. 많은 남성은 동등한 육아를 하는 배우자가 된다는 것이 어떤 의미인지 깨우쳐줄 본보기를 갖지 못했다. 어려서도 아이를 돌보는 행위를 놀이에 접목해본 적도 없다. 나는 친구들과 숲에서 전쟁놀이를 하고 상상의 총을 쏘고 비극적인 죽음을 맞아보고 했다. 내가 사는 동네에는 사촌들과 함께 이런 놀이를 하는 데 특히 적합한 거대한 모래 언덕이 하나 있었다. 그동안 누나와 여동생들은 인형을 갖고 아이를 돌보는 능력을 연습하거나 더 어린 동생을 실제로 돌보고 있었다.

나는 변화라는 어려운 노력을 약속하는 문제에 대하여 많은 아버지들과 이야기를 나누었다. 우리는 배울 게 너무 많다. 나는 '육아 시간의 양보다 질'에 집중하는 분위기에 의심을 품고 있다. 꽤나 인기몰이를 했던 '시간의 질' 개념으로 인해 여성이 대개 대부분의 노동을 하고 아빠들은 재미있는 부분만 맡았다.(하지만 실상은 일상적인 가사 노동을 하는 동안 아이와 뜻밖의 놀라운 대화를 주고받게 되곤 한다.) 내가 방문했던 어떤 아버지 모임에서는 남성에게 철저한 검토의 중요성을 가르친다. 누가 어떤 가사 노동을 담당하는지, 누가 가사 전반을 계획하는지, 어떤 노동에 얼마나 많은 시간이 소요되는지 검토한 다음 동등하게 일을 나누기 위한 계획을 세우도록 한다. 어떤 아빠들은 가정에서 동등한 역할을 하기 위해 사회적 지원을 요구한다. 정부와 회사에서 더 나은 육아 휴직 제도를 제공하도록, 사측에서 가정친화적인 정책을 수립하도록 애쓴다. 또한 정부가 지원하는 육아 휴직 제도, 접근성이 높고 비용은 낮지만 질 좋은 비영리 육아 제도를 위해 노력할 정치인에게 표를 던진다.

남성이 육아의 현실과 어려움에 대해 배울 기회가 제공되어야 한다. 나는 덴마크 심리학자 스벤 오게 마슨Svend Aage Madsen을 코펜하겐 대학 병원 산부인과 병동에서 만났다.(이곳 병실에는 아빠나 다른 파트너가 밤새 잠을 잘 수 있도록 간이침대가 비치되어 있다.)
진료도 하면서 스벤은 엄마 아빠들과 깊이 있는 면담을 해왔다.

"출산 전에 앞으로 태어날 아기에 대해 이야기를 나누다 보면
아버지의 85퍼센트는 훨씬 더 큰 애들에 대해 얘기해요. 뛰어다니
거나 축구를 하거나 자전거를 타는 아이들 말이죠. 반면 어머니의
90퍼센트는 갓난아기에 대해 이야기해요. 중요한 건 이거예요.
출산 후 면담을 해보면 남성 85퍼센트는 갓난아기에 대해 이야기
해요. 앞서 가졌던 생각이 완전히 동떨어져 있었다는 걸 깨닫는
거죠."

아버지 모임이나 긍정 육아 프로그램은 육아의 현실에 대해 배
울 기회, 그리고 새로운 어려움에 관한 대화의 장을 제공할 뿐만
아니라 남성이 다른 남성과 전혀 다른 방식으로 교류할 수 있게
도와주기도 한다. 마크 오스본은 영국에서 사회 경제적 기회가 상
대적으로 적은 남성을 주 대상으로 아버지 모임을 이끌어오고 있
다. 마크는 자신이 진행했던 한 아버지 모임에 대해 이렇게 이야기
했다.

"덩치가 크고 삭발에 문신을 한 아버지가 있었어요. 다른 직원
들은 그 사람 때문에 잔뜩 긴장해 있었지요. 그 사람은 첫 모임 내
내 아주 조용했어요. 그러다 마지막에 우리는 아버지들에게 이 모
임에서 원하는 게 무엇인지 물었어요. 그랬더니 그 남자가 '사랑'
이라고 대답했어요. 자기는 한 번도 느껴보지 못한 어떤 안정감을
원했던 거예요."

나는 중산층이나 부유층 아버지들로부터 똑같은 말을 들은 경

험이 있다.

한편 일부 아버지는(혹은 어머니는) 일부 여성이 너무 쉽게 도움의 손길을 내미는 것 또한 문제라고 말한다. 아기가 아빠의 품에서 울면 엄마는 아기를 데려간다. 아빠가 아기에게 밥을 먹이거나 막 걸음마를 시작하는 아이의 옷을 고를 때 조금만 서툴러도 엄마가 끼어든다. 아버지의 육아를 응원하는 가정환경이 되려면 남을 돌보는 능력을 미처 배우지 못한 남성이 그 능력을 배울 수 있도록 도와야 한다.

그러나 어떤 면에서, 남자들이 아버지가 될 때까지 기다렸다가 그제야 도구를 제공하고 육아를 위한 마음가짐을 갖도록 돕는다면 이미 늦은 것이다. 더 일찍 시작하는 게 어떨까? 이 목표를 이루는 데 기여할 폭넓은 활동과 프로그램이 무엇인지 알아보면 어떨까?

당연한 예로는 고등학생을 위한 육아 및 아이 돌보기 프로그램이 있을 것이다. 그러나 더 어린 나이에 시작할 수도 있다. 어린아이들이 남을 돌보는 능력을 키우고 사회적, 정서적 역량을 늘릴 수 있게 돕는 것이다. 예를 들어 공감의 뿌리Roots of Empathy라는 훌륭한 프로그램은 초등학교 교실로 아기를 데리고 가는 데서 출발한다.[46] 또한 학생이 더 어린 학생을 멘토링하거나, 또래 학생을 돕거나, 지역 사회에서 신중하게 선정한 자원봉사 활동에 참여하는 방식을 통해 남을 돌보는 기회를 많이 갖도록 격려할 수 있다. 교육자들은 교과서나 교실에 붙은 이미지들이 여성과 남성을 동등한 양육자로 그리고 있는지 확인해야 한다.

그리고 영구적인 변화를 가지고 오기 위해서는 성교육을 포함해야 한다. 건강한 가정은 양육자들 사이의 건강한 관계에서 시작되고 그것은 공동으로 행하는 성적 의사 결정과 의무에서 나온다. 그러나 한 연구에 따르면 미국에서는 십대 남자 청소년의 30퍼센트가 어떤 성교육도 받기 전에 성교를 경험했다고 한다.[47]

성교육을 받은 경우 원치 않는 임신이나 성적 접촉을 통한 감염이 줄어들었다는 사실은 놀랍지 않다.[48] 그럼에도 미국에서는 26개 주가 공립학교 내 성교육을 의무화하고 있지 않다.[49] 이른바 성교육이 행해지고 있는 많은 지역에서도 특정 신체 부위나 질병에 중점을 두고 있을 뿐 성적 행동, 소통, 피임, 외모에 대한 인식, 만족감, 성적 지향, 젠더 정체성 등과 같은 주제를 포함한 총체적인 교육은 이루어지고 있지 않다. 오히려 도덕성을 강조하는 금욕 교육으로 가득 찬 경우가 많은데 이런 교육은 책임감 있는 성적 의사 결정에 대해 가르치지 않고 아이들에게 앞으로 다가올 삶의 현실과 마주할 준비를 해주지 않는다.[50]

가정에서 양육자들은 자녀들에게 집안일을 시킬 때 그 일을 젠더에 따라 구별하지 말아야 하며 어떤 일이든 동등하게 나누어지도록 해야 한다. 이것은 젠더 평등의 모범을 보여주고 모든 종류의 노동에 대한 존경심을 키워주기 위해서이기도 하지만 그와 동시에 여자아이, 남자아이 모두가 앞으로 자립할 수 있도록, 그리고 모든 젠더가 평등한 삶을 살 수 있도록 하기 위해서다. 또한 아이들을 집안일과 생활비 관리에 대한, 연령에 알맞은 논의에 참여시켜 공동 의사 결정을 직접 경험할 수 있도록 해야 한다.

오로지 혼자만의 힘으로 할 필요는 없다

우리는 개인적인 변화가, 그러니까 남성이 육아에서 동등한 역할을 하는 것이, 단지 개인적인 의지에 달려 있다고 잘못 생각한다. 이것은 묵묵히 일만 하는, 자수성가한 남자의 익숙한 이미지와도 잘 맞아 떨어진다.

그러나 현실은 전혀 그렇지 않다.

도로포장을 하는 매그너스가 육아를 위해 7개월 동안 유급 근로를 멈추기로 한 것은 오로지 본인이 원해서만은 아니다. 느닷없이 그래야겠다는 생각이 든 것도 아니다. 정부 정책이 가능하게 만들었기 때문에 그렇게 한 것이다. 정부 정책이 매그너스에게 가능성을 제시했기 때문에 매그너스는 여러 다른 나라의 수백만 다른 남성과 마찬가지로 우선순위를 조정한 것이다. 다시 말해 여러 새로운 법이 그 나라의 사회규범을 바꾼 것이다. 30년 전에 흔치 않았던 일이 오늘날에는 당연한 일이 되어 있다.

정부 정책은 좋은 부모가 되고 자녀에게 더 좋은 출발점을 만들어줄 남성의(그리고 여성의) 능력 향상에 도움이 되어야 하고 모든 남성은 이런 정책에 대한 강력한 지지의 목소리를 내야 한다.

대부분의 국가는 정부가 의무화하고 비용을 지원하는 육아 휴직 정책을 시행하고 있다. 오직 3개국에서만(그리고 아주 작은 태평양 섬 몇 군데에서) 시행하지 않는다. 바로 미국(1인당 GDP $55,840), 파푸아뉴기니(1인당 GDP $2,270), 그리고 레소토(1인당 GDP $1,030)이다. 부모가 육아를 할 동안 유급 휴직을 주고 그 비용을 국가 예산으로 보전하지 않는 국가는 이들뿐이다.

한 실리콘 밸리의 아버지는(이 아버지는 회사에서 제공하는 꽤 괜찮은 유급 육아 휴직 제도의 덕을 보고 있다) 국가적 정책과 제도가 없는 요즘 "돈 많은 사람만 휴가를 낼 수 있다는 게" 문제라고 말한다.

최저임금을 받고 일하는 부모라면 여유 자금이 없어서 휴가를 많이 내지 못하는 것은 물론 전혀 내지 못할 수도 있다. 나는 정원 관리 일을 하는 한 남자와 대화를 나눠보았다. 남자는 첫 아이가 태어났을 때 이틀을 쉬었고 그마저도 전화로 몸이 아프다고 핑계를 댔기 때문에 가능했다고 말했다.

육아 휴직 제도는 나라마다 매우 다르다. 황금 기준은 북유럽 국가들에 있다. 예를 들어 스웨덴의 부모는 합해서 유급휴가를 480일간 쓸 수 있다. 68.5주 동안이나 쓸 수 있는 것이다. 한편 영국에서는 육아 휴직이 50주까지 가능하고 그중 37주는 유급이다. 동성 부부나 아이를 입양한 부부, 생물학적 부모가 아니지만 함께 사는 부부에게도 적용된다.

연방 정부가 책임을 외면하고 있는 미국에서는 일부 주와 도시들이 나서고 있다.

- 미국에서 경제 규모가 가장 큰 캘리포니아 주는 유급 육아 휴직 제도가 있다. 아기가 태어나거나 몸이 아픈 식구가 생기면 고용주들은 최대 6주까지 의무적으로 유급 휴직을 제공해야 한다.

- 경제 규모 3위의 뉴욕은 식구를 돌보아야 하는 시민들에게 고용이 보장되는 8주간의 유급 휴직을 제공하고 이는 2021년에 12주로 늘이닐 예성이다.
- 뉴저지 주, 로드아일랜드 주, 워싱턴 D.C.에도 유급휴가가 있다.
- 보스턴, 미네아폴리스, 신시내티, 뉴욕시, 오리건 주 포틀랜드 등은 시 공무원에게 유급 가족 휴가를 제공하고 있다.

일부 고용주는 수익 손실이 발생할 것이라는 가정 아래 유급휴가를 거부한다. 그러나 캘리포니아 주에서 유급 가족 휴가 프로그램이 시행된 후 진행된 설문에서 기업체 87퍼센트가 "비용 증가가 없었으며 심지어 일부는 이직률 감소로 비용을 절감했다고 말했다."[51]

여기까지는 다 좋다. 그러나 아무리 너그러운 정책이라도 모든 아빠들이 다 타석에 들어서게 만들 수는 없다. 수많은 고지식한 관념들이 가로막고 있다. 부모들을 비롯해서 주변의 모든 사람들은 엄마가 당연히 주 양육자라고 생각한다. 아빠들은 육아 휴직을 내기에 앞서 직장에서 따를 후과를 걱정한다. 남자들은 또한 사회적 고립을 걱정하고 아이들 놀이 모임에서 혹은 소아과 대기실에서 자신이 유일한 남자일까 봐 초조해한다. 여기 경제적 장애물까지 더해진다. 남성이 평균적으로 여성보다 많이 벌기 때문에 누가 휴직을 할지 결정할 때 대개 오랜 고민이 필요 없다.

그렇다면 아버지들이 이 역사적인 변화의 일부가 될 수 있도록 우리가 할 수 있는 일은 무엇일까?

나는 북극권 안쪽에 있는 노르웨이의 도시 트롬쇠에 와 있다. 작지만 부유한 도시이고 멕시코 만류 덕분에 온화하다. 6월 말인 덕택에 태양이 비추고 사람들은 밤낮으로 활동한다. 늦은 저녁 나는 친구, 동료들과 함께 낚싯배에 타고 있다. 우리가 얼음장같이 차가운 물에서 낚은 대구로 선장은 찜을 하고 모두가 부지런히 음식을 먹는다. 이처럼 신선한 생선은 먹어본 적이 없다.

모두가 학회에 참석하기 위해 이 도시에 와 있으므로 동료 요르겐 로렌젠Jorgen Lorentzen, 외위스타인 홀터Øystein Holter와의 대화가 일과 관련된 주제로 흘러간 것은 이상하지 않다. 나는 남성의 육아 휴직이 급증한 이유에 대해 묻는다.

조금의 망설임도 없이 답이 나온다. 노르웨이는 1970년대 후반부터 아버지들을 육아 휴직 제도에 포함시켰지만 남성의 참여는 낮았다. 그러다가 1993년 일부 정책 입안자들이 아버지에게 휴직을 할당하는 영리한 아이디어를 내놓았다. 육아 휴직 가운데 4주를 아버지가 직접 할당받았고 이후 6주로 늘었다. 또한 동일한 기간이 어머니에게 할당되었고 나머지 기간은 두 사람이 정하는 대로 나누어 가질 수 있었다. 2012년이 되자 유급 육아 휴직을 사용하는 아버지는 4퍼센트에서 89퍼센트로 급증했다.[52] 아빠들의 시대가 시작된 것이다.

이후 이 정책은 천천히 퍼져나갔다. 예를 들어 아이슬란드에서 엄마들은 석 달간의 육아 휴직을 쓸 수 있고 아버지(혹은 제2의 여성 양육자)도 석 달간 쉴 수 있다. 석 달의 추가 기간은 나눠 가질 수 있다. 현재 아버지들은 평균 103일간의 유급 육아 휴직을 사용한다.

이러한 정책은 북미에도, 특히 캐나다 퀘벡 주에 튼튼하게 뿌리내렸다. 2006년까지 부모들은 캐나다 전역에서 시행되고 있었던 제도의 보호를 받았고 이 제도는 이미 상당히 훌륭한 제도였다. 그러나 그해 퀘벡 주는 자체적인 제도를 도입했다. 혜택을 50퍼센트 끌어올린 제도였다. 많은 부모들이 더 이상 전통적인 일자리를 가지고 있지 않다고 판단하여 임시직, 계절 노동자, 자영업자들에게도 혜택을 확대했다. 전국적으로 시행되고 있는 제도는 혜택을 주기 전에 무급 '대기 기간'을 두었지만 퀘벡 주에서는 이 기간을 없앴다. 제도를 더 유연하게 만들고 부모들이 급여의 75퍼센트를 받고 40주를 휴직할지, 70퍼센트를 받고 55주를 휴직할지 선택할 수 있게 했다. 아마도 가장 핵심적인 부분은 양도할 수 없는 아빠 휴직의 적용이었을 것이다. 오로지 아버지에게만 5주를 할당하는 제도였다.

결과는 이러했다. 법이 시행되기 전 퀘벡 주에서 육아 휴직을 사용하는 아빠들의 수는 이미 캐나다에서 가장 높은 수준이었다. 캐나다 전체는 9퍼센트, 퀘벡은 22퍼센트였다.(이것은 아이가 태어난 직후 주어지는 1주일, 혹은 2주일간의 휴가는 포함하지 않는다.) 새로운 정책과 함께 숫자는 급증했다. 첫해, 아빠들의 56퍼센트가 육아 휴직을 사용했다. 2011년이 되자 숫자는 84퍼센트로 늘었다. 그렇다면 캐나다의 나머지 주는? 여전히 11퍼센트에 머물러 있었다.[53](한국에서는 부모 모두 근로자일 경우 한 자녀에 대하여 부모가 각각 1년간 육아 휴직을 할 수 있다. 3개월까지는 급여의 80퍼센트, 그 이후로는 급여의 50퍼센트를 지급하지만 상한액이 각각 150만 원, 120만 원으로 소득대체율이 낮다. 2018년 전체 육아 휴직자에서 남성이 차지하는 비율은 17.8퍼센트였다. 자료 출처: 고용노동부, 국회입법조사처, 〈남성 육아 휴직 제도의 국가간 비교 및 시사점〉─옮긴이)

사회 정책이 얼마나 크고 긍정적인 영향을 미칠 수 있는지 보여주는 좋은 사례다. 양도 불가능한 아버지 휴직을 전국으로 확대하겠다는 캐나다 정부의 결정을 내가 반기는 이유이기도 하다.

이런 이유에서 남성은, 정치인들뿐만 아니라 정치인을 뽑는 모든 남성은, 정부의 행동을 촉구해야 한다.

- **육아 휴직 시행** 미국에서 부모를 지원하고, 가정에서 그리고 간접적으로 직장에서 젠더 평등을 가져오고, 아버지의 역할을 늘릴 수 있는 한 가지 정책이 있다면 바로 육아 휴직 제도다. 미국 근로자들도 유럽을 비롯한 세계 각국 사람들이 이미 누리고 있는 제도를 누릴 권리가 있다.

- **육아 휴직 제도 개선** 육아 휴직 기간을 늘리고 보장받는 급여를 늘려야 한다. 부부가 둘 다 하루에 절반만 일하면 되는 등의 유연한 제도가 필요하다. 자영업자, 파트타임 근로자 그리고 근로 시간이 적은 노동자들에게도 혜택을 주어야 한다. 성적 지향이나 젠더 정체성과 관계없이 모든 양육자에게 제공해야 한다.

- **양도 불가능한 아빠 휴직** 육아 휴직의 일부를 아버지가(혹은 제

2의 양육자가) 사용하지 않으면 사라지는 제도를 도입해야 한다.

- **보육 정책과 프로그램** 우리 아이들과 우리 부모들에게 질 높고 비용이 낮으며 접근이 쉬운 비영리 허가제 보육 서비스를 제공하는 정부 제도가 있어야 마땅하다.
- **데이터 수집** 현재 남녀의 가사 노동 현황을 파악하고 더욱 평등한 사회를 만드는 데 여러 제도가 끼치는 영향을 평가하기 위해서는 지식이 필수적이다. 정부는 남녀의 시간 사용 데이터를 수집함으로써 이에 기여할 수 있다.[54]

안타깝게도 미국에서는 육아 휴직에 대한 정부 지원이 여전히 미약하다. 가족 간의 끈끈한 유대를 강조하는 자못 경건한 정치적 발언들이 난무하지만 실상 엄마 아빠들은 늘 외면받고 있다. 저렴하고 접근이 쉬우며 질 높은 보육 서비스가 부족해서이기도 하고 급여가 보장되는 장기간의 육아 휴직이 없어서이기도 하다. 사실, 육아 휴직 자체가 없다. 그래서 부모들이 전국적으로 이와 같은 권리를 쟁취하기 전에는 기업체가 빈틈을 메우는 데 특정한 역할을 할 수 있을 것이다. 고용주가 육아 휴직, 그리고 자녀 혹은 몸이 아픈 식구를 돌보기 위한 병가를 제공하도록 기업체와 노조, 직업인 협회 등은 여기에 시급히 초점을 맞추어야 한다. 같은 맥락에서 최대한 부모 친화적인 정책을 도입해야 한다. 유연근무제나 재택근무, 등하교 시간에 회의를 잡지 않는 일, 직장 내 보육 서비스, 모유 수유하는 엄마들을 지원하는 일 등이 여기 포함된다.

부성의 변화: 젠더 평등으로 남성이 더 나은 삶을 사는 길

흥미로운 점은 이런 변화가, 특히 아버지에게 주어지는 양도 불가능한 육아 휴직이 젠더 평등에 상당한 기여를 한다는 사실이다. 스웨덴의 한 연구에 따르면 아빠의 휴가가 한 달 늘어날수록 4년 뒤 엄마의 소득이 6.7퍼센트 늘어났다.[55] 그러나 오로지 육아 휴가를 낸 사람들만이 더 평등한 가정을 이루게 된 것은 아니다. 학자들은 아빠들에게 육아 휴직이 할당되기 전 2년 동안 부모가 된 남녀, 그리고 할당된 이후 2년 동안 부모가 된 남녀를 조사했다. 그리고 20년 후에 같은 가정을 다시 방문했다. 두 집단 내에서 젠더 평등에 대한 태도는 크게 다르지 않았다. 두 집단이 비슷한 연령대에 속했기 때문에 이것은 놀랍지 않다. 그러나 아빠 휴직은 막연한 감정을 행동으로 바꾸는 데 기여한 듯했다. 할당제 이후 부모가 되어 이제 자녀들이 장성한 남녀의 경우 여전히 가사 노동을 동일하게 분담하고 있을 확률은 50퍼센트 높았다. 놀라운 사실은 아빠가 육아 휴직을 쓰지 않은 부모들의 경우에도 마찬가지였다는 점이다. 다시 말해서 이 정책은 평등을 앞당기는 폭넓은 사회적 변화에 기여한 것이다.[56]

돌봄 노동의 절반을 남성이 도맡는 것만큼 젠더 평등을 앞당기는 데 전환적인 일은 없을 것이다. 영국 배우 찰리 콘두Charlie Condu는 여기에 기꺼이 동참하고 있다. 콘두는 자신의 고통스러웠던 유년 시절에 대해 숨김없이 털어놓는다. 아기였을 때 아버지가 감옥에 수감된 콘두는 아주 오랫동안 아빠가 되고 싶었다.

"어렸을 때부터 이런 환상이 있었어요. 자동차에서 아들을 안고 나와 아주 조용하게 2층으로 올라가는 거죠. 내 목에 와닿는 아들의 숨결을 느끼면서 아들을 침대에 눕히는 상상을 하곤 했어요."

찰리는 이제 두 아이의 아빠다.

"아이들은 산비탈을 내려가는 거대한 눈덩이 같아요. 점점 더 커지고 점점 더 빨리 내려가요. 그 앞에 서서 멈추려고 하면 나를 깔아뭉개고 가던 길을 갈 거예요. 그러면서 그 길에 있는 모든 걸 흡수하겠지요. 그래서 부모의 역할은 그 곁을 달리는 거예요. 괜찮니, 괜찮니, 물으면서요. 그리고 눈덩이가 나무나 바위에 부딪히지 않게 돕는 거예요."

젠더 평등 혁명에 동참하기 위해 누구나 아버지가 되어야 하는 것은 아니다.

그러나 다양한 돌봄 노동을 받아들이고 지지하는 문제에 한해서 우리는 분명히 남성으로서 우리의 우선순위에 대해 다시 생각해보아야 한다. 나아가 이 세상의 우선순위를 재고해보아야 한다.

온화하고 강인하고 다정한 남자였던 우리 아버지, 그리고 온화하고 강인하고 다정한 여자였던 우리 어머니는 두 분 다 삶에서 크나큰 기쁨을 얻었고 자녀들로부터, 그리고 서로에게서 크나큰 기쁨을 얻었다. 1년에 한 번 소득세 신고서와 씨름하면서 몇 분간 언쟁이 오가곤 했을 뿐 나는 두 사람이 서로에게 짜증 내는 모습을 본 적이 없다. 언성을 높이거나 손을 올린 적은 더더욱 없었다.

1950년대와 60년대, 내가 미국 오하이오 주 클리블랜드, 노스캐롤라이나 주 더럼, 그리고 캐나다 온타리오 주 킹스턴에 살던 시절 여성에 대한 폭력은 신문에 나지도 않았다. 예외적으로 남부에 살았을 때는 아프리카계 미국인이 가끔 어떤 증거도 없이 백인 여성에 대한 폭행 혐의로 기소되곤 했다.

여성에 대한 폭력은 숨겨져 왔다. 맞는 아내의 문제는 남편과 아내 간의 사적인 문제로 치부되었다. 데이트 강간이나 성적 괴롭힘이라는 표현은 존재하지 않았다. 그런 행위는 물론 존재했다. 남편이 아내를 강간하는 일은 여전히 합법이었다.[1] 오클라호마 주와 노스캐롤라이나 주가 1993년 가장 늦게 부부 강간을 법으로 금지했다. 캐나다에서도 그보다 겨우 10년 전에 부부 강간이 법으로 금지됐다.

  그래서 다른 수많은 남자들처럼, 애정이 넘치는 가정에서 자라나 다른 집도 다 우리 집 같다고 생각해서든, 여성에 대한 폭력이 언론이나 법정, 정부 기관들에 의해 거의 다루어지지 않았기 때문이든, 나는 이 문제의 규모에 대해 전혀 아는 게 없었다. 그러나 상황은 달라지기 시작했다. 1970년대 여러 나라의 용감한 여성들이 정부에 더 효과적인 법을 만들라고 압력을 넣기 시작했다. 또한 경찰과 검찰이 그 법을 적용하도록 촉구했다. 폭력적인 관계에서 빠져나오려는 여성을 위해 위기관리 센터와 보호소를 설립했다.

  또한 여성에 대한 폭력이 얼마나 경이적인 규모인지 알리기 위해 노력했다.

  상상해보자. 페루의 한 도시를 방문 중인 당신은 한 야외 카페에 앉아 있다. 차들이 바쁘게 지나가고 거리는 보행자들로 꽉 들어차 있다. 개 두어 마리가 지나간다. 당신은 차를 타고, 혹은 버스를 타고, 혹은 걸어서 지나가는 여성의 숫자를 센다. 남성과 친밀한 사적 관계를 맺은 적이 있는 여성만 셀 수 있다고 치자.

  그런 여성을 100명을 세었다고 치자.

  그 가운데 몇 명이 상대로부터 신체적 혹은 성적 폭력을 겪었을까?

  정답은 51명이다. 페루의 한 작은 도시, 이 길을 지나가는 여성의 두 명 중 한 명 꼴이다. 이와 같은 확률로 영향을 끼칠 수 있는 질병은 없다.(연령을 막론하고 영향을 받는다는 점에서 특히 그렇다.)

암도, 심장병도, 결핵도, 에이즈도 여기에 못 미친다. 심지어 다 합해도 못 미친다. 페루의 성인 여성 절반은 그런 질병을 가지고 있지 않지만 절반은 남편이나 남성 동거인의 손에 폭력을 경험한 적이 있다.

게다가 페루는 여성에 대한 폭력이 가장 심각한 나라도 아니다. 물론 평균보다 심각한 것은 사실이다.

세계보건기구WHO가 2004년에서 2005년 10개 국가에서 실시한 심층 연구는 암울한 그림을 담고 있고 그 이후 달라진 것은 많지 않다.

브라질 지방 도시에서 동일한 셈을 해본다면 37이라는 숫자가 나올 것이다. 세 명 중 한 명 꼴이다. 세르비아 혹은 몬테네그로의 경우에는 네 명 중 한 명이다. 수치가 세계에서 가장 낮은 축에 속하는 일본의 경우에도(미국이나 캐나다, 영국보다 훨씬 낮다) 지나가는 여성 여섯 명 중에 한 명이라는 놀라운 수치가 나온다.

2017년 미국 질병통제예방센터가 실시한 전국 친밀 관계 상대 성폭력 조사는 이 문제의 엄청난 규모를 보여준다. 여성 네 명 중 한 명이 친밀한 관계에 있는 상대로부터 폭력을 경험했고 여성의 열 명 중 한 명은 친밀한 관계에 있는 상대로부터 강간을 당했다.[2]

정부 통계에 따르면 미국 내 여성이 친밀한 관계에 있는 상대로부터 신체적 폭력과 강간을 겪는 경우가 매년 480만 건이다.[3] 이 짧은 문단을 읽는 데 걸리는 시간 동안 두 여성이 맞거나 강간을 당했다.

유럽에서 대규모로 면밀히 실시되어 2014년 발표된 한 연구는 상상도 할 수 없는 수치를 담고 있다. 연구가 발표되기 1년 전 동안 유럽연합 내에서만 약 1,300만 명의 여성이 신체 폭력을 경험했다. 370만 명은 성폭력을 경험했다. 1년 동안 유럽 여성 8퍼센트에 해당하는 여성이 폭력을 겪은 것이다. 여성 세 명 중 한 명은 열다섯 살 이후에 신체 폭력을 겪은 적이 있고 11퍼센트는 어떤 형태로든 성폭력을 겪은 적이 있었다.[4]

관계 내 정서 폭력도 무시할 수 없다. 여성이 집 밖으로 나가는 것을 금지하는 행위, 원하지 않는 포르노 영상을 보게 하는 행위, 일부러 겁을 주거나 위협하는 행위, 폭력으로 협박하는 행위, 사랑하는 사람을 해하거나 아끼는 물건을 파괴하겠다고 협박하는 행위, 사적인 공간에서든 바깥에서든 여성을 모욕하거나 무시하는 일 등이 여기 포함된다. 앞서 말한 유럽에서 시행된 연구에 따르면 여성의 32퍼센트가 이런 폭력을 한 가지 이상 경험했다.[5]

스토킹은 어떨까? 유럽 여성 900만 명, 즉 조사에 참여한 여성의 5퍼센트가 조사 직전 1년 사이에 스토킹을 경험한 적이 있었다. 18퍼센트의 여성이 살면서 한 번은 스토킹을 당한 적이 있었다. 피해자 다섯 명 가운데 한 명은 전화번호와 이메일 주소를 바꿔야 했다.[6]

그렇다면 살인은? 글로리아 스타이넘이 지적하는 바에 따르면 9·11 사건 이후 10년 동안 현재 혹은 과거 친밀한 상대에 살인을 당한 미국 여성의 숫자는 쌍둥이 빌딩 공격으로 인한 사망자와 아프가니스탄, 이라크에서 죽은 미국인의 숫자를 합한 것보다 많다. 따지고 보면 거의 두 배다. 전자가 1만 5,462명, 후자가 9,838명이기 때문이다. 후자가 참혹한 숫자라는 점을 폄하하려는 의도는 아니지만 전자가 얼마나 놀라운 수치인지 보여준다.[7] 영국에서는 2009년에서 2015년 말까지 잉글랜드와 웨일스에서만 2.5일마다 여자 한 명이 남자에게 살인당했다.[8]

이것은 수치이고 수치는 문제를 흐릿하게 만드는 경향이 있다. 그러니 이것이 내가 알고 있는 여성에 대한 이야기라고 상상해보자.

여성에 대한 폭력은 지구 저편에서 일어나는 것처럼 느껴질지도 모르지만 바로 옆 블록에서 일어나는 문제이기도 하다. 바로 옆 집일 수도 있다. 내 집안일 수도 있다. 한 중년 남자가 나에게 이런 얘기를 한 적이 있다.

"여기에 대해서 깊이 생각해본 적이 없었는데 하루는 우리 딸이 볼이 부은 채 눈물이 그렁그렁해서 집에 온 거예요."

남자는 말을 멈추고 갑자기 체념한 듯한 표정을 지었다. 그러다 마침내 털어놓았다. 파티장에서 딸이 다른 남자에게 관심을 보였다고 생각한 딸의 남자친구가 딸을 주먹으로 때린 것이다.

문제는 이렇게 심각하다.

나는 미국의 한복판 미네소타 주 한가운데 와 있다. 다양한 패스트푸드 전문점과 여성 보호소가 갖추어져 있는 작지 않은 마을이다. 추운 겨울 아침이고 나는 신용카드를 이용해서 빌린 차의 차창에 앉은 서리를 긁어낸 뒤에야 차를 몰고 보호소로 갈 수 있다. 전날 밤에 있었던 나의 마을 강연을 기획한 여성들은 자랑스럽게 보호소가 입주한 새 건물을 구경시켜주고, 마을 여성, 인접한 농장 여성들에게 어떤 기회를 제공하고 있는지 설명한다. 우리는 찐득

하고 달콤한 페이스트리 빵과 함께 커피를 마신다. 북미 어디를 가도 비슷한 소규모 사무실을 만날 수 있을 것이다. 그러나 보호소를 찾아오는 여성에 대한 회의가 시작되는 순간 그곳은 특별해진다. 남편과 함께 농장을 운영하는 여성. 패스트푸드 전문점에서 일하는 여성. 돈 많은 남편을 둔 주부. 지역 육류 가공 공장에서 일하는 여성, 학교에서 가르치는 여성, 은행 지점을 관리하는 여성. 이들 가운데에는 아이들이 장성할 때까지 20년 동안 폭행을 견딘 여성도 있고 몇 달 안 되어 빠져나올 수 있었던 여성도 있다. 그 누구에게도 쉬운 여정은 아니었다.

한편 국경 너머의 캐나다에서는 정부 조사 결과 여성 25퍼센트가 평생 한 번은 배우자로부터 신체적 폭력을 겪는다는 사실이 밝혀졌다.

나는 낡은 피아트를 몰고 로마를 가로질러 가고 있다. 여성이 폭력적인 관계에서 빠져나올 수 있도록 돕는 두 여자도 차에 타고 있다. 두 사람은 젊은 중국 여자를 데리고 있지만 나는 소개를 받지 않은 터이고 그 여자는 한마디 말도 하지 않는다. 나는 다시 한 번 여자를 흘끔 쳐다보지만 열여섯인지 서른인지 도무지 짐작할 수가 없다. 줄담배를 피우고 있던 여자는 내가 중국어로 인사를 하자 대답을 하는 둥 마는 둥 한다. 두 여자는 나중에야 내게 설명한다. 중국 여자는 매년 성매매업계로 팔려오는 수십만 여성 가운데 한 명이다. 많은 여성이 좋은 직장을 주겠다는 약속에 속아 집을 떠난 끝에 감금당하고 시키는 대로 할 때까지 수차례 강간을 당한다. 고향에서 수천 킬로미터 떨어진 곳에서 여권도 없고 그 나라

말도 모르는 상태로, 자신의 권리에 대한 지식도 없는 채로 있으며 도망칠 경우 자신, 혹은 고향 가족에게 무슨 일이 벌어질까 두려워한다. 이 젊은 여성은 도망쳤지만 냉정한 눈빛으로 미루어보아 진정으로 자유로운 몸이 되려면 한참은 남은 듯 보인다.

다음으로 나는 런던에 있는 친구이자 동료 매기 백스터Maggie Baxter의 집에 와 있다. 매기는 여성 권리 단체를 이끌고 있다. 우리와 이야기를 나누고 있는 여성은 여성 성기 훼손을 종식하기 위해 평생을 바친 수단 출신 여성이다. 매달 아프리카 동부와 중부에서는 여자아이 17만 명이 이 끔찍한 시술을 당한다. 유니세프와 유엔 인구기금에서 제공한 최신 정보에 따르면 오늘날 생존해 있는 여성과 여자아이 2억 명이 훼손된 성기를 갖고 있다. 그중 4,400만 명은 14세 이하다.[9]

인도에서 나는 세이브더칠드런에서 일하는 동료들과 이야기를 나눈다. 동료들은 여성과 아이들에 대한 폭력과 관련된 여러 문제를 다루지만 그중에서 가장 심각한 문제는 엄마에 대한 폭력을 목격한 아이들이 겪는 충격이다. 연구 결과에 따르면 어린아이들은 사랑하는 사람에 대한 폭력을 목격하면 실제로 폭력을 겪은 것과 동일한 정서적 위해를 입는다. 여성을 상대로 한 폭력은 어느새 어린이들을 향한 깊은 정서적 폭력이 되는 것이다. 매년 수천만 명의 아이들이 엄마에 대한 폭력을, 때로는 아버지에 대한 폭력을 경험한다.

너무 오랫동안 여성은 이러한 폭력이라는 짐을 지고 왔다. 피멍이 들고 뼈가 부러지면서 지고 왔다. 마음과 영혼에 묻은 채 짊어지고 왔다. 일부는 무덤까지 지고 갔다.

여성을 상대로 벌어지고 있는 전쟁이라고?

전 세계 수억 명 여성의 곤경을 간추려 어떻게 말하면 좋을까? 여성 폭력에 대해 이야기할 때 우리는 종종 비유를 쓰곤 한다.[10] 전쟁에 비유하거나 전 세계적인 유행병에(넓은 지역에 걸쳐 일어나고 인구의 상당 부분이 영향을 받는다는 의미에서) 비유한다. "폭력이 전염병처럼 퍼지고 있다"고 하기도 한다. 여성은 질병의 괴롭힘을 받듯이 폭력의 괴롭힘을 받는다afflicted고 말한다. 남편이 재채기를 하는 바람에 몹쓸 병에 걸린 것처럼 말하는 것이다.

여성을 상대로 벌어지고 있는 전쟁이라는 비유를 쓰면 어떤 사람들은 아무도 여성을 상대로 전쟁을 선포한 적이 없다고 항변한다. 맞는 말이다. 그러나 여성은 오래전부터 전쟁의 피해자였다. 종종 강간의 표적이 되기도 했고 최근 적어도 3개 대륙에서 보았다시피 강간은 조직적으로, 대규모로 이루어지기도 했다. 21세기 초 콩고 민주공화국에서, 지난 세기말 보스니아에서, 그리고 1971년 독립 전쟁 당시 방글라데시에서. 그러나 이 전쟁은 여성을 굴복시킬 목적으로 벌인 전쟁은 아니다. 여성은 성적 소모품으로 여겨졌을 뿐이다. 남성의 힘을 자랑할 목적으로, '적'의 인간성을 지울 목적으로, 병사들을 더 잔인하게 괴롭힐 목적으로, 여성과 그 여성이 속한 집단 전체를 두려움과 수치심에 떨게 할 목적으로.

마찬가지로 대학생 연령의 남자가 데이트 상대에게 계속해서 부담을 주고, 계속해서 술을 따라주어 마침내 상대가 성관계에 대해 자발적 동의를 하지 못하는 상태로 만든 다음 만취한 상대와 성관계를 하는 경우 이 남자는 전쟁을 하자는 것이 아니다. 성적 만족을 추구하는 것이다. 정확히 말하자면 **남자 자신만의** 성적 만족이다. 뒤탈이 끔찍이 두려워(성관계를 원하지 않을 때도) 남편을 거부하지 못하는 아내의 경우 제 침대에 묶인 포로처럼 느껴질지언정 전쟁의 피해자는 아니다.

남편에게 맞는 여성은 동시에 남편에게 경제적으로 기대고 있을 수 있다.(실제로 여성이 자녀를 데리고 짐을 싸 도망갈 수 없는 이유 중 하나가 이것이다.) 또, 맞은 여성의 경우에도 다른 때에는 남편에 대한 사랑과 정을 느낄 수 있다.

이 문제는 분명 다면적이고 복잡하다. 또한 대부분의 남자가 강간이나 살인을 하지 않는 것도 사실이다. 남성 대부분은 아내나 여자친구를 때리는 행위는 꿈도 꾸지 않을 것이다.

그럼에도 여성을 상대로 전쟁이 벌어지고 있다는 이미지는 지울 수가 없다. 이 전쟁은 지구상의 성인 여성 4분의 1에서 3분의 1의 몸에 직접적인 영향을 입혔다. 또한 그 규모가 엄청나기 때문에 수많은 다른 여성은 이런 일이 자신에게도 일어날 수 있다는 두려움 속에 매일을 살아야 한다. 이런 생각은 전 세계 여성의 일상 행동과 정신 상태에 영향을 준다. 도서관에서 홀로 귀가하기 전에 다시 한 번 생각해보아야 하는 대학생이든, 첫 데이트에 나갈 때 자세한 일정을 친구에게 알려주는 여성이든, 남들이 함께 가지 않는 이상 멀리 떨어진 우물에서 물을 길어올 수 없는 마을 여성이든 다르지 않다.

또한 많은 남성이(그리고 그만큼 많은 여성이) 어린 시절 가정 내에서 폭력을 경험했다. 직접 몸으로 경험했든, 엄마에게 폭력이 가해지는 것을 목격했든 폭력은 여러 남성에게도 직접적인 영향을 미친다.

폭력을 저지르는 남성은 어떤 사람들일까

나는 이 질문을 수도 없이 했다. 전문가들에게 물었고 구타를 당하는 여성을 위한 보호소, 강간 대응 센터에서 일하는 여성들에게도 물었으며 그 어느 때보다 절박한 처지에 놓인 여성과 전화로 상담하는 상담 전문가들에게도 물었다. 경찰관과 심리학자들에게도 물었다. 연구자들에게도 물었다. 이 질문을 던지는 곳이 아이오와 주든 아일랜드든 인도네시아든 나는 비슷한 답변을 듣는다. 폭력을 저지르는 남성은 농부이며, 의사이며, 사무직 직장인, 회사사장, 군인, 운동선수, 증권 중매인, 공장 근로자, 경찰관, 목사, 트럭 운전자, 학생이다. 일부 문화, 일부 나라에서 문제가 더 심각할수도 있다. 학대가 더 폭넓게 받아들여지거나, 법이 느슨하거나, 여성운동이 다른 지역에 비해 아직 영향력을 행사하지 못하고 있기 때문일 수도 있다. 그러나 책임을 완전히 면할 수 있는 어떤 나라도, 계층도, 직업도 없다. 여성에 대한 폭력이 매우 희귀한 몇몇 소수의 작은 문화권들이 있을 뿐이다.

여성을 상대로 폭력을 행사하는 남성, 여자친구를 괴롭히거나 아내를 때리는 남성은 어머니를 학대하는 아버지나 양아버지를 두었을 가능성이 상대적으로 높다. 그러나 한 가지는 명확히 해두자. 어린 시절 집에서 학대를 당한 남성 중에 스스로는 어떤 폭력도 행사하지 않는 남성도 많다. 심지어 학대하는 아버지를 견디다 못해 맞서 싸운 뒤 꿋꿋한 삶을 사는 영웅적인 남자아이들, 청년들도 많다. 그러나 남자아이가 폭력을 행사하는 성인으로 자라날지 예측할 수 있는 단 한 가지 요소가 있다면 바로 어린 시절 가정 폭력을 경험했는지 여부이다. 이것은 전 세계에서 연구를 통해 입증되었다. 나의 동료들이 실시한 국제 남성 및 젠더 평등 조사[11] 역시 이를 뒷받침한다. 캐나다 정부에서 실시한 연구에 따르면 아버지의 폭력을 경험한 남자아이들은 그런 경험이 없는 아이들에 비해 배우자에게 폭력을 행사할 가능성이 세 배 더 높다.

나는 어느 아동복지사로부터 다음과 같은 이야기를 들은 적이 있다. 한 남자가 아내의 목을 조른 혐의로 체포되었다. 아내를 죽이지는 않았지만 아내는 병원에 가서 치료를 받아야 했다. 이틀 뒤, 다친 여성의 12개월 된 딸에게서 누군가가 목을 조른 흔적이 발견되었다. 손자국 크기는 딸의 일곱 살 오빠의 손과 일치했다. 아이는 아빠가 엄마의 목을 조르는 장면을 지켜본 것이다. 아빠를 흉내 낸 것일 수도 있고 아빠가 한 짓을 이해하기 위한 나름대로의 대처 방식이었을 수도 있다. 이유가 무엇이든 앞으로 지속될 수도 있는 행동 패턴의 원형을 제공한 사람은 분명히 아이의 아빠였다.

폭력이 있는 가정에서 사는 여자아이 혹은 남자아이는 TV에서 폭력을 접하듯 수동적으로 폭력을 목격하는 데서 그치지 않는다. 아이는 그 폭력을 경험한다. 그리고 그 경험은 발달하고 있는 아이의 두뇌에 엄청난 영향을 미친다. 그 아이는 폭력의 피해자다. 그 아이가 여자든 남자든 폭력을 되풀이할 수 있지만 남자아이의 경우 끔찍한 어린 시절의 경험을 자신의 남성성의 본보기로 삼을 가능성이 더 크다. 아빠나 엄마가 아이를 상대로 행사하는 훨씬 더 직접적인 폭력은 말할 것도 없다.

폭력에 대한 가장 큰 오해

우리가 폭력에 대해 듣는 가장 흔한 말은 이것이 자연적이라는 말이다. 인간 본성의 일부라는 것이다. 우리 유전자에 포함되어 있다는 말이다. 안타깝지만 인간이 죽음도, 세금도 피해갈 수 없는 것과 마찬가지라고 한다.

토머스 홉스와 그가 17세기에 했던 선언, 즉 폭력이 "인류의 자연적 조건"이라는 주장까지 거슬러 올라갈 필요도 없다. 요즘에는 이 생각을 그럴듯하게 포장한 단순한 진화생물학자들이 "적당한 폭력"은 인간의 "번식 성공률"을 높여준다고 말하기도 한다.[12] 이런 사람들은 폭력 범죄가 단지 나쁜 쪽으로 극단에 치우쳐 있을 뿐 적당한 선에서는 유익하다고 말한다. 마치 포도주 한두 잔은 괜찮지만 여러 병을 마시면 머리가 지끈지끈 아픈 것처럼 말이다.

사실 폭력이 본성적이라는 생각에는 어느 정도 일리가 있다. 인간이라는 종은 동종의 구성원에게 폭력을 행사할 능력이 있다. 모든 동물에게 이런 특정한 재능이 있는 것은 아니다. 그렇지만 인간에게는 있다. 그 능력은 명백히 우리의 생물학적 구성의 일부다.

그러나 중요한 것은 그럴 능력이 있다는 것이지 먹는 행위, 마시는 행위와 같이 생존하기 위해, 혹은 성교 행위처럼 인류 존속을 위해 생물학적으로 하지 않으면 안 되는 행위가 아니다. 그걸 어떻게 알 수 있냐고? 일단 남성(그리고 여성) 대부분은 그 능력을 행사하지 않는다.

따라서 궁극적으로 우리 생물학적 구성에 박혀 있다고 해도 우리는 이렇게 물어야 한다. 무엇이 능력을 실제로 바꾸는가?

연구 결과 한 가지 중요한 단서가 발견되었다. 인류학자 페기 샌데이Peggy Sanday는 몇 년 전 아주 영리한 연구를 했다.[13] 지난 100여 년간 다양한 부족 사회를 다룬 학술 연구 결과를 파헤친 것이다. 이 연구는 우리로 하여금 과거를 들여다볼 수 있게 해준다. 부족 사회의 대부분이 수천 년 동안 지속되어왔기 때문이다. 그러나 지금은 지배 문화의 영향으로 사라져 없거나 돌이킬 수 없는 변화를 겪었다.

샌데이는 한 가지 질문을 염두에 두고 이런 인류학 기록을 검토했다. 여성을 상대로 한 폭력, 어린아이를 상대로 한 폭력, 남성들 사이의 폭력이 모든 사회에서 나타나는가? 정답은 명확했다. 부족 사회들의 약 절반에서는 폭력이 나타났다. 다른 절반에서는 매우 적거나 전혀 없었다. 이 결과는 폭력성이 인간에게 잠재되어 있지만 필연적은 아니라는 점을 재확인해주었다.

그렇다면 폭력이 있는 사회와 없는 사회 간의 차이는 무엇일까? 이것이 샌데이의 다음 질문이었다. 폭력이 적거나 없는 사회는 하나같이 매우 평등한 사회였다. 반면 폭력이 있는 사회는 남성 지배를 토대로 한 불평등한 사회였다. 후자의 경우, 즉 가부장 사회들은 불평등을 바탕으로 하고 있었는데 특히 여성에 대한 남성의 지배, 그리고 일부 남성에 대한 일부 남성의 지배를 바탕으로 하고 있었다.

그렇다면 이것은 인류의 절반이 돌이킬 수 없는 악당들이라는 의미일까?

나는 그렇지 않다고 생각하고 싶다. 중요한 단서는 **남성 지배**의 **남성**이 아니라 **지배**와 **불평등**이라고 생각한다. 사회의 일부가 나머지에 대해 지배권을 가지고 나머지의 노동의 열매를 즐기는 순간 폭력의 구성 요소가 갖추어진다. 따지고 보면, 극단적인 상황에 왔을 때, 폭력은 불평등을 유지할 종국의 수단이다. 극도로 불평등했던 인류 사회를 뒤돌아보자. 미국 남부와 카리브해역의 노예제도, 혹은 남아프리카공화국의 아파르트헤이트를 떠올려보자. 이와 같이 피부색이 옅은 소수가 피부색이 어두운 다수의 남녀를 지배한 경우 그 제도를 유지했던 것은 결국 폭력과 폭력을 행사하겠다는 위협이었다.

나는 미국이나 유럽, 세계 도처의 여성 **대부분**의 상황이 노예들의 상황처럼 암울하다고 주장하는 것은 아니다. 물론 일부 가정과 일부 국가에서는 상당히 유사한 상황이다.

그러나 단순한 진실은 변하지 않는다. 남성 지배 사회는 젠더를 바탕으로 한 폭력을 낳는다. 그렇다면 이것은 한 남자와 한 여자 간의 관계에서 어떻게 나타날까?

크나큰 도약

레지라는 남자가 있다고 치자. 레지는 실존 인물이 아니라 내가 여러 사람들과 나눈 대화를 바탕으로 만든 가상의 인물이다. 그중 에는 위기관리 센터를 담당하는 여성, 학대받는 여성을 위한 쉼터 에서 만난 여성, 폭력 쓰는 남성을 위한 프로그램에서 만난 남녀, 경찰관과 기타 구조대원들, 그리고 내가 직접 만난 남자들이 있었 다. 레지는 현장에 나가 있는 사람들이 귀가 따갑게 듣는 말들을 체현하고 있는 인물이며 일부 남성이 왜 폭력을 행사하는지 이해 할 수 있도록 도울 것이다.[14]

우리가 레지를 직접 만날 수 있다면 레지는 그다지 혐오스러운 사람처럼 보이지는 않을 것이다. 직장 동료와 친하게 잘 지내고 교 회에도 다닌다. 매년 기부금도 넉넉하게 낸다.

그리고 레지는 아내에게 손찌검을 한다. 아내의 이름은 수앤이 라고 치자. "손찌검"은 나의 표현이 아니라 레지의 표현이다.

"저 그렇게 나쁜 놈 아니에요."

레지가 말한다.

"그때는 제가 좀 이성을 잃기는 했죠."

아내 눈을 멍들게 했던 때를 말하는 것이다.

그때 아내의 가슴 부위에도 멍이 들었다.

그때 레지는 아내를 죽이겠다고 위협했다.

그때 수앤은 남편 손에 죽을 것 같았다.

바로 그때.

가부장제의 큰 원칙은 종교 단체, 의회, 법정, 대기업 본사와 같은 큰 조직에서 결정될지 몰라도 여성에 대한 폭력의 대부분은 훨씬 더 개인적인 소규모 공간에서 이루어진다. 어떤 법도 아내를 때리라고 하지 않는다. 어떤 사제도 그런 명령을 내린 적은 없다. 상사는 일을 그만둘 각오를 하라고 말하지 않았다. 그렇다면 레지가 그날 부엌에서 저지른 일은 사회 전체와 어떻게 연결되는 걸까?

상대를 학대하는 남성은 두 사람 간의 관계에 우두머리가 있어야 하고 그 우두머리가 자신이 되어야 한다고 믿는 경향이 있다. 이것은 사회의 전반적인 구조가 사회 내에서 재생산되는 사례에 속한다. 홀로그램이 작동하는 방식과 비슷하다. 홀로그램 필름은 아무렇게나 그어져 있는 듯한 선으로 꽉 차 있지만 그 필름을 통해 레이저를 비추면 공중에 떠 있는 입체적인 이미지가 만들어진다. 홀로그램의 놀라운 점 가운데 하나는 이 필름을 작은 조각으로 잘라도 작은 조각 안의 선들은 전체 이미지를 담고 있다는 사실이다. 우리 사회도 그렇고 어느 사회나 마찬가지다. 작은 조각은 사회 전반을 반영하고 재생산하고 있다.(물론 상호 모순적인 방식으로 반영할 때도 있다.)

레지와 같은 남자들은 자신의 행위를 정당화하려고 애쓴다.

"일진이 엄청 사나웠어요. 아주 숨이 꼴딱 넘어가겠더라고요. 점심 먹을 시간도 뭐도 없고. 그러다 집에 갔죠. 수앤이 원래 나보다 먼저 집에 가서 저녁을 차려놓고 기다리기로 했어요. 그렇게 하기로 했는데 가서 보니 시작도 안 한 거예요. 친구 집에 갔다 왔다나. 무슨 문제가 있었는지. 나는 그런 생각이 드는 거예요. 내가 더 중요해, 아니면 친구가 더 중요해? 그래서 고함을 치기 시작했는데, 그러다 나도 모르게……"

내가 수없이 들은 이야기들의 놀라운 공통점은 남자들이 폭력 행위를 정당화하기 위해 들이대는 핑계가 지극히 사소하다는 점이고 항상 피해자를 탓한다는 점이다.

가상의 레지는 정말로 저녁 식사가 제때 준비되지 않았다고 아내의 눈을 멍들게 한 걸까?

레지와 같은 사람이 직장에서, 혹은 긴 줄이 있는 상점에서 기다리다가 갑자기 난폭한 행동을 할 것 같지는 않다. 그렇다면 왜 하필 집에서, 왜 하필 그때 그랬을까?

완벽한 설명은 아니지만 레지는 관계 내에서 자신의 권력을 유지하기 위해 선택적으로 폭력을 행사했다. 저녁 식사 때문에 주먹을 날린 것이 아니다. 권위를 주장하고, 지배할 권한을 주장하기 위해서였다.

레지의 폭력 행위는 자신에게 특정한 권리가 있다고 생각하는 레지의 사고방식과 관련이 있다. 레지와 수앤은 둘 다 바깥일을 한다. 수앤이 대개 먼저 퇴근하고 집에 와서 저녁을 요리한다. 수앤이 마치 하인이라도 되는 양 수앤이 차려놓고 기다리는 저녁을 먹을 권리가 자신에게 있다고 레지는 생각한다. 그 이유는 무엇일까? 게다가 자신의 바람대로 되지 않았을 때 수앤에게 벌을 줄 권리가 있다고 생각하는 이유는 무엇일까?

레지는 보통 사람들이 말하는 폭력적인 사람에 해당하지 않는다. 그러므로 수앤에 대한 권력과 통제권을 행사하기 위한 도구로서 폭력을 선택적으로 사용하고 있음이 명백하다.

내가 노르웨이 임상심리학자 마리우스 로킬Marius Råkil을 통해 처음 접한 분류 체계에 따르면 레지를 폭력적인 사람이라고 칭하는 것은 정확하지 않다. 레지는 폭력을 이용하는 사람이다. 다시 말해 레지의 선택과 행동에 초점을 맞춰야 한다.

1970년대와 80년대 페미니즘 이론가와 활동가들이 남성 폭력에 대해 내린 혁신적인 통찰은 일부 남성의 폭력 사용을 남녀 간의 불균등한 권력 배분에 기초한 사회 구조와 연결 지었다. 코니 구버먼Connie Guberman과 마지 울프Margie Wolfe가 1985년에 썼듯 페미니스트들은 "수백 세대에 걸쳐 만들어지고 유지되었던 사회질서가 여성을 취약한 존재, 남성을 지배하는 존재로서 사회 구조, 법, 태도 속에 제도화했다는 사실을 밝혀냈다."[15]

이 남자에게 분노 관리 문제가 있다거나 단지 폭력적인 남자라고 말하는 것으로는 부족하다. 우리는 문제의 제도적인 뿌리를 이해해야 한다.

개인의 인성이나 문제점, 혹은 개인의 병적 상태가 고려 대상이 아니라는 말은 아니다. 폭력적인 사람이라고 분명히 정의 내릴 수 있는, 온몸에서 폭력성이 흘러나오는 사람이 없다는 말도 아니다.

그러나 이를 통해 페미니스트들은 궁극적으로 문제를 해결하려면 더 좋은 법을 만들어야 할 뿐 아니라(페미니스트들은 이를 계속 요구해왔다) 평등한 세상을 만들어야 한다는 결론을 내렸다.

그런 세상을 만드는 데는 남성의 역할이 핵심적이다. 여성이 남성에 의한 폭력을 두려워하지 않는 세상을 만들고 싶다면 남성은 제도권 내에서, 현 경제, 종교, 문화권 내에서, 그리고 가정 내에서 평등을 위해서 싸워야 한다. 그리고 평등을 촉진하는 크고 작은 정책을 지지해야 한다. 예를 들어 여성에게 동일 임금을 보장하면 남성 폭력을 끝내는 데 이바지할 것이다. 관계 속에서 권력 불균형이 줄어들고 학대를 받으면서도 도망칠 돈이 없어서 그냥 당하고 있는 여성이 줄어들 것이다. 또한 남성은 남성의 삶 속에 존재하는 권력의 불균형을 문제 삼아야 한다. 그리고 남성의 역할이 핵심적이기는 해도, 변화를 가져오는 데 계속해서 주도적인 역할을 할 여성 권리 단체를 지지해야 한다.

허용의 문화, 강간의 문화

내가 노스캐롤라이나 주 더럼에 사는 열두 살 남자아이였을 때, 나와 같은 7학년 남학생들은 쉬는 시간 어지럽게 가지를 뻗은 핀참나무 아래 앉아 섹스와 여자아이들에 대해 이야기하곤 했다. 하루는 한 급우가 신이 나서 '섹스'와 '강간'의 차이를 얘기해주었다. 간단하다고 했다. "여자애를 나무에 묶으면 강간"이라고 했다. 그 애

생각에는 우리가 여자애를 무력화할 그 방법이 그것밖에 없었던 것이다. 그 나이의 여자아이들은 우리보다 먼저 이미 성장기를 맞이하고 있었기 때문이다. 듣고 있던 우리들은 좋아서 환호했다. 당시에는 잘 듣기조차 힘들었던 금기시된 말을 쓰고 있었기 때문이기도 했고 음담패설을 하는 기분이 들었기 때문이기도 했다.

우리들 가운데 아무도 커서 강간을 하지 않았다고 해도 이것은 이른바 '강간 문화'에 대해 내가 가진 가장 오래된 기억이다. 강간 문화는 강간을 사소한 것으로 여기고, 여성 그리고 남성에 대한 특정한 태도와 관념을 부추김으로 해서 강간으로 이어지게 만들거나, 피해자를 탓하게 만들거나, 폭력을 사용하는 사람들을 두둔하게 만드는 문화이다.

어린 시절의 우리들이 정말 강간을 할 작정이 아니었다고 해도 우리가 서로에게 이런 강간의 정의를 되풀이했다면, 성적 차별이 담긴, 심지어 폭력적인 '농담'을 수도 없이 많이 했다면, 그것은 우리 사회가 전통적으로 남성의 폭력을 허용한 데 따른 것이다.

많은 경우 이 허용은 직접적이다. 일부 남성은 직접적인 본보기를 통해 허용한다. 앞서 보았듯 가정 내에서 폭력을 경험하면서 자라는 남자아이들은 스스로 폭력적인 행동을 할 가능성이 높다. 안타깝게도 이런 트라우마를 겪는 남자아이들은 그 후과로 어떤 조치도 취해지지 않는다는 사실을 깨닫게 된다. 아버지의 핑계를 듣고, 아버지가 엄마의 행동을 탓하는 소리를 들으면서 자란다. 이것은 남자아이들에게 영향을 미쳐 폭력적인 남자로 만든다. 아버지의 본보기가 허용되는 사례다.

어느 날 강연을 끝낸 나에게 한 여성 관객은 이렇게 고백했다. 여자는 남편이 일상적으로 폭력을 행사하고 있었기 때문에 도움을 얻기 위해 신부님을 찾아갔다. 신부님은 여자의 고통을 위로했지만 남편 곁에 남아 있는 것이 여자의 의무라고 했다. 여자가 짊어져야 하는 십자가라고 했다. 그 신부는 남성의 폭력을 명시적으로 허용한 것이다.

앞서 말했듯이 이 책의 독자들이 태어난 이후에도 미국의 여러 주에서는 남자가 아내를 강간하는 것이 불법이 아니었다. 부부 강간이 합법인 나라들도 여전히 많다. 오늘날에도 여러 주에서 부부 강간을 다른 강간과 구별해서 생각한다. 가장 심한 곳은 사우스캐롤라이나 주로 부부 강간이 성립하려면 더 심각한 수준의 신체적 폭력이 인정되어야 하고 피해자는 30일 내에 신고해야 하며 처벌도 덜하다.[16] 이것은 명시적인 허용이다.

폭행을 당한 여성을 탓할 때, 여성의 옷차림 때문에 당해도 싸다고 할 때, 그것은 명시적인 허용이다.

허용은 때로는 암묵적이다. 주로 남성인 입법 담당자들이 여성에 대한 남성의 폭력을 막는 데 유용한 법안을 통과시키지 않는다면 그것은 암묵적인 허용이다.(여성 활동가들의 피땀 덕분에 지난 20년간 여러 국가의 법적 제도가 빠르게 발전했다. 점점 더 많은 나라에서 여성 폭력을 방지하는 좋은 법이 만들어지고 있지만 여전히 부족한 곳이 많다.)

그러나 법이 멀쩡해도 그 법을 요령 있게, 신중하게, 제대로 적용하지 않으면 아무 의미가 없다. 최근까지 '부부 싸움' 신고를 받고 출동한 경찰관은 흔히 양쪽 모두에게 "진정하시라"고 주의를 주는 데 그쳤다. 마치 상호 간의 문제인 것처럼 취급한 것이다.(최근에 내가 만난 여러 경찰관들은 이런 범죄를 있는 그대로의 폭행 행위로 취급하라는 현재의 달라진 훈련 내용과 지침에 대해 자랑스럽게 이야기했다.)

같은 맥락에서, 성폭행을 당한 많은 여성은 여전히 경찰이나 심지어 병원도 찾지 않으려고 한다. 부분적으로는 경찰서, 법정, 심지어 병원에서의 경험이 마치 다시 한 번 폭행을 당하는 것 같았기 때문이다. 여성 단체의 압력으로 인해 일부 관할 구역에서는 훈련 내용이 개선되고 특화된 수사팀과 의료팀이 이제 막 생겨나고 있지만 여전히 갈 길은 멀다.

남성이 압도적으로 많은 입법 기구에서 해당 분야에 적정한 예산을 책정하지 않는 경우도 암묵적인 허용이다. 폭력적인 관계에 처한 여성을 돕고, 판사와 검사를 교육하고, 여성을 상대로 행사하는 남성의 폭력이 불법적이고 비도덕적이며 용납 불가능하다는 메시지를 퍼뜨리기 위한 공공 교육 예방 프로그램을 운영하는 데 예산이 책정되어야 한다.

직장 내 성적 괴롭힘에 이의를 제기하지 않는 것도 암묵적인 허용이다. 성적 괴롭힘을 막거나 거기 대응하기 위한 직장 내 규정 역시 향상되었지만, 직원과 관리직 사원에 대한 효과적인 교육은 안타깝게도 한참 뒤처져 있다.

그러나 더욱 해로운 형태의 허용이 있다.

"남의 집안일이야"

창밖을 내다보다가 상점이 털리는 장면을 목격했다고 치자. 누구나 전화를 들어 경찰에 신고할 것이다.

매일 아침, 많은 여성이 피멍 든 눈으로 출근하거나 더운 날 긴 팔 셔츠를 입거나 부상을 당해 출근도 못한다. 그러나 아무도 전화를 들지 않는다. 도움이 필요하냐고 묻지도 않는다. 매일 밤, 이웃들은 여성이 위협과 폭행을 당하는 소리를 듣는다. 아무도 전화를 들지 않는다.

매일 밤 남자들은 여자에게 술을 먹여 정신을 못 차리게 하겠다고, "싫다"는 말조차 못하게 만들겠다고 장담하는 친구의 말을 듣는다. 역시 아무도 그러면 안 된다고 말하지 않는다.

이 모든 경우에 우리는 남의 개인사라고, 남의 집안일이라고 한다.

아마도 이것이 가장 빈번한 형태의 허용일 것이다.

남성을 두둔하기 위한 협잡male protection racket의 한 행태라고 불러도 틀린 말이 아닐 것이다. 이 말은 스코틀랜드 단체 제로 톨러런스Zero Tolerance(무관용)가 만든, 남성 판사들의 사진이 실린 기발한 포스터에서 가져왔다. 여기서 굳이 덧붙이자면, 성별을 막론하고 사법 체계를 악용하는 판사들이 있는가 하면 여성 권리를 지지하는 수많은 남녀 판사들도 있다.

그러나 이런 사고방식을 남자만 받아들인 것은 아니다. 일부 남성에 의한 여성 폭력은 허용된다거나, 적어도 불가피하다고 생각하는 사람들 중에는 남자들만 있는 것이 아니다. 예를 들어 아프리카 동부와 중부의 여러 국가에서는 4세와 12세 사이의 수많은 여자아이들이 성기를 훼손당한다. 이 '성기 절제'의 정도는 문화에 따라 다르다. 유엔은 매년 여자아이 2, 300만 명이 어떤 형식으로든 성기 훼손을 경험한다고 추정하고 있다. 매년 수만 명이 이로인해 죽고, 수백만 명이 이 시술로 인해 끔찍한 고통을 경험하며 수많은 여성이 건강 문제로 평생을 고생하거나 성적 쾌감의 상실, 혹은 현저한 감소를 경험한다. 일부 문화권에서는 이를 이슬람 전통으로 생각하지만 대부분의 무슬림 국가에서는 시행되지 않는다. 소수의 문화권에서는 기독교 전통이라고 설명하고 부족 문화라고 말하는 곳도 있다.

어디서 유래했든, 성기 훼손은 여성이 계획하고(적어도 관례는 그렇다) 대체로 여성이 시술한다. 이 끔찍한 경험을 이미 겪어본 여성들이다. 이 경우 여성에 대한 남성의 폭력은 아니지만 이런 전통이 사라지지 않는 이유는 이것이 남성을 기쁘게 하는(혹은 그렇게 한다고 짐작되는) 방법이라고 정의되어 왔기 때문이다. 지배 집단의 필요와 욕구라고 여겨지는 것들은 각 사회에서 우위를 점한다.

이런 이야기들은 허용에 대해서 무엇을 말하고 있을까?

여성은 매를 맞고 강간, 모욕을 당하고 신체를 훼손당하고 싶어하는 존재다? 여성은 당해도 싸다? **그렇지 않다.**

오히려 이런 이야기들은 문화가 재생산되는 과정에 대해 시사하는 바가 있다. 관념이 확립되면 누구나 받아들이는 지식이 된다.

표준적인 규범이 된다. 이런 규범을 배우며 자라나는 여자아이들, 남자아이들은 이것이 유일한 방식이라고 가정하게 된다. 여성에 대한 폭력이 남자의 권리라는 생각은 여자보다는 훨씬 더 많은 남자가 믿고 있지만 일부 여성이 이것을 끔찍한 현실로 알고 받아들이고 있는 것도 사실이다. 우리가 질병과 역경, 죽음을 삶의 일부로 여기고 받아들이는 것처럼 말이다. 여성 쉼터나 공공 교육 캠페인 등이 중요한 이유 중 하나는 이를 통해 일부 성인 여성과 여자아이들이 난생처음으로, 폭력이 내가 받아들여야 하는 현실이 **아니라는** 점을 배우기 때문이다.

우리가 이 모든 것에서 알 수 있는 사실은 개인의 난폭한 행동을 분석하는 데서 끝나면 안 된다는 것이다. 물론 개인에게는 선택권이 있지만 우리는 주로 우리의 종교, 문화, 법, 교육 체계, 가정, 지역 사회의 신념 체계 안에서 선택을 내리게 된다. 지난 8천 년에서 1만 년 동안 보아왔듯 인류 대부분은 남성 지배 사회에서 살아왔다. 남성이 지배적인 관념을 형성할 권력을 가진 사회였다. 그 관념 중에는 그 정도와 형태는 다르지만, 남성이 여성에 대해 행사하는 폭력의 허용이 있었다.

이런 폭력의 허용을 끝내는 일이 남성이 실질적인 변화를 가져올 수 있는 가장 직접적이고 중요한 방식이다. 우리는 다음과 같이 행동해야 한다.

- 정서적으로, 혹은 신체적으로 학대를 하고 있다고 여겨지는 친구, 식구, 혹은 직장 동료와 대화를 한다.

- 우리 자신의 과거, 현재의 태도와 행동을 검토한다.
- 성차별적인 농담이나 발언을 방해할 나만의 방식, 나에게 편안한 방법을 찾는다. 이런 농담은 성차별과 폭력을 용인하는 문화의 배경 소음이다.
- 여성에 대한 폭력이 직장에서도 나타난다는 사실, 특히 성적 괴롭힘의 형태로 나타난다는 사실을 깨달아야 한다. 내가 일하는 직장 내 정책이 무엇인지 알고 그 정책이 신중하고 효과적으로 실현될 수 있도록 지켜보아야 한다.
- 신변의 안전과 성차별적 언행에 대해 여성이 느끼는 우려를 사소하게 여기지 말고 거기에 귀 기울여야 한다.
- 여성에 대한 폭력과 관련된 법의 개선, 여성 프로그램과 폭력 방지 교육에 들어가는 예산의 증가를 지지해야 한다. 이런 조치에 긍정적인 정치 후보를 지지해야 한다.
- 우리가 일하고 운동하고 기도하고 공부하는 곳에서 행동을 취할 수 있는 방법을 생각해본다. 우리의 목사, 랍비, 이맘, 신부가 이 폭력에 반대하는 목소리를 내도록 격려해야 한다. 코치들이 선수들과 주기적으로 대화를 하도록 격려해야 한다.[17] 아이들의 학교에서 관련 활동을 하도록 격려해야 한다.
- 화이트 리본, 히포쉬HeForShe를 비롯한 여러 훌륭한 활동을 이용해서 내가 사는 지역에서 폭력에 대한 인식을 높이는 운동에 참여한다.

유해한 역설

여성에 대한 폭력은 권력과 통제의 문제다. 허용의 문제다. 그러나 3장에서 보았듯 남성의 마음과 영혼에는 고약한 역설이 자리 잡고 있다. 우리가 세워놓은 남성 삶의 구조 그 자체에서 엄청난 불안감, 고립감, 두려움이 나온다. 이것은 너무 많은 남자들의 경우에 폭력의 사용과 밀접하게 연관된다.

남자들은 이 역설에 다양한 방식으로 대처한다. 많은 남성은 이것이 이길 수 없는 게임이라는 사실을 깨닫는다. 갑옷으로 무장한 이상적 남성상에 맞춰 살 수 없음을 깨닫고 그냥 자기 삶을 살아나간다. 그러나 어떤 남성은 그런 자아 수용의 단계에 이르지 못한 채 다른 데서 보상을 찾거나 다른 방식으로 자신을 증명하려고 하거나 단순히 무감각해지기 위한 다양한 전략을 개발한다. 어떤 남자들은 일이나 운동 등 남들이 기대하는 남성성을 충족하기 위한 활동에 몰두한다. 어떤 남자들은 술이나 기타 마약을 복용한다. 어떤 남자들은 스스로 목숨을 끊는다. 미국 남성의 자살률은 여성보다 세 배 이상 높다.[18]

그리고 어떤 남자들은 폭력을 행사한다. 남자다운 남자가 아니라는 기분을 상쇄하기 위한 도구로서 폭력을 사용한다. 남자아이나 다른 남자를 상대로, 여자아이나 여성을 상대로 폭력을 휘두른다. 폭력을 사용하면 잠깐은 자신이 진정한 남자라는 기분이 든다.

이를 악화시키는 것은 남자가 기분이나 감정을 너무 드러내면 안 된다는 고집스러운 생각이다. 감정은 나약함을 드러내고 여성적이라고 여겨진다. 그러나 생각을 해보자. 우리는 쉴 새 없이 타인과 우리 주변의 세상과 교류하는 존재로 진화했다. 그 교류의 핵심적 매개는 당연히 풍부한 감정생활이다. 감성은 사건, 그리고 우리 주변 사람들의 행위와 감정에 대한 반응으로서 우리의 자율신경계에 의한 복합적인 반작용을 유발한다. 예를 들어 우리는 일촉즉발의 위험과 마주했을 때 아드레날린을 만들도록 진화했다. 아드레날린은 에너지를 주입하고 일시적으로 고통을 줄여줌으로써 우리가 싸우거나 도망칠 수 있도록 도와준다. 우리는 상처와 슬픔에 대한 반응으로 울도록 진화했다. 얼굴이 일그러지고 눈물이 흐르고 나면 기분이 나아진다. 양파를 자를 때 나는 눈물이 슬플 때 흘리는 눈물과 화학적 성분이 다르다는 사실은 놀랍지 않다.[19] 아주 기쁠 때는 웃음이 나오고 심장이 더 빨리 뛰고 세로토닌 분비가 늘어난다. 다르게 말하자면 어떤 일이 일어나서 세로토닌 분비가 증가하면 우리는 기쁨을 느낀다.

그러나 남자의 경우 눈물이나 두려움의 표현은 나약함으로 치부된다. 기쁨을 억누르지 못하면 너무 무르다고 여겨진다. 남자아이들은 꽤나 어릴 때부터 그런 감정을 조절하는 법을 배우고 그러지 않으면 놀림을 당하거나 창피를 당한다. 영화와 스포츠 문화는 고통을 감내할 줄 아는 남자를 찬양한다. 수많은 '터프 가이' 영화가 매를 맞거나 고문을 당해도 절대 포기하지 않는 남자를 그린다. 그래서 어릴 때부터 남자들은 감정을 보이지 않도록 애쓴다. 어떤 감정은 심지어 느껴지지도 않도록 애를 쓴다.

물론 감정을 조절해서 유익한 결정적 순간들이 있다. 응급 의료대원이 즉각적인 처치를 요하는 사고 피해자를 눈앞에 두고 엉엉 울어버리면 안 될 것이다. 문제는 감정의 억제가 우리의 존재 자체에 내재되어버릴 때, 삶의 방식이 될 때, 그 후과가 끔찍이 유해한데도 계속해서 자연스러운 감정을 억누르도록 강요받을 때다. 감정을 자연스럽고 건전하게 경험하는 대신 남자아이들과 성인 남성은 그 감정을 꼭꼭 숨기는 법을 배운다. 우리는 압력솥이나 증기기관처럼 되어버린다. 우리 안의 압력이 엄청나게 높아지는 것이다.

일부 남자들의 경우 다양한 감정은 우리가 여전히 남자다운 감정이라고 여기고 칭송하고 있는 한 가지 감정으로 변환된다. 바로 분노다. 분노가 문제가 아니다. 분노를 건전한 방식으로 표현하는 법을 배우지 못하는 것이 문제다. 더 심한 문제는 폭넓고 다양한 감정이 분노로 몰리는 것이다. 이런 경우에 분노는 신체적 혹은 정서적 폭력의 행위로 폭발할 수 있다. 내가 일 때문에 스트레스를 받았거나 구조 조정 때문에 겁에 질려 취약한 상태라고 하자. 나는 일자리를 잃어 좌절했을 수도 있고 회사에서 상사의 지시 때문에, 혹은 다른 사람들에게 나보다 더 많은 권력이 주어진 사회 때문에 내 자신이 하찮게 느껴질 수도 있다. 인종차별을 경험하고 있거나 아주 오래전 학대받은 기억 때문에 만신창이가 된 기분일 수 있다. 그러나 남자라면 다 다스릴 줄 알아야 하는 법 아닌가? 진정 남자라면 대장부여야 한다. 진정 남자라면 겁을 내거나 나약함을 느끼지 않는다. 그렇지만 그냥 울거나 누군가에게 안아달라고 부탁할 수는 없다. 감정은 점점 더 쌓여간다. 쌓이고 쌓이다가 마침내 남성에게 허락된 한 가지 감정의 형태로 폭발한다. 분노가 단지 느껴지는 수준이 아니라 폭발하는 수준이라면 손쉽게 폭력으로 표현될 수 있다.

다시 말해 지나치게 많은 여성이 경험하는 폭력은 여성에 대한 남성의 권력 때문만은 아니다. 일부 남성이 신체적, 정서적, 성적 폭력을 행사함으로써 그 권력을 표현하고 행사하기 때문만은 아니다. 그 정반대의 이유도 있다. 자신에게 어떤 권력도 없으므로 자신은 남자가 아니라는 무의식적인 기분 때문이다. 이것을 어떤 방식으로 상쇄시킬 수 있을까? 어떻게 남성성의 평형을 회복할 수 있을까? 폭력이 바로 그 목적을 실현할 도구가 된다.

이것은 성인 남성과 남자아이들의 삶을 바꾸는 일이 얼마나 결정적인지 보여준다. 남성이 건전한 방식으로 감정을 표현해야 한다는 말은 뉴에이지풍의 헛소리가 아니다. 여성에 대한 남성의 폭력을 끝내고, 다른 남성에 대한 남성의 폭력을 끝내고, 동성애 혐오를 끝내고, 남성의 건강과 복지를 향상시키는 데 매우 결정적이다. 이를 실천하기 위해서는 다음과 같이 해야 한다.

- 아들을 키울 때 창피를 주지 말아야 한다. **사나이답게 행동해, 큰형이 어디 울어, 꾹 참아** 같은 말이 튀어나온다면 왜 남자아이들을, 혹은 다른 남성을 창피 주고 있는지 깊이 파헤쳐보아야 할 것이다.
- 남자아이와 성인 남성이 자녀나 형제뿐만 아니라 친구와 직장 동료들을 보살피도록 그런 행위를 지지하고 격려해야

한다.

- 동성애 혐오에 문제를 제기해야 한다. 이것은 남자아이들과 성인 남자가 편협하고 유해한 남성성의 관념을 따르도록 강요할 뿐만 아니라 LGBTQ 집단에게 실질적인 상처를 준다.
- 집과 학교에서 아들과 딸에게 동일한 규칙이 적용되고 동일한 일거리가 주어지도록 해야 한다.
- 그 대상이 여성이든 남성이든 폭력 행위나 폭력 언어를 눈감아주지 말아야 한다.
- 여성이든 남성이든 남성에 대한 성차별적인 가정을 한다면 이의를 제기해야 한다. 스포츠, 정치, 사업, 종교, 미디어가 뿌리는 성차별과 마초적 표준이라는 독극물에 이의를 제기해야 한다.

다시 말해, 어디에서든 행동을 취할 준비가 되어 있어야 한다.

부성이라는 해결사

부성은 남성에 의한 폭력이라는 퍼즐을 풀어낼 마지막 한 조각이다.

나는 남성이 젠더 평등을 앞당기는 데 기여하기 위한 가장 중요한 방법이 부성의 변화라고 말한 바 있다. 마찬가지로 여성에 대한, 그리고 다른 남성에 대한 남성의 폭력을 줄이는 데 남성이 기여할 수 있는 가장 중요한 방법 역시 부성의 변화다.

앞서 말한 내용을 되풀이하려는 것이 아니다. 물론 남성이 폭력을 사용할지 여부를 가장 잘 예측하는 요소는 아버지가 엄마, 혹은 자녀에게 폭력을 행사하는 가정에서 자랐는가 하는 점이다. 배우자 혹은 자녀를 상대로 어떤 폭력도 사용하지 않는 애정 어린 아버지가 폭력을 행사할 가능성이 적은 아들을(그리고 딸을) 키워내리라는 사실은 불 보듯 뻔하다.

물론 이것은 사실이다. 그러나 나는 더 미묘한 무언가에 대해 말하고자 한다. 6장을 시작하면서 나는 젠더 평등에 기초한 초기 사회에서 여성이나 자녀에 대한 폭력, 그리고 남성 사이의 폭력이 훨씬 덜 했다고 말한 바 있다. 그리고 5장에서 초기의, 좀 더 평등한 사회에서는 육아를 좀 더 공평하게 나누었다고 했다. 93개 부족 사회를 관찰한 연구에서 사회학자 스콧 콜트레인Scott Coltrane은 아버지의 적극적인 참여가 평등뿐만 아니라 낮은 폭력성과 밀접한 연관이 있음을 발견했다.[20] 이런 지점들 간의 연결 고리는 우리로 하여금 남성에 의한 폭력의 마지막 요인을 발견할 수 있게 도와주고 핵심적인 해결책을 제시한다.

갓난아기 혹은 걸음마를 시작한 아이를 돌보기 위해 양육자에게 가장 필요한 능력은 무엇일까? 간단하다. 공감 능력이다. 그 이유는 아동 발달 박사가 아니더라도 납득할 수 있다. 아기는 말을 할 수 없고 걸음마를 시작했더라도 상황을 이해하고 감정을 표현할 수 있는 능력이 제한되어 있다. 아기는 배가 고프거나 목이 마를 때, 피곤할 때, 짜증 날 때, 답답할 때, 혼란스러울 때 표현을 할 수 없으니 양육자는 공감 능력을 통해 아이가 필요로 하는 것을 감지하고 배려해야 한다.

그런데 정말 멋진 사실은 이것이다. 남을 보살피는 행위는 공감 능력을 키워준다.[21] 만약 여러 세대에 걸쳐 여성만이 남을 보살피는 행위를 한다면 여성은 남성보다 공감 능력이 더 발달한다는 의미다. 공감 능력은 여자아이들이 아주 어릴 때부터 갈고닦는 능력에 속한다. 인형을 가지고 놀 때 아기가 배가 고프다, 슬프다, 피곤하다 하면서 공감하는 법을 익힌다.

남성에게 공감 능력이 전혀 없는 것은 아니다. 당연히 있다. 그리고 물론 남자들 중에는 여자들보다 공감 능력이 더 뛰어난 사람들도 당연히 있다. 단지 우리가 전통적으로 아들을 길러온 방식, 거기에 육아를 담당해온 사람들이 여성이었다는 점이 더해지면서 남성은 가능한 만큼 공감 능력을 키우지 못하는 경향이 있다. 공감 능력은 태어날 때부터 잠재된 능력이지 고정된 성질이 아니다.

전반적으로 남성의 공감 능력은 여전히 쓸 만하거나 꽤 뛰어나다. 그러나 일부의 경우 그렇지 않다. 특히 어머니에 대한 폭력이 심했던 가정에서 자란 남성이 여기 해당되는 듯하다. 그런 가정에서, 일부 남자아이들은 자신의 정서적 생존을 위해 어머니와의 공감대를 차단해야 한다.

이것이 폭력과 무슨 상관일까? 공감 능력이 부족하면 폭력을 행사할 가능성이 높아진다. 내가 유발하는 고통을 느끼지 못하기 때문이다. 그래서 여자친구를 때리는 남자는 턱뼈를 골절시켜놓고도 경찰서에서 "왜 이래요, 별로 건드리지도 않았다고요"라고 말한다. 여자가 성관계를 원치 않았는데 여자가 원했다고 말하는 남자도 있다. 이런 변명을 하는 남자들은 실은 진심으로 그렇게 생각하고 있을 가능성이 있다. 남의 감정을 느낄 능력을 스스로 제한했기 때문이다.

따라서 만약 남성이 육아에 동등하게 참여한다면 그런 아버지와 자신을 동일시하는 남자아이는 타고난 공감 능력을 잃지 않고 더 키울 수 있을 것이다. 그리고 모든 남성이 아버지가 되는 것은 아니라고 해도, 그리고 이런저런 사정 때문에 육아에 동등하게 참여할 수 없다고 해도, 공감 능력은 남성성의 중요한 지표가 될 것이다. 그리고 더 많은 남성이 더 많은 공감 능력을 가진다면 여성이나 아이, 그리고 결국 다른 남성까지 다치게 할 수 있는 폭력은 줄어들 것이다.

남을 보살피는 일에서 남성의 상대적 부재가 여성에 대한 남성의 폭력을 부추기는 한 요인이라면 부성의 변화는 이 폭력을 줄이고 그로써 젠더 평등을 앞당길 것이다.

공감대와 사랑의 유대

어떤 독자들에게는 고대 역사처럼 느껴질 수도 있겠지만, 1970년대와 80년대 말 페미니스트 정신분석가와 심리치료사들, 제시카 벤저민Jessica Benjamin, 낸시 초도로Nancy Chodorow, 도로시 디너스타인Dorothy Dinnerstein 등이 쓴 책들은 육아에서 남성의 상대적인 부재가 가져오는 영향에 대해서 다루었다.[22] 나쁜 아버지나 학대를 일삼는 아버지에 관한 책이 아니었다. 단순히 시간의 **총량**이 어떤 영향을 미치는지 관찰한 것이다. 제시카 벤저민은 《사랑의 유대The Bonds of Love》에서 이렇게 말한다. 어머니가 대부분의 육아를 도맡아 하는 사회에서, 즉 남자 아기이든 여자 아기이든 아기를 먹이고, 목욕시키고, 달래고, 안아주고, 아기에게 말하고, 또 단순히 아기의 시야 안에 머무는 사람이 어머니인 사회에서, 어머니와의 유대는 아기가 처음 겪는 가장 큰 사랑의 유대이다. 아기는 정신적으로 어머니와 하나로 합쳐져 있다. 앞서 이야기했던 셀러리를 떠올려보자. 만약 아기가 셀러리라면 아기를 가장 처음 우선적으로 돌보는 엄마는 그 셀러리가 빨아들이는 색소 탄 물이다. 한편, 아버지의 역할이 극히 부차적이라면 아버지가 상냥하고 다정한 사람이라고 해도 아기와 아버지는 거리가 좀 더 먼 유대를 형성하게 된다.

태어난 지 3년째가 되면 아기는 두 개의 성별이 있다는 사실을 깨닫고 자신을 둘 중 하나로 구분하기 시작한다. 아직 잘 이해할 수는 없지만 아기들은 꾸준히 이른바 젠더 이분법에 대한 가르침을 먹고 자란다. 남자 아니면 여자, 남성적, 아니면 여성적이어야 한다는 가르침이다. 남자아이는 여기서 난처한 상황에 맞닥뜨린다. 남자아이는 거리가 더 먼 사람을 닮아야 할뿐더러 점점 더 어머니와 동일시해가고 있던 자신의 속성들을 거부해야 한다. 그것은 곧 타인과 맺었던 최초의 매우 강력한 유대의 거부를 뜻한다. 대신 남자아이는 자신이 속속들이 알고 있는 어머니가 아닌 전혀 다른 사람과 동일시해야 한다. 어떤 의미에서 아이는 공상 속의 인물과 자신을 동일시한다.

이 시점에는 두 가지 일이 벌어지고 있나. 아이는 남자가 어떤 존재인지에 관해 공상 속의 이미지를 구축하기 시작한다. 그리고 남자가 더 많은 권력을 가지고 있는 사회에서, 남자아이들이 어린 마음에 그 권력을 상징하는 대상으로, 즉 트럭과 차, 공룡, 슈퍼히어로, 중장비, 총 등으로 기울어지는 현상은 놀랍지 않다.

이와 동시에 벤저민의 주장에 따르면, 최초의 사랑의 유대를 끊기 위해 남자아이는 자신과 타인 사이에 강력한 자아의 장벽을 세운다. 우리에게 좀 더 익숙한 말로 옮겨보자면 타인을 경험하는 행위를, 즉 자신의 공감 능력을 제한한다. 타인이 느끼는 것을 나도 느낄 수 있는 능력을 줄이게 된다.

그 결과는 무엇일까?

아버지가 동등하게 주된 육아에 참여하지 않을 경우 아기는 어머니와 일차적인 유대를 형성한다. 그러면, 우리가 여전히 남성과 여성 사이에 뚜렷한 선을 긋고 있기 때문에, 남자아이는 자신만의 선을 그어야 할 필요를 느끼게 된다. 어머니로부터 자신을 떨어뜨리기 위해 여성성을 거부하는 과정에서 아이는 자신의 공감 능력을 축소하고 자신과 세상 사이에 장벽을 세운다. 만약 아이가 공감 능력을 스스로 축소한다면 그 아이는 폭력적인 행위를 저지를 가능성이 더 높아진다는 것이 나의 믿음이다.

부성의 변화, 그리고 더 구체적으로 말해서 남성이 모든 돌봄 노동의 절반을 맡는 행위는 여성에 대한 남성의 폭력을 근절하는 데

고유하고 장기적인 역할을 하게 될 것이다.

남성에 의한 폭력 근절

여성에 대한 남성의 폭력을 근절하기 위해 노력해야 하는 이유는 충분하다. 그런 폭력을 직접적으로 경험하는 여자아이와 성인 여성의 숫자가 끔찍하게 많고, 가정 폭력에 노출되고 거기 영향을 받는 여자아이들과 남자아이들이 있으며 자신에게도 같은 일이 생기지 않을까 두려워하면서 사는 셀 수 없이 많은 여성이 있기 때문이다.

그러나 남성에 의한 폭력에 대한 이야기는 여기서 끝나지 않는다.

이 끔찍한 폭력은 알고 보면 고립된 현상은 아니다. 가부장제는 남성이 여성을 지배하는 체제인 동시에 일부 남성이 다른 남성에 대해 권력을 행사하는 체제이기도 하기 때문이다. 그리고 앞서 보았듯 폭력, 혹은 폭력을 행사하겠다는 위협은 그 권력을 재연하고 유지하고 확장하는 주요 수단이다.

학창 시절 자신을 위협하거나 때렸던 남자아이의 이름을 기억하지 못하는 남자들은 많지 않을 것이다. 종종 이런 행위를 둘러싼 복잡한 의식 절차가 있었다. 자극을 한다든지, 놀린다든지, 뭘 해 보라고 부추긴다든지. 놀림을 받아치거나 부추김에 응할 경우 싸움이 뒤따랐다. 반면 싸움에 응하지 않으면 진짜 사나이가 아님을 확증한 셈이므로 구타를 당했다.

젊은 남성층의 태도를 조사한 프로문도의 한 연구에 따르면 18세에서 30세까지의 남성 51퍼센트가 상대의 존중을 받기 위해 폭력을 써야 한다는 사회적 압박감을 느꼈다고 한다. 실제로 그런 믿음을 갖고 있는 남성은 23퍼센트였지만 그래도 젊은 남성 네 명 중 한 명 꼴이다. 10세에서 18세 사이 남성에서 비율은 더욱 높아질 것으로 추측된다.[23]

이것이 다가 아니다. 많은 남성은 성인이 되어서도 여전히 액션 영화를 매력적으로 느끼곤 한다. 나 역시 아직까지 나도 모르는 사이 액션 영화에 몰입하곤 한다. 액션 영화는 스스로 엄청난 수준의 폭력을 견뎌가며 신체적 징벌을 가할 수 있는 주인공에 대한(대개의 경우 남성 주인공에 대한) 내용이다. 주인공은 움찔하지도, 징징대지도, 울지도, 도망치지도 않는다.

나는 통계를 통해서 남자 8명 중 한 명이 어린 시절 가정에서 폭력을 경험했다는 사실을 알고 있다. 한때는 이것을 "목격"이라고 불렀다. 엄마가 신체적으로, 성적으로, 혹은 언어적으로 학대를 당하는 것을 보거나 들었다는 의미다. 내가 앞서 언급했듯이, 심리학자들의 연구에 따르면 생애 초기에 이런 심각한 폭력을 경험하게 될 경우 잘 지워지지 않는 깊은 영향을 받게 된다. 폭력이 자주 일어났거나 아이가 아주 어렸을 때 일어났거나 특히 극심했다면 더더욱 그렇다.

우리는 남성들의 솔직한 고백이 늘어나고 있는 덕분에 여러 남성이 어린 시절, 혹은 청소년기에 원치 않는 접촉에서부터 강간에 이르는 성적 폭력을 경험했다는 사실을 알고 있다.

우리는 동성애자, 양성애자, 트랜스젠더 남성이 특정한 폭력에 노출되어 있다는 사실을 알고 있다. 많은 경우 이들을 위협하는 주체는 다른 개인이지만 일부 국가에서는 정부가 제도적으로 위협하기도 한다. 동성애자일 경우 사형을 당할 수 있는 우간다 같은 국가만을 이야기하는 것이 아니다.(우간다의 경우 미국 복음 교회들의 성공적인 로비 활동에 부분적인 원인이 있다.) 미국, 캐나다, 영국 같은 국가도 마찬가지다. 영국의 컴퓨터 선구자 앨런 튜링은 연합군이 나치를 상대로 승리할 수 있도록 도운 지 불과 7년 후 괴롭힘을 견디지 못하고 죽음을 맞았다. 마흔두 번째 생일을 맞이하기 직전이었다. 앨런 튜링의 죄목은 동성애였고 튜링은 징역과 화학적 거세 중 하나를 선택하도록 강요받았다.

뿐만 아니라 유색인종을 상대로 폭력이 계속되고 있고 원주민 남성도 더 높은 수준의 폭력을 경험한다.

반복되는 패턴이 잘 보이지 않을까 봐 덧붙이자면 다른 남성에 대한 남성의 폭력은 많은 경우 남성성의 의례적인 선언이거나, 남성의 영웅성과 힘에 대한 환상이거나, 다른 남자아이와 성인 남성을 남성성의 좁은 정의에 맞추기 위한 '단속 행위'이거나, 지배적인 남성 집단의 일원으로 들어오지 않는 데 대한 처벌이다. 성폭력을 포함한 모든 사례에서 우리는 폭력이 미치는 영향이 등한시되는 것을 볼 수 있다. 마치 별일 아니라는 듯, 원래 이렇다는 듯 넘어가는 것이다.

남성이 남성에게 행사하는 폭력의 원인은 남성이 여성에게 행사하는 폭력의 원인과 별로 다르지 않다. 신체적, 언어적, 성적 폭력은 위계를 강화하기 위한 수단이다. 일부 남성이 다른 남성을 지배하는 구조의 결과이기도 하다. 또한 역설적으로 힘이 없다고 느낀 남성이 자신의 남성성을 입증하려고 하기 때문이다. 남자아이들과 성인 남성이 자신에게, 또 타인에게 가해지는 고통에 무뎌지는 법을 학습한 결과다. 내가 원하는 대로 할 권리가 있다는 의식의 결과물이다.

폭력은 남자아이들과 성인 남성에게 매우, 매우 깊은 상처를 남긴다.

여성에 대한 남성의 폭력을 근절하기 위해 운동하는 남성들

이 책은 개인의 변화에 법, 사회 정책, 구조, 제도의 변화가 동반되어야 한다고 주장하고 있다. 법, 정책, 구조, 제도 등은 약 8천 년이 넘는 가부장제의 잔여물일 뿐만 아니라 가부장제를 지속시키는 역할을 한다. 제도는 제도화한다. 변화는 단지 개인적 의지의 문제가 아니다.

그렇다면 변화는 어떻게 일어날까? 이것은 낡고 따분한 논쟁이다. 개인을 변화시키면 변화된 개인들로 이루어진 변화된 사회가 되는 것일까? 사회의 변화를 촉구할 수 있는 최소한의 개인만 변화시키면 되는 것일까? 아니면 개인의 정체성과 경험을 구성하는 사회 구조를 바꾸어야 할까? 물론 답은 둘 다 필요하다는 것이고 삶은 개인과 더 넓은 세상 간의 상호작용이 된다. 그렇다면 과연 어떤 힘이 변화의 동력이 되느냐는 물음이 생긴다.

일부는 문제의 존재 자체가 변화를 추구하는 압력을 형성한다고 말한다. 그럴 수도 있다. 하지만 남성 지배 사회는 수천 년간 지속되어왔고 최초의 집단적 노력이 시작된 지 150여 년밖에 되지 않았다.(물론 평등을 주창하는 남성이나 여성은 오래전부터 있었다. 고대 그리스가 낳은 희곡 중에는 남성에 대항해 들고 일어나는 여성에 대한 내용이 있다.) 문제의 존재 자체로 부족하다면 문제가 있다는 의식이 널리 퍼진다면 어떨까? 그것도 충분하지 않다. 아프리카계 미국인들은 언제나 인종차별을 의식했고 영웅적인 저항과 연대 활동 역시 간간이 있어 왔지만 1960년대가 되어서야 미국에서 인종차별을 문제 삼는 대중 운동이 성공을 거두었다. 그렇다 해도 여전히 갈 길이 멀다.[24]

나는 대규모 변혁의 동력이 단순히 문제의 존재, 혹은 널리 퍼진 문제의식에 있다고 생각하지 않는다. 해결책이 눈에 보이고 실현 가능하다고 여겨지는 시기에 있다고 생각한다. 소수의 사람들이 불꽃을 일으킬 수는 있지만 불길이 번지려면 해결책이 충분히 시야에 들어오고 실현 가능해야 한다.

이 말은 다소 모순적이다. 개인이나 개인들의 소규모 집단은 물론 핵심적인 역할을 할 수 있다. 그러나 이런 사람들의 본보기가 영향력을 갖추려면 이미 문제를 경험하고 있는 사람들이 넓게 퍼져 있어야 한다. 그리고 함께 고민하고 활동하는 사람들의 공동체를 늘려가는 방식을 통해 해결책이 존재한다는 사실과 그 해결책이 실현 가능하다는 사실이 명확해져야 한다.

1960년대 소규모 여성 집단이 시동을 걸었을 때 엄청난 조롱과 저항에도 그들의 메시지는 비슷한 고민을 하고 있던 수많은 다른 개인들에게 즉각 와 닿았다. 페미니스트 사상은 빠르게 세계 여러 나라로 퍼졌다. 사상이 퍼지면서 점점 더 많은 해결책이 나타났고 신속하게 그 해결책은 실현 가능해졌다.

그동안 이런 변화에 남성을 참여시키기 위해 애써온 여러 기관과 지역 사회의 남녀 활동가들은 이미 기본적인 토대를 마련해놓았다. 여기서 앞으로 나아가는 일이 쉽거나 막힘이 없으리라고 말할 수는 없다. 그러나 젠더 평등, 그리고 남성 삶의 긍정적 변화를 지지하는 대규모 참여 활동이 가능할 뿐만 아니라 이미 벌어지고 있다는 증거를 우리는 이제 확보하고 있다.

남성은 여성에 대한 남성의 폭력을 근절하는 운동에서 핵심적이고 주도적인 역할을 할 수 있다. 나의 동료 잭슨 캐츠Jackson Katz 는 이렇게 말한다.

"필요한 건 감수성 훈련이 아니에요. 지도자 훈련이 필요해요. 예를 들어 프로 코치 혹은 야구팀이나 축구팀 감독이 성차별적인 말을 한다든가, 동성애 혐오 발언, 인종차별적인 발언을 하면 사람들은 '감수성을 키워야겠네'라고 말하죠. 제 주장은 감수성 훈련이 필요한 게 아니라는 거예요. 지도자 훈련이 필요해요. 형편없는 지도력을 보여주고 있기 때문이에요. 젠더 다양성, 성적 다양성, 인종적·민족적 다양성이 있는 사회에서 그런 발언을 한다는 건 지도력이 떨어진다는 뜻이거든요."[25]

남성에 의한 폭력을 멈추려면 남성의 침묵을 깨라

앞서 1장에서 나는 화이트 리본 캠페인 이야기를 한 바 있다. 1991년 나는 두 동료와 함께 문제의 심각성을 인식했기 때문에, 또한 주변 여성이 행동을 촉구했기 때문에, 이제 전 세계로 퍼진 화이트 리본 활동을 시작했다. 화이트 리본 활동은 여성 인권과 젠더 평등 문제에 대한 해결책으로서 남자아이들과 성인 남성의 참여에 중점을 둔 최초의 대중적 캠페인이라 더 특별하고 중요했다. 남성을 모호한 페미니즘 메시지의 수동적인 수신자가 아닌 변화의 동인動因으로 설정한 운동이었다. 우리의 생각은 최초의 구호에 잘 포착되어 있다.

"남성에 의한 폭력을 멈추려면 남성의 침묵을 깨라."

우리는 남자아이들과 성인 남성에게 여자아이들, 성인 여성의 목소리에 먼저 귀를 기울인 다음 힘차게 목소리를 높이라고 격려했다.

대부분의 국가에서 화이트 리본은 교육에 중점을 둔다. 11월 25일(유엔 국제 여성 폭력 근절의 날) 즈음해서 주로 활동하지만 여러 곳에서 1년 내내 노력을 기울인다. 화이트 리본은 또한 법과 정부 정책을 바꾸기 위해 노력한다. 학교, 직장, 군대에서 특별 프로그램을 운영하는 곳도 있다.

화이트 리본 운동의 가장 큰 특징은 중앙 집권 방식이 아니라는 점이다. 처음부터 우리는 남녀 활동가들이 저마다의 나라, 그리고 문화권의 성인 남성과 남자아이들에게 다가가는 방법을 가장 잘 알고 있으리라고 생각했다. 이런 접근 방식에는 강점도 약점도 있었다. 주인이 뚜렷하지 않기 때문에 화이트 리본은 우리의 상상을 초월하는 방식으로 퍼져나갈 수 있었다. 어느 한 학교의 남학생들이나 한 지역 사회의 남성들이 창의적인 방법으로 주변 사람들에게 손을 내밀 수 있었다. 그러나 조직화된 소통 방식이나 자원의 공유가 전혀 없다는 단점도 있었고 국제적인 교류의 대부분도 그때그때 임시변통으로 이루어졌다. 이것은 영향력을 제한하고 특정 국가에서의 성장을 저해했다.

일부 국가나 지역 사회에는 소수의 간사들이 운영하는, 실체가 뚜렷한 화이트 리본 조직들이 있다.(세계에서 가장 큰 규모의 활동을 벌이고 있는 호주의 경우 수십 명이 팀을 이루고 있다.) 화이트 리본을 중요한 사업의 일부로 시행하고 있는 비정부 단체들도 있다.(아일랜드 남성 발전 네트워크Irish Men's Development Network, 캄보디아의 젠더와 사회Gender and Society, 칠레의 남성성과 젠더 평등Masculinity and Gender Equality, 브라질의 아버지 연구소Instituto Papai와 프로문도, 미국 매사추세츠 주의 제인 도 회사Jane Doe Inc. 등이 있다.) 비정부 단체, 정부 기관, 봉사 단체, 대학, 혹은 기업에서 연례 활동으로 채택하기도 한다. 일부 국가에서는 단지 여성 폭력 근절의 상징으로 쓰이기도 한다. 흰 리본이 찍힌 튀니지 우표도 본 적이 있다.

우리는 폭넓은 사회정치적 스펙트럼 속에 위치한 다양한 남성에게 손을 내민다. 특정한 정부 정책이 남성에 의한 폭력과 관련 있거나 여성을 취약 계층, 혹은 이류 계층의 위치에 두는 경우 정책을 비판할 때도 있지만 정치적으로 화이트 리본은 초당적인 단체다. 모든 정당이 남성에 의한 폭력을 멈출 정책을 실시해야 한다고 믿기 때문이다. 그리고 남성에게 손을 내미는 데 중점을 두고 있기는 해도 여성이 주도적으로 화이트 리본 운동을 이끌어가고 있는 나라도 많다.

우리는 남성에 의한 여성 폭력의 근절을 위해 활동하는 기타 단체나 운동 본부에서 해당 지역 화이트 리본과 협력하도록 권장하기도 한다. 흰 리본을 단체의 자체 상징과 결합하거나 저마다의 문화 내에서 흰 리본과 동일한 역할을 하는 어떤 상징을 만들도록 격려하기도 한다. 내가 가장 좋아하는 운동은 캐나다 서부의 원주민 남성과 여성이 시작한 무스 가죽 운동Moose Hide Campaign으로 남성에 의한 폭력에 반대하는 목소리의 상징으로 작은 무스 가죽 조각을 이용한다.

내가 화이트 리본을 하나의 상징처럼 얘기하고는 있지만 사실 거기서 끝나지 않는다. 남성이 남방, 티셔츠, 모자에 흰 리본을 달거나, 흰 리본을 손목에 끼우거나, 사무실에 흰 리본 포스터를 붙인다면 그것은 단순히 어떤 대의명분에 대한 지지의 표명에 그치지 않는다. 그 남성은 여성에 대한 폭력을 저지르지도 않고 용서하지도 않으며 거기에 대해 침묵하지도 않겠다고 대외적으로 약속하게 된다.

물론 화이트 리본과 기타 단체들의 문제 제기를 불쾌하게 여기는 남성들도 있다. 일부 남성은 우리가 모든 남성을 폭력적인 남성으로 간주한다고 주장한다. 우리의 주장은 물론 그렇지 않다. 일부 남성은 우리에게 왜 남성이 경험하는 폭력을 무시하느냐고 한다.

그런 말에는 이렇게 대답한다. (1) 우리는 누가 행사하든 개인 간의 모든 폭력을 혐오한다. (2) 남성에 대한 폭력의 대부분은 다른 남성이 행사한다. 그러나 여성이 남성을 폭행할 경우, 그리고 그것이 정당방위가 아닐 경우 당연히 비난의 대상이 된다. (3) 피해자가 병원을 찾게 만들거나, 엄청난 공포를 유발하여 피해자를 두려움 속에 살게 만드는 수준의 심각한 폭력은 여성이 남성에게 행사하는 경우에 비해 남성이 여성에게 행사하는 경우가 훨씬 더 많다. (4) 모든 캠페인에는 뚜렷한 초점이 필요한데 우리의 초점은 남성이 여성에게 행사하는 폭력의 근절이다. 심장병에 중점을 두는 단체를 두고 왜 암을 내버려두냐고 비난할 수 있을까?[26]

내가 화이트 리본 이야기를 좋아하는 이유는 이런 운동이 시작되고 지속되고 지금처럼 널리 퍼지는 데 내가 어떤 역할을 했다는 점이 자랑스럽기 때문이다. 또한 젠더 평등에 대해 수십만, 수백만 남성에게 말을 건네고 그들의 적극적인 참여를 이끌어내기 위한 대중적인 활동을 시도한 세계 최초의 사례였으며 이것이 가능함을 입증했기 때문이다.

그러나 무엇보다 세계 곳곳에서 들려오는 화이트 리본 이야기들을 떠올릴 때마다 나는 남자아이들과 성인 남성이 가진 능력에 끊임없이 감동받는다. 남성에게는 오랫동안 누려온 특권과 여러 형태의 권력을 넘어설 능력, 형제에게 맞설 능력, 스스로에게 도전장을 내밀 능력, 우리 누이들의 곁에 버티고 설 능력이 있다.[27]

여성에 대한 남성의 폭력을 근절하는 문제에 국한해서 볼 때, 우리 남성은, 문제의식을 촉구하는 여성의 목소리에, 폭력 근절을 위해 적절한 법 제도를 만들고 자원을 할애하라고 촉구하는 여성의 목소리에 우리의 목소리를 더해야 한다. 여성에 대한 폭력은 용납할 수 없다는 생각을 가지고 아들을 키워야 한다. 그리고 우리의 형제와 직장 동료, 팀 동료, 친구들에게 말을 건네는 법을 배워야 한다. 그렇게 하면 아주 훌륭한 몇 가지 결과로 이어질 것이다. 우리 사회의 지배적인 관념들이 놀라운 속도로 움직이기 시작할 것이다.

지하에 있는 교내 식당에서 남자아이들은 나를 흘끔흘끔 쳐다보았다. 내가 두 손에 식판을 들고 긴 탁자 사이를 지나가는데 두 아이가 벌떡 일어서더니 차례로 나에게 부딪혔다. 처음 부딪혔을 때 나는 균형을 잃었고 두 번째 부딪히자 나동그라졌다. 식당은 조용해지는가 싶더니 내가 마치 저절로 넘어졌다는 듯 환호성이 터졌다.

1963년이었다. 나는 열두 살이었다. 노스캐롤라이나 주 더럼 시의 카 중학교 7학년이었다.

이 일은 내가 평등, 사회정의, 인권 운동의 길을 가게 된 사연의 밑바탕이다.

이 일이 있기 2년 반 전 아버지가 듀크 대학병원과 듀크 의대에 근무하게 되면서 우리는 오하이오 주 클리블랜드에서 더럼 시로 이사했다. 적응은 쉽지 않았다. 어린 시절 나를 보호해주던 온실에서 밀려난 기분이었다. 이상하고 낯선 땅에 있는 느낌이었다. 사람들 말씨가 다르기 때문만은 아니었다. 남부에서는 여전히 인종 분리 정책이 극심했기 때문이다. 어떤 인간은 어떤 화장실을 쓰고 어떤 음수대에서 물을 마셔야 하는지 간판이 알려주고 있었다. 내 기억이 틀리지 않다면 정치인들과 지역 야구팀, 그리고 듀크대 농구팀은 모두 백인이었다. 신문에는 종종 린치, 혹은 십자가 화형식에 대한 기사가 실렸다.

부모님은 인종 분리 정책에 대한 명확한 규칙을 세워두고 있었다. 우리는 인종을 분리하는 식당에는 가지 않았다. 그래서 거의 외식을 하지 않았다. 누이들과 나는 인종을 차별하는 영화관에도 갈 수 없었으므로 나는 다른 남자아이들이 전쟁 영화와 카우보이 영화를 보러 가는 모습을 부러운 눈으로 쳐다보곤 했다. 내가 처음 이런 규칙에 저항했을 때 부모님은 간결하게 그리고 분명히 말했다. 이런 일들을 모두가 함께할 수 없다면 우리도 할 수 없다고.

5학년에서 6학년, 다시 7학년이 되는 동안 나는 아이의 언어로 나의 목소리를 냈다. 인종 분리 정책에 반대했고 당시에는 흑인을 칭하는 예의 바른 표현으로 여겨졌던 단어 니그로Negro를 사용하며 아프리카계 미국인을 존중하는 목소리를 냈다.

우리 카 중학교 학생들은 마치 재소자들처럼 수업 종이 칠 때까지 지하 식당에서 지상의 교실로 올라갈 수 없었다. 그래서 나는 밖으로 도망쳤다. 나를 괴롭히던 아이들도 곧장 나를 따라 밖으로 나와 재빨리 나를 에워쌌다.

먼저, 마치 의식 절차를 따르듯 우리는 말을 주고받기 시작했다. 이것은 귀족들이 결투를 하던 시절부터 전해 내려온 유물인지도 모른다. 아니면 노골적인 공격성을 감추려는 목적일까? 가해자는 이로써 자기방어를 위해 불가피하게 힘을 쓴 척할 수 있다.

한 아이가 말했다.

"그래서 너 양키냐?"

나는 여전히 나 자신이 양키(북부 사람)라는 생각이 좀처럼 들지 않았다. 나에게 양키는 월드시리즈에서 줄기차게 우승만 하는 못된 야구팀이었다.

"난 클리블랜드에서 왔어."

아이들은 깔깔대며 "클리블랜드" "양키"라고 놀려댔다.

빙 둘러선 아이들 가운데 한 아이는 또 이렇게 말했다.

"게다가 깜둥이 사랑꾼."

"흑인이거든."

내가 대들었다.

또 다른 아이가 비웃듯 말했다.

"게다가 유대놈."

유대놈이라는 말은 2천 년 묵은 힘과 함께 나를 때렸다. 끔찍한 말. 수치심을 불러일으키는 말. 온몸을 마비시키는 말이었다.

누군가 나를 뒤에서 밀었고 나는 원을 가로질러 저편에 있는 아이에게 가 부딪혔다.

"어? 얘가 나 밀었어."

아이는 옆 아이에게 불만을 토로하며 나를 반대쪽으로 밀쳤다. 이번에는 누군가 뒤에서 나를 붙잡아 돌려세우더니 "더러운 유대놈"이라는 말을 뱉으며 나를 앞에서 뒤로 밀쳤다. 반대쪽에서는 누군가 "양키"라고 말하며 비웃었다. 나는 빙글빙글 돌며 이리저리 밀리고 비틀거렸지만 넘어지지는 않았다. 숨 막히는 원은 점점 더 조여왔고 아이들은 "양키, 깜둥이 사랑꾼, 유대놈"을 합창했다. 나를 지키기 위해 버럭 화를 내자니 그것도 두려웠다. 마침내 무리의 우두머리가 내 명치에 주먹을 심으며 교육을 끝냈다. 고꾸라진 나는 숨을 쉴 수 없었고 그 끔찍한 10초 동안 곧 죽을 게 틀림없다고 생각했다.

온 가족이 노스캐롤라이나로 이사 왔을 때 나는 그런 식으로 따돌림 받을 준비가 되어 있지 않았다. 어떤 아이에게든 이런 경험은 최악의 경험이자 최고의 경험이 된다. 최악의 경험인 이유는 아이들이 본성상 어울리고 싶어 하기 때문이다. 소외된다는 것은 낙인 찍힌다는 것이고 이것은 창피를 당한다는 뜻이기도 하다. 최고의 경험이었던 이유는 이를 통해 그 어떤 정치사상보다 좋은 가르침을 얻었기 때문이다. 가지지 못한 자, 억압된 자들과 나를 동일시하게 된 것이다. 나를 때린 혐오는 자유를 위해 싸우고 있던 흑인들을 때리는 혐오의 아주 작은 티끌이었으며, 나를 먹칠한 붓은 그들을 먹칠하는 붓의 한 가닥이었다. 나의 고통은 그들과 비교해서 아주 미미했지만 그 못된 아이들의 주먹으로 인해 나는 정확히는 몰라도 내가 억압받는 자들과 한편이라는 점을 직관적으로 알게 되었다.

남부로 이사 온 뒤 두 해가 흐르는 동안 내가 따돌림 당하고 있다는 사실을 은근히 느끼고는 있었지만 바로 이 순간, 이 주먹이 나를 평생의 길로 접어들게 했다. 다시 말해, 내가 나만의 온실에 살고 있다고 해서 다른 사람들의 문제 바깥에 나를 둘 수 없다는 점을 일찍 깨달을 수 있었다. 다른 사람들이 고통을 받을 때 자족하며 살 수 없었고 다른 사람들에게 주어지지 않은 기본권을 내가 누리고 있다는 사실을 무시할 수 없었다.

한편 그 최후의 펀치로 인해 남성으로서의 나의 자격을 부끄럽게 여기게 됐다. 왜 맞서 싸우지 않은 걸까? 왜 주먹을 날리지 않은 걸까? 간단히 말하면 그 남자아이들 무리가 나를 겁에 질리게 만들었기 때문이다. 나는 사나이답지 못하다는 기분 나쁜 감정이 들어 괴로웠다.

앞서 보았듯 모든 남성은 어느 정도로든 남성성의 요구에 미치지 못한다는 기분을 가지고 산다. 어렸을 때는 특히 더욱 그렇다. 일부 남성은 언어, 혹은 신체 폭력을 행사하는 방식으로 대처한다. 그러나 대부분의 남성은 남자다운 행동을 하는 데, 즉 자신의 남성성을 증명하기 위해 필요한 일들을 하는 데 매우 능숙해진다. 나 또한 그런 행동을 할 만큼 했고 주변 사람들의 말을 빌리자면 꽤 그럴듯한 남성으로 보인다. 그렇다면 무엇 덕분에 내가, 그리고 점점 그 수가 늘어나는 다른 남성들이, 어느 정도 다른 길을 개척할 능력을 얻게 된 것일까?

나의 경우에는 안정적이고 정이 많은 집안 분위기가 큰 몫을 했다. 부모가, 그리고 내가 속한 종교(전후 개혁 유대교)의 전통이 나로 하여금 자유로운 사상을 갖도록 격려했다. 또 우리 부모님은 타인에 대한 존중을 몸소 보여주었다. 그리고 몇 년 뒤에는 페미니즘 운동의 시작, 그리고 나에게 영감을 준 놀라운 여성들과의 우정과 사랑이 큰 몫을 했다.

젠더 평등은 우리 시대의 가장 커다란 목표 가운데 하나다. 나는 성인이 된 뒤 거의 대부분의 인생을 이를 위해 싸우는 데 바쳤다.

그러나 젠더 평등으로는 충분하지 않다. 내 말은, 젠더 평등으로 모든 사회적 결점을 바로잡고, 세계를 최대한 완벽하게 만들 수 없다는 뜻이 아니다. 그것은 당연하다.

내 말은, 페미니즘의 여러 목표, 즉 젠더 관계를 바꾸고 남성 혹은 여성으로서 우리의 핵심적인 삶의 경험을 바꾸는 일 등에는 평등 이상의 것이 요구된다는 의미다.

우리가 젠더 평등이라는 말을 쓰기는 하지만 나는 이 말이 사실 좀 더 깊고, 폭넓고, 더 지대한 사회 변혁을 의미하는 약어라고 생각한다.

젠더 평등이 미치는 영향

나는 1960년대에나 70년대 초반에는 **젠더 평등**이라는 말을 들어본 기억이 전혀 없다. 하지만 1971년에 나온 말이라고는 한다.[1] 1960년대에 시작된 페미니즘의 새로운 물결은(이른바 제2의 물결로, 제1의 물결은 여성이 세계 곳곳에서 투표권을 쟁취한 참정권 운동을 가리킨다) **여성해방**이라는 표현을 썼다.

요즘에는 잘 쓰지 않기는 해도 **여성해방**은 여전히 흥미로운 표현이라고 여겨진다. 60년대에 중요했던 점 두 가지를 잘 내포하고 있기 때문이다. 한편으로 이 말은 사람을 억압하는 사회적, 심리적

족쇄로부터 벗어나는 개인의 변화, 개인의 해방을 의미했다. 다른 한편으로 해방이라는 말은 당시 분위기와 잘 어울렸다. 불과 20년 전 유럽이 나치즘으로부터 해방된 터였고 라틴 아메리카, 아프리카, 아시아에서도 민족해방운동이 휩쓸고 있었다. 다르게 말하자면 여성해방운동은 개인적 변화와 사회적 변화가 둘 다 필요하며 표면적인 데서 그치면 안 된다는 생각을 내포하고 있었다. 여성은 남성과 동등한 데서 그치지 않고 해방을 이루어야 했고 해방이라는 행위는 여성이 주도해야 했다. 뿐만 아니라 그러기 위해 여러 층위에서 실천이 이루어져야 했다. 개인적인 변화, 개인 간의 변화, 문화적, 정치적, 경제적 변화도 요구됐다.

해방이라는 말을 쓰지 않게 된 것은 좀 아쉽다. 나는 인간을 해방시킨다는 개념이 마음에 든다.

반면 여성해방보다 더 광범위한 용어, 즉 페미니즘이나 젠더 평등은 남성이 큰 그림의 일부가 되어야 함을 암시한다. 이것은 바람직하다.

젠더가 평등한 세상을 상상해보자. 의미상 여성이 경제, 정부, 언론, 문화, 종교, 사회, 가정에서 동등한 가치를 갖는 세상일 것이 분명하다. 동일 임금을 의미할 것이며 기관과 단체에서는 아래에서 위까지 남성과 여성의 숫자가 얼추 동일할 것이다. 여성이 여론과 도덕률을 형성하는 데 남성과 동일한 권위를 행사할 것이다. 여성이나 남성의 숫자가 한쪽으로 치우친 직종이 없어질 것이다. 남성이 돌봄 노동의 절반을 담당할 것이다. 어떤 성별을 갖고 태어나든(혹은 선택하든) 아주 기초적인 생리적 제약을 제외한 어떠

한 제약도 없이 다양한 삶의 기회를 누릴 수 있는 세상을 의미할 것이다.

남성이 여성에 대해 행사하는 경제적, 정치적 권력이 여성에 대한 남성 폭력의 뿌리 깊은 원인인 점을(유일한 원인은 아니지만) 고려하면 젠더 평등은 폭력이 대폭 감소한다는 의미일 것이다.

젠더 평등은 **아마도** 남자아이와 여자아이를 기르는 방법이 점점 동일해진다는 의미일 것이다. 예를 들어 지난 몇 십 년 동안 스포츠 활동에 참여하는 여자아이들의 비율은 크게 증가하고 있다. 집에서 여자아이와 남자아이가 서로 다른 심부름을 하는 사례도 부모들의 변화를 반영해서 꾸준히 줄어들 것이다.

이 이상으로는 젠더 평등이 과연 어떤 의미일지 추측할 수 있을 뿐이다. 예를 들어 정부가 육아와 육아 휴가에 좀 더 많은 재원을 할애한다는 의미일 수도 있다. 사기업과 공기업은 가정친화적인 환경을 지원할 가능성이 높다. 정부와 종교는 재생산에 대한 여성의 결정을 통제하려고 하지 않을 가능성이 높다. 서로 좀 더 보살피는 사회가 될 수도 있고, 환경과 좀 더 균형 잡힌 관계를 모색하는 사회가 될 수도 있고, 교육과 의료를 우선시하는 사회가 될 수도 있으며 사람을 덜 착취하는 사회가 될 수도 있다. 정치, 그리고 국제 분쟁을 줄이는 데 색다른 방식으로 접근한다는 의미일 수도 있다. 어떤 형태의 폭력이든 감소한다는 의미일 수도 있다. 젠더 이분법, 즉 남성과 여성을 가르는 엄격한 경계가 크게 줄고 점점 사라진다는 의미일 수도 있다.

젠더 평등의 영향을 얘기할 때 이러한 가능성들이 반복해서 제기된다. 다 사실이라면 좋겠다. 문제는 꼭 그렇게 된다는 법이 없다는 것이다. 평등이 자동적으로 이 모든 긍정적인 결과를 가져오리라는 가정은 우리가 맞선 문제들이 매우 복잡하다는 점을 감안하지 않고 있다. 이 문제의 교차성을 무시하고 있는 것이다. 또한 여성이 본질적으로 남성의 정반대라는(혹은 남녀의 두뇌에 상당한 자연적 차이가 있다는), 그래서 평등해진다면 산술적으로 인간 잠재력이 화려하게 펼쳐질 것이라는 잘못된 믿음에 기초하고 있다.

앞선 장에서 나는 생물학적 성별(남성과 여성 간의 타고난 물리적 차이)과 젠더를 구분해서 이야기했다. 나를 포함해 많은 사람들이 주장해왔듯 우리가 남녀 차이라고 전제하는 많은 것들은 사실은 생물학적으로 고정되어 있지 않고 우리가 아들과 딸을 다르게 키운 결과, 우리에게 서로 다른 가능성과 경험이 주어진 결과, 우리가 사회적 권력을 서로 다른 형태로 갖고 또 경험한 결과다. 물론 남성과 여성 행동에 어느 정도의 생물학적 차이가 있을 수도 있겠지만, 내 생각에는 만약 그렇다고 해도 (1) 우리가 생각하는 것만큼 그 차이가 크지 않고 (2) 다만 평균적인 차이에 지나지 않는다. 생물학적으로 여성의 평균 신장은 남성보다 적고 체모도 남성보다 적으며 목소리도 남성보다 높다. 행동의 차이도 이와 마찬가지일 것이다. 그러나 남성들 사이에서 나타나는 차이, 혹은 여성들 사이에서 나타나는 차이가 오히려 성별 간의 평균적 차이보다 더 크다. 남녀 행동에 평균적인 차이가 있다면 비슷한 식으로 편차를 보이고 또 겹치는 영역이 있을 것이라고 나는 생각한다.[2] 그리고 마지막으로 (3) 젠더가 진정으로 평등한 세상이 수 세대 지속되기 전까지 남녀의 행동에 어떤 타고난 차이가 있는지(혹은 없는지) 그 정도를 실제로 알지 못할 것이다.

젠더 평등이 어떤 변화를 가져올까 하는 물음에 접근하는 또 다른 방식이 있다. 한 가지 방식은 현재 남성이 차지하고 있는 위치에 여성이 올라갔을 때 어떤 일이 벌어지는지 관찰하는 방식이다.

나는 누군가가 자신의 끔찍한 여자 상사에 대해 불평하는 소리를 수도 없이 들었다. 물론 이것은 여성의 승진에 대한 성차별적인 반작용일 때도 있다. 아니면 남성 지도자와 여성 지도자에게 다른 잣대를 들이대기 때문일 수도 있다. 남성의 경우 강한 지도력으로 여겨지는 특성을 여성이 보일 때 성미가 나쁘다거나 지나치게 공격적이라고 여겨지기도 한다. 단지 그 여성이 형편없는 상사이기 때문일 수도 있다. 이 모든 것이 사실일 수 있다. 그러나 우리가 거의 논의하지 않는 네 번째 요소가 있다. 바로 누군가 지도자의 위치에 설 때 그 지도자는 여전히 수 세기 동안 남성 지배적인 삶에 의해 형성된 기관, 기업, 사교 모임 등의 구조 안에 있다는 점이다.

1979년부터 1990년까지 영국 수상이었던 마거릿 대처를 예로 들어보자. '철의 여인'이라는 별명은 포로는 필요 없다는 식의 인정사정 없는 리더십을 반영한다. 여성 지도자임에도(여성에게 더 많은 혜택을 주고 있던) 사회 복지 서비스를 대폭 축소하고 사람들로부터 일자리를 빼앗아 근로 계층 가정에 심각한 영향을 미쳤다. 군사적으로는 매파로서 1982년 포클랜드 전쟁 당시 어떤 망설임도 없이 아르헨티나 군함에 어뢰 발사를 지시했고 그 결과 300명 이상이 숨졌다. 대처가 세계 여러 지도자들과 고안해낸 정책들은 부를 소수의 사람들에게 집중시키는 결과를 낳았다.

대처가 정이 없고 나긋나긋하지 못하다고 비난하는 것이 아니다. 리더십의 문제는 권력의 문제이며 누구의 이익을 대표하느냐의 문제이지 성별의 문제가 아니라는 점을 대처가 잘 보여주고 있다는 뜻이다.

나는 여성이 모든 사회적, 정치적, 경제적 집단에서 동등하게 지도자의 위치에 올라가야 한다고 믿는다. 이것은 그 집단에 새로운 통찰력과 능력을 가져다줄 것이며 집단이 그 안에서 일하는 사람들, 고객들 그리고 사회 전체를 더 잘 반영하도록 도와줄 것이다. 이런 이유에서 나는 정치계, 이사회 등 지도자 위치에 여성이 동등하게 오를 수 있도록 애써왔다. 그러나 대처의 사례가 보여주듯이 단지 남성이 만든 집단을 여성으로 채우는 것에서 끝나면 안 된다.

다르게 말하자면 이렇다. 3장에서는 우리가 남성성과 남성 권력을 정의한 방식으로 인해 남성이 치러야 하는 대가를 알아보았다. 만약 남성이 지금까지 해온 방식과 다름없이 여성이 지도자의 위치를 차지하고 권력을 휘두르는 것이 평등의 의미라면 문제가 있다고 할 수 있지 않을까? 물론 여성도 그렇게 할 수 있어야 한다. 그러나 내가 이 책에서 주장하듯 그런 것들은 역설적으로 남성에게(그리고 여성에게) 파괴적이었다. 그렇다면 여성까지 그렇게 해야 할까?

더 많은 여자아이들과 성인 여성이 원하는 것을 얻기 위해 폭력을 사용한다면 바람직할까? 실제로 교사들과 이야기를 나누어보면 많은 교사들이 여자아이들의 폭력성이 눈에 띄게 증가했다고 말한다. 여성이, 지나치게 많은 남성처럼 제멋대로, 무모하게 운전하는 것이 좋은 일일까? 여자아이들과 성인 여성이 강인함을 드러내기 위해 자신의 안전과 건강을 무시하는 게 바람직할까? 직장이나 커리어가 인간관계나 나에게 의지하는 사람을 보살피는 일보다 언제나 중요하다고 전제하고 당연시하는 여성이 많아지는 것은 좋은 일일까? 나는 내 아들도, 손자도, 딸도, 손녀도 그렇게 되지 않기를 바란다.

문제는 셰프이자 레스토랑 운영자 젠 애그Jen Agg가 말했듯, 주방에서 남자만 괴팍하고 권위적으로 굴 수 있는 것이 아니라는 점이다.

"여자도 형님들 못지않아요."

그런 의미에서 나는 우리의 목표가 단지 젠더 평등일 수는 없고 8천 년간 이어진 가부장제가 만들어낸 편협한 속박에서 인류를 해방시키는 것을 이상으로 삼아야 한다고 말하고 싶다.

젠더 논의는 남성과 여성의 평등 문제만은 아니다

앞서 보았듯이 젠더 문제가 곧 여성 문제는 아니다. 우리가 여성, 혹은 남성, 혹은 어떤 성별로 스스로를 정의하든 우리가 우리의 정체성과 삶을 구축한 방식이 곧 젠더다.

페미니즘의 큰 공헌은 생물학적 특징이 곧 운명이라는 낡은 전제에 이의를 제기하는 논의를 시작했다는 점이다.[3] 여성의 삶을 이해할 새로운 언어를(예를 들면 생물학적 성별과 사회적으로 구축된 젠더 간의 구분) 도입한 것이다. 그리고 그럼으로써 남성의 삶에 대해서 생각해볼 놀랍고도 새로운 도구를 제공했다.

이 책은 남성이 여성 인권 신장을 지지하는 데서 멈추면 안 된다고 주장해왔다. 이 책은 또한 남성으로서 우리의 삶을 바꿀 방법에 대해 생각하고 실천에 옮기자고 말하고 있다. 아버지들이 얼마나 많이 변화했는지 느낄 때, 그리고 자라면서 체득한 여러 고정관념에 문제를 제기하는 남자들을 볼 때 나는 페미니즘이 남성에게 미친 강력한 영향을 실감한다.

여기에 LGBTQ 집단이 제기한 문제와 그들의 통찰력이 더해졌다. 그들은 이성애적 욕구와 고정된 젠더 정체성의 불가피성에 대한 우리의 가정에 용감하게 문제를 제기했다. 우리 시대의 가장 큰 변화 중 하나는 한때 금지되고 극심하게 처벌받았던 가능성들이 점점 우리를 인간으로 만드는 속성의 일부로 받아들여지고 있다는 점이다. 이 과정에서 그들은 젠더에 관한 논의의 윤곽을 상당하게 확장했다.

한 가지, 젠더 평등을 위해 싸우고 싶은 남성이라면 호모포비아와 남성성에 대한 지배적 관념 사이에 있는 뚜렷한 연결 고리를 깨달아야 한다.[4] 수많은 남자아이들과 성인 남성이 폴 키블Paul Kivel이 맨박스Man Box라고 부르는 틀에 갇혀 나오지 못하는 이유는 무엇일까? 무엇 때문에 수많은 남자아이들과 성인 남성이 타인뿐만 아니라 스스로에게 해를 끼치는 유해한 남성성의 형태를 계속해서 추구하는 것일까? 성차별 혹은 호모포비아, 즉 동성애 혐오에 직면했을 때 남성이 상대 남성에게 좀처럼 이의를 제기하지 못하는 이유는 무엇일까? 앞서 나는 이것이 '진짜 사나이'가 못 된다는 두려움 때문이라고 말했다. 남성성의 요구를 만족시킬 수 있는 남성은 없으므로 남성은 자신이 '진짜 사나이'가 아니라는 점을 다른 남성에게 들키고 그에 대한 대가를 치르게 될까 봐 마음 깊이 두려워한다. 우리는 이미 어린 시절에 울거나 나약하게 굴거나 "계집애처럼 군다"고 놀림이나 괴롭힘, 조롱을 당하면서 이런 생각을 형성해왔다. 다시 말해 남성성에 대한 지배적인 관념 속에는 다른 남성에 대한 두려움이 있다. 포비아phobia는 두려움이라는 뜻이고 호모homo는 라틴어로 인간이라는 뜻이다.(그리스어로 호모는 '동일하다'는 의미다. 그래서 동성 간의 관계에 대한 공포를 호모포비아라고 한다.) 호모포비아는 물론 타인의 성적 지향에 기반한 공포 혹은 혐오다. 그런 동시에 좀 더 일반화된, 그러나 매우 깊이 숨어 있는, 다른 인간에 대한 두려움이다. 나는 남성이 만든 여러 제도권 내 공간, 즉 술집, 경기장, 국회, 사교 모임장, 탈의실, 이사회실 등이 남성이 함께 모여 안정감을 느낄 수 있는 자리를 제공하고 있다고 생각한다. 남성끼리는 서로 어떻게 행동해야 할지 그 규칙을 이미 명시적으로, 그리고 암묵적으로 정해두고 있기 때문이다. 여러 남자들은 성차별, 호모포비아, 그리고 때로는 인종차별을 (때로는 집단적이고 물리적인 폭력의 형태로, 때로는 농담이나 비하 발언의 형태로) 통해 서로 결속을 다지고 관계를 조율한다.

다른 남성에 대한 두려움은 남성성의 구성 요소가 된다. 남성이 스스로를 단속하게 만드는 장치, 문제가 있다고 여겨지는 말이나 행동에 이의를 제기하지 않게 만드는 장치다. 뿐만 아니라 남자아이들과 성인 남성의 일상 어휘는 노골적인 호모포비아로 버무려져 있다. 공공연한 비하 발언이나 폭력적인 발언뿐만 아니라, 코치가 남자아이들에게 "계집애처럼 던진다"고 놀린다든지, 골프장에서 힘없이 퍼팅한 남자를 여자 이름으로 부른다든지, 놀이터에서 "게이 같다"고 조롱한다든지 하는 것도 여기에 속한다.

더 나아가 트랜스젠더, 즉 젠더의 자가 정의 자체를 거부하는 개인들은 우리로 하여금 젠더, 그리고 심지어 생물학적 성별에 대한 가장 기초적인 전제에 문제를 제기하게 만든다.

따라서 젠더 평등을 위한 노력에는 남녀 간의 평등을 넘어서는 차원이 존재한다. 다시 말해 우리는 인류 해방과 정의를 위한 더욱 폭넓은 투쟁으로 들어가게 되는 것이다.

정말 놀라운 사실은, 앞길에 여러 어려움이 예견되기는 해도, 이미 빠르게 변화하고 있다는 점이다. 동성 결혼과 동성 부부의 입양과 같은 공식적인 수준에서의 변화만을 말하는 것이 아니다. 개인의 사적인 경험의 수준을 말하는 것이다. 몇 년 전 나는 갓 졸업한 대학 럭비팀 선수와 이야기를 나누었다. 이 선수는 친구인 이성애자 남성과 짧은 여행을 다녀왔다고 했다. 두 사람은 렌터카 카운터에 갔다. 직원은 두 사람에게 커플이냐고 물었다. 왜 묻냐고 하자 커플이라면 추가 수수료를 내지 않고도 두 사람 모두 운전을 할 수 있다고 했다. 두 사람은 눈도 깜빡하지 않고 말했다.

"물론 커플이죠."

그리고 첫날 숙박을 하기 위해 모텔에 도착했을 때 남아 있는 방은 퀸 사이즈 침대가 달랑 하나만 있는 방이었다. 두 사람은 별 생각 없이 침대를 공유했다. 남성의 삶에서 너무 오랫동안 뚜렷이 자리 잡고 있었던 신가한 호모포비아는 다행히도 점점 옅어지고 있다. 물론 여전히 많은 곳에서 놀라운 피해를 입히고도 있다.

이런 변화는 동성애자, 양성애자, 트랜스젠더 남성에게만 중요한 일은 아니다. 모든 남성에게 중대한 일이다. 모든 남성이 두려움 없이 다른 남성과 가까운 관계를 맺을 수 있다는 뜻이다. 호모포비아가 감소하면 이성애자 남성은 다른 남성과 좀 더 솔직하고 좀 더 다정한 관계를 가질 수 있다.

평등을 복잡하게 만드는 문제들

젠더 평등에만 주된 초점을 맞추는 행위는 내가 앞서 했던 주장, 그리고 다른 많은 사람들의 주장, 즉 우리의 경험이 단지 여성의 경험과 남성의 경험으로 나눌 수 있는 추상적인 것이 아니라는 주장을 간과한다. 오히려 복수의 경험들이 서로 교차하며 우리를 정의한다. 앞서 말했듯 남성으로서 나의 정체성과 행동은 내가 이성애자이고 유대인이며 중산층, 지식층, 도시 사람, 어린 시절은 미국에서, 성인이 되어서는 캐나다에 살고 있는 사람인 점과 관계가 있다. 이런 것들은 나의 남성성을 수식하고 남성으로 산다는 것이 나에게 어떤 의미인지 정의 내린다. 오로지 정체성에 대한 정의만은 아니다. 내가 누리는 권력과 혜택의 복잡한 집합에 대한 정의

다. 사람에 따라, 그 사람이 제도적인 차별과 억압을 경험하는 집단에 속해 있는 경우 그 부분에 해당하는 정체성과 경험이 더 뚜렷하게 형성된다. 젠더가 사회적 경험인 이유는 바로 이것이다. 상호작용하는 폭넓은 사회적 요인들에 의해 형성되기 때문이다.

예를 들어 아프리카계 미국인 남성의 인생 경험이나 자기 정의 self definition를 이해하려면 먼저 노예제도의 영향과 그 이후 한 세기 반 동안 이어진(그리고 이어지고 있는) 인종차별, 그리고 그들이 평등, 지역 사회 구축, 자기표현을 위해 벌이고 있는 투쟁에 대해 이해해야 한다. 높은 교도소 수용률, 자녀와 함께 살지 않는 수많은 아프리카계 미국인 아버지들, 평균보다 낮은 고등교육 비율과 소득, 심지어 일부 힙합 음악에 나타나는 남녀 이미지는 추상적인 의미에서 '남성'으로 사는 것과 관계있다기보다 특정한 시간과 공간에서 아프리카계 미국인 남성으로 사는 것과 관계가 있다. 또한 단지 '흑인'으로 산다는 추상적 관념이 아닌 흑인 남자로 산다는 것과 관계가 있다. 그 예로 아프리카계 미국인 여성은 남성보다 교육수준이나 직업적 성취 수준이 더 높게 나타난다. 다양한 요소들이 복잡한 방식으로 상호작용하는 것이다.

이에 따라 성별에 기초한 분할을 근절한다고 해도, 예를 들어 여성이 지도자직의 절반을 차지한다고 해도, 여전히 다른 형태의 차별과 위계로 인해 그 자리에서 소외된 특정 집단의 남녀가 나오게 된다.

그래서 젠더 평등을 추구하는 노력은 전체적으로 공정하고 평등한 사회를 만들고자 하는 투쟁, 운동과 별개의 노력이 아니다.

다른 예를 들어보자면 지난 몇 년간 우리는 경제 불평등이 빠르게 가속화되는 것을 보았다. 내가 이 책을 쓰고 있는 현재 크레디트 스위스에 따르면 세계의 가장 부유한 사람 42명이 가진 재산이 37억 명(인류의 절반)이 가진 재산을 다 합한 것과 같다. 가장 부유한 1퍼센트의 사람들은 전 세계 사람들이 가진 재산보다 더 많이 가지고 있다.[5] 로널드 레이건과 마거릿 대처가 칭송했던 신자유주의 정책과 사상이 부상한 이후 수십 년간 우리는 부유층에게 주된 혜택이 돌아가는 세금 감면 체계를 목격했고 이것이 우리 모두에게 돌아가야 할 사회, 교육 예산의 감축으로 이어지는 불가피한 결과를 감내해왔다. 이것은 내가 이야기했던 핵심 문제들과 밀접한 관련이 있다. 부성과 가정 내 관계를 변화시키는 문제를 예로 들어보자. 다 좋은 생각임은 분명하다. 하지만 남자가 됐든 여자가 됐든 근로 계층 사람들이 겨우 입에 풀칠하고 살고 있다면 더 적극적인 육아를 하겠다고 선뜻 결심할 수가 없다. 아침 일찍부터 밤늦게까지 임금 노동, 혹은 일용직 일을 하며 고생할 테고 아이들과 시간을 보내기보다 불편한 대중교통을 이용해 출퇴근해야 할 것이다. 복지 프로그램, 교육 프로그램, 스포츠 프로그램, 의료 체계, 저렴한 주거 시설 등 가정친화적인 경제와 사회에 필요한 절대적인 요구 사항들이 이미 심각한 해를 입었다. 이 경향이 지속된다면 남자도 여자도 육아를 우선시할 수 없다는 점에서 젠더 평등이 이루어질지도 모른다.

한편 노동조합에 대한 공격이 이어지고 기존의 산업이 저임금 국가로 줄행랑치면서, 인력이 기계로 대체되고 더 많은 사람들이

박봉의 서비스직, 혹은 파트타임, 일용직을 하게 되면서 점점 더 많은 가정이 극심한 경제적 어려움을 겪고 있다. 여성에 대한 가정 내 폭력이 증가하기 쉬운 상황이다. 그러면 여성은 어디로 도망칠 수 있을 것인가? 여러 자치 단체에서는 여성 보호소에 대한 예산을 감축하고 있다.

다시 말해서 젠더 평등에 대해 말할 때 우리가 전제하는 약속과 꿈을 이루려면 더 폭넓은 사회경제적 과제의 해결에 착수해야 한다.

젠더 평등, 가부장제 그리고 환경

가장 폭넓은 의미에서의 젠더 평등을 이루겠다고 할 때 우리가 더욱 멀리 내다보아야 하는 이유를 마지막으로 덧붙이고자 한다. 인류의 존재는 지난 200만 년간의 진화의 역사를 통틀어 가장 심각하게 위협받고 있다. 기후 변화 때문이다.

알고 보면 기후 변화는 가부장제와 깊은 연관이 있다.

3장에서 이야기했던 포르투갈 에보라의 구석기 바위를 떠올려 보자. 그 지역에 존재했던 초기 가부장제 문화의 유적이다.

남성이 지배하는 사회는 발전하면서 세 가지 종류의 지배에 그 기반을 두었다. 여성에 대한 남성의 지배. 일부 남성에 대한 일부 남성의 지배.(이것은 점점 더 증가하는 사회적, 경제적 계층화에 그 기반을 두고 있었다.) 그리고 자연에 대한 인간의 지배였다.

자연은 점점 정복해야 하는 외부적 대상으로 여겨지기 시작했다. 인간은 점점 자연의 가장 가혹하거나 해로운 영향에서 벗어났고 여전히 자연의 일부로 살고 있는 사람들을 원시적이라고 비웃었다.

지난 8천 년간 자연을 지배하겠다는 목표 덕분에 인간은 빠르게 주도권을 잡았고 놀라운, 그리고 때로는 꽤나 멋지기도 한 과학적인 발전을 이루어냈다.

그러나 바로 이 목표가 우리의 파멸을 가져오고 있는 듯하다.

로널드 라이트가 명저《진보의 함정The Short History of Progress》에서 말하고 있듯이 지난 시대의 경우 자연의 지배가 초래한 부정적인 영향은 특정 지역에 국한되었다. 문명의 요람 가운데 하나인 비옥한 초승달 지대, 즉 이집트와 이라크를 아우르는 지역이 왜 현재 거의 다 사막지대인지 생각해본 적이 있는지? 초기 가부장제 사회가 농사를 위해 자연의 힘을 이용하는 데 점점 능숙해지고 영리해졌기 때문이다. 결국 그들은 담수의 대부분을 빨아올려 썼고 땅은 말라 유독한 소금기를 머금었다. 그러나 이것, 그리고 라이트가 "진보의 함정"이라고 부르는 것들의 다른 사례는 특정 지역에 국한되어 있었다. 인류는 천천히 한 지역을 망쳐놓고 또 다른 지역으로 간 것이다.

그러나 불과 150년 만에 인간은 수백만 년 동안 격리되어 있던 탄소(석탄, 피트, 석유, 가스의 형태)를 태웠고 이산화탄소, 메탄 등의 엄청난 가스를 대기로 내보냈다.[6]

현 위기에서 우리가 이동할 곳은 없다.

다시 말해 오늘날의 새로운 인류세人類世에서 단순히 여성과 남성 간의 평등만을 논한다는 것은 가부장제가 망쳐놓은 것들을 수습하는 데 충분치 못하다.

가부장제가 여성에 대한 남성의 권력, 일부 남성에 대한 일부 남성의 권력, 그리고 자연에 대한 인간의 권력에 기초한 제도이므로 우리 모두는 남성과 여성이 동등하게 권력과 혜택을 나누지 않을 경우 가부장제가 계속해서 초래할 피해를 막을 수 있는 접근 방법을 취해야 한다.

이것은 과학과 기술에 등을 돌린다는 의미는 아니다. 새롭고 유익한 기술이 약속하는 미래를 거부한다는 의미가 아니다. 그러나 누가 이런 기술을 통제하고 이런 기술에서 이득을 얻는지 다시 생각해본다는 의미임은 분명하다. 진보에 대한 우리의 관념에 문제를 제기하고 무한한 성장의 가능성이라는 전제를 재고해보아야 한다.

젠더 평등을 좁은 의미에서 이해하는 것이 충분치 않음을 인정해야 한다. 궁극적으로는 가부장제라는 체계를 해체하고 지속가능한 생태계 내에서 인류 공동의 필요를 충족시키는 미래를 건설해야 한다.

남성에게는 젠더 평등을 위해 싸울 능력이 충분하다

최근에 처음 보는 남자와 골프를 치게 되었다. 몇 개의 홀을 지나고 남자는 나에게 어떤 일을 하느냐고 물었다. 이런 상황에서 상대의 반응을 미리 예측하기는 힘들다. 남자는 대답을 듣더니 "재미있네요"라고 했다. 나란히 골프채가 든 가방을 어깨에 둘러메고 걸어가면서 나는 좀 더 설명했다. 남자는 이렇게 말했다.

"계속 수고하세요. 저도 딸이 넷이에요."

그러고는 한동안 침묵을 지키던 남자는 우뚝 멈추어 섰다. 그리고 나를 돌아보았다.

"여자들이 세상을 구할지도 몰라요."

한때는 NGO가 사업을 하는 현장에서, 혹은 여성 인권을 옹호하기 위한 집회에서, 대학 교실에서, 혹은 전문적인 학회에서 이런 말을 들을 수 있었다. 그러나 이제는 변화를 기꺼이 받아들이는 남자아이들과 성인 남성을 찾으러 멀리 갈 필요가 없다.

이런 인식의 확산과 관련된 한 가지 놀라운 측면은 많은 남성이 자신을 여성을 구원하는 백마 탄 기사로 착각할 만도 한데 그런 함정에 빠지지 않는다는 점이다. 오히려 자신에게 변화를 지지할 개인적인 책임이 있다고 생각한다. 단지 남성이기 때문에 이미 지분이 있음을 깨닫고 있는 것이다.

페미니즘, 그리고 젠더 정의와 여성 인권을 쟁취하기 위해 전 세계 여성이 벌이고 있는 거대한 운동은 인간 역사상 가장 근본적이고 급속하고 광범위한 변화를 보여준다. 불과 50년 동안 세상은 변경의 아주 작은 운동이 모든 국가, 모든 제도, 모든 종교, 모든 직장, 심지어 모든 가정에 닿는 강력한 힘으로 피어나는 장면을 목격했다. 물론 일부 지역에서는 다른 지역보다 변화가 더 빠르고 깊었지만 변화는 전 지역에서 일어나고 있다.

이 혁명은 분명히 여성에 의한 혁명이다. 무엇보다 먼저 성인 여성과 여자아이들을 위한 혁명이다. 무엇보다 먼저 성인 여성과 여자아이들이 이끄는 혁명이다. 무엇보다 먼저 성인 여성과 여자아이들이 기꺼이 받아들이고 있는 혁명이다.

그럼에도 우리는 현상 유지를 통해 이익을 누릴 수 있는 집단에서 역시 놀라운 변화가 일어나고 있음을 목격하고 있다. 날마다 점점 더 많은 남자아이들과 성인 남성이 현 상태가 미치는 부정적인 영향을 깨닫고 있다. 내가 알고 있는 여자아이들과 성인 여성뿐만 아니라 영영 만날 일 없을 수많은 여성이 그 영향을 받는다는 사실을 깨닫는다. 남성으로 산다는 것이 어떤 의미인지에 대한 자신의 고정 관념에 이의를 제기하고 있으며 삶을 재정비하고 있다. 때로는 오락가락하고, 일정하지 않기는 해도 분명히 그렇게 하고 있다.

우리는 인류 역사상 가장 폭넓은 이런 변화를 목격할 수 있을 뿐만 아니라 거기 참여할 수 있는 특권을 가진 세대이다. 후손들은 천 년 후에도 이 변화에 대해서 이야기할 것이다.

우리 남성에게는 지금이 중요하다. 여성이 만드는 역사에 동참할 수 있는 기회다. 과거의 잘못을 돌이킬 기회다. 여성을 위해, 그리고 남성을 위해 더 나은 세상을 만들 기회다. 여성에게 너무나도 유해했던 직장과 제도를 바꾸고 법과 사상을 종식할 기회다. 그것들은 남자아이들과 성인 남성에게 여러 형태의 권력과 혜택을 가져다주었지만 역설적으로 우리 남성에게도 파괴적이었다.

우리의 자녀와 손녀, 손자들이 새로운 가능성을 누리고 우리가 너무 오랫동안 견뎌왔던 단단한 굴레에서 자유로울 수 있도록 보장할 기회다.

바로 지금, 남성은 젠더 평등 혁명에 뛰어들어야 한다.

덧붙이는 말

　　　　　　　　　　남성 참여를 위한 행동 지침

　　이 책은 여성과 남성의 삶이 급속하게 변화하고 있는 구체적인 영역, 그리고 남성이 젠더 평등을 지지하고 자신의 삶에 긍정적인 변화를 가져오기 위해 결정적인 역할을 할 수 있는 영역에 대해 탐구하고 있다.

　　내가 그동안 연구해온 결과, 그리고 전국, 전 세계에 퍼져 있는 나의 동료들이 진행해온 프로젝트를 검토한 결과, 주변의 성인 남성과 남자아이들을 참여시키고자 할 때 어떤 방법은 효과적이고 어떤 방법은 전혀 효과적이지 못하다. 이것은 연구 결과가 뒷받침하고 있다.

　　젠더 평등 혁명의 일부가 되고자 하는 남성을 위한 몇 가지 핵심적인 사항을 여기 밝혀둔다. 이 내용은 남자아이들과 성인 남성을 젠더 평등 운동에 참여시키고자 하는 여성과 단체, 즉 기업, 노조, 정부 부처, 학교, 종교 단체, 비정부 단체, 경찰서, 스포츠 리그 등에서도 효과적으로 사용할 수 있을 것이다.

긍정적 메시지가 효과적이다

부족한 동료 남성을 탓하고 싶은 마음이 굴뚝같겠지만 이 방법은 타인과 관계를 다지는 데는 전혀 효과적이지 못하다. 우리의 목표는 우리가 얼마나 더 깨어 있는지 자랑하는 것이 아니다. 변화를 이끌어내는 것이다. 내가 만약 "여성에게 동등한 기회가 돌아가게 해야 하는데 회사에서는 왜 아무것도 하고 있지 않습니까?"라고 묻는다면 대부분의 남성은 방어적인 태도를 보일 것이다. 이미 많은 것을 하고 있다고 말할 것이다. 그리고 대화는 여기서 끝날 것이다. 그러나 내가 대화를 다른 방식으로 시작하면 논의가 시작되고 남성이 스스로 무슨 일을 할 수 있을지 생각해볼 여지가 생길 것이다. "이번 기회에 좀 더 의미 있는 변화를 이끌어내는 건 어떨까요?" 아니면 "지금이 바로 당신 같은 남성이 젠더 평등을 지지하고 여성에 대한 폭력을 근절하기 위한 목소리를 내야 할 중요한 시기입니다"라고 말할 수 있을 것이다. 혹은 다음과 같이 말할 수 있을 것이다. "이런 것이 중요하다는 사실은 이미 알고 계실 테니 변화를 가져오기 위한 구체적인 방안들을 도출하는 데 제가 도움을 좀 드릴 수 있을지도 모르겠습니다."

젠더를 변화시키는 접근법

남성 권력의 역설을 잊지 말자. 가부장제 사회는 남성에게 유리하다. 그러나 우리가 이 특권과 권력의 체계를 구축한 방식 때문에 우리 남성도 큰 대가를 치른다. 다시 말해서 남자아이들과 성인 남성은 변화가 자신들의 삶 역시 긍정적으로 바꿀 수 있다고 여길

때 변화를 지지할 확률이 더 높다. 따라서 우리는 남성성에 딸린 생각, 이상, 행동을 변화시키려고 노력하는 데 중점을 두어야 한다. 물론 모든 남자가 손해를 감수하고 젠더 평등을 지지한다면 좋을 것이다. 그러나 나에게 손해라고 생각될 경우 많은 남자들이 변화에 저항하거나, 이런 문제가 나와 아무 상관이 없다고 생각하며 팔짱을 끼고 지켜보리라는 사실은 분명하다.

이 점은 특히 흥미롭다. 남자아이들과 성인 남성은 '진짜 사나이'가 되지 못하는 데서 오는 많은 무의식적 두려움을 안고 살아간다. 따라서 이상적 남성상에 문제를 제기하는 접근법은 효과적이지 못하다고 여겨질 수 있다. 그러나 이 접근법을 통해 우리는 남성이 마음속 깊이 느끼는 진실에 가닿을 수 있다. 바로 파괴적이고 이상적인 남성상을 영영 만족시킬 수 없다는 느낌이다. 그러므로 이런 이상형에 이의를 제기해야 한다.

이것은 참여와 변화를 이끌어내는 데 강력한 도구가 된다.

넓은 토대 위에서 단결하고 차이를 인정하기

젠더 정의가 실현되고 여성과 남성이 더 건강한 삶을 살 수 있는 사회를 만드는 일은 변화를 지지하는 사람들이 소수로 남아 있는 한 실현될 수 없다. 물론 소수도 강력한 변화의 움직임을 시작할 수 있다. 그러나 소수는 이 일을 마무리할 수가 없다. 변화를 위해서는 직장에서, 지역 사회에서, 학교에서, 교회에서, 가정에서, 정부에서 확실한 다수가 동원되어야 한다. 우리의 노력은 최대한 실용적이어야 하고 최대한 많은 대중과의 연결점을 찾으려고 시도해야 한다. 우리의 역할은 남들보다 우월하고 남들과 다르다고 느끼는 것이 아니다. 남들과의 연결점을 찾는 것이다. 그러려면 대중이 있는 곳으로 가야 한다. 이것은 말 그대로 대중이 일하고 쇼핑하고 기도하고 살고 있는 곳으로 가야 한다는 의미이기도 하고 비유적으로는 대중과 진정으로 소통할 언어를 찾아야 한다는 의미이기도 하다.

또한 젠더 평등의 문제들이 철저히 주류가 되도록 해야 한다는 의미다. 평등을 믿는 사람이라면 누구나 평등을 지지해야 한다고 생각해야 한다. 그것이 의미상 주류가 된다는 뜻이다.

그렇게 하려면 다른 문제들에 관해 의견 차이가 있는 사람들과도 협력해야 한다. 누군가와 기후 변화의 영향에 대해서, 혹은 어느 후보를 뽑을 것인지에 대해서 의견 차이가 있다고 치자. 내가 정말 싫어하는 후보일 수도 있다. 그러나 공교육이 질 높은 육아 서비스를 제공해야 한다는 점에 동의한다거나, 여자 친구, 아내, 딸이 남자와 동등한 임금을 받아야 한다는 점에 동의한다면 나는 그 사람과 협력하기 위한 방법을 찾을 것이다.

우리가 중요한 문제에 대해 의견 차이를 보인다는 사실을 무시하자는 것은 아니다. 그런 문제들에 대해 의견 차이가 있다는 점에 동의하고 그럼에도 불구하고 협력하자는 것이다. 그러는 동시에 우리는 우리 신념에 따라 목소리를 내고 계속해서 페미니즘과 우리 시대의 매우 중요한 다양한 문제들 간에 연결점을 찾을 수 있다.

성차별에 문제를 제기하자

그러나 넓은 토대 위에서 단결하고, 긍정적인 자세를 갖고, 주류가 되는 일은 쉽지 않다. 일단 성차별적인 고정관념이나 발언, 행동을 무시해서는 안 된다. 직장 동료나 친구들이 나쁜 행동을 할 때 남성이 목소리를 높이는 것은 매우 중요하다. 가능한 변화를 이끌어내는 방식으로 성차별에 이의를 제기해야 한다.

남자아이들과 성인 남성에게 질문하는 것이 중요하다

때로는 남성의 말이나 행동이 무척 불쾌하게 느껴질 수도 있다. 그러나 우리의 목표는 우리의 메시지를 전달하고 변화를 이끌어내는 것이므로 그들의 감정과 행동의 뿌리를 이해해야 한다. 이것은 성차별적이거나 폭력적인 행동을 무시하거나 용서하자는 의미가 아니다. 그러나 어떤 이유에서 그런 행동을 하는지 알아야 한다는 뜻이다. 그러기 위해 귀를 기울이고 질문을 하는 것이 중요하다.

꾸준한 노력이 필요하다

여러 단체와 지역 사회는 특별한 날을 지정해서 그 순간에만 젠더 평등 문제에 집중한다.(세계 여성의 날, 아버지의 날이나 어머니의 날과 관련된 프로그램, 화이트 리본의 날, 1년에 한 번 보여주는 진보적인 TV 광고 등이 그 예다.) 마찬가지로 여러 기업에서 많은 수고를 들이지 않고 했다는 표시만 내면 된다고 생각한다. 예를 들어 직장 내 성적 괴롭힘을 예방하기 위해 정책 안내서를 돌리거나

20분간 온라인 '교육'을 받게 하면 끝이라고 생각한다.

물론 한 방에 끝내려는 식의 접근법은 없는 것보다는 낫다. 그러나 상식적으로 생각해봐도, 그리고 근거를 찾아봐도 이런 식의 접근법은 효과가 없을뿐더러 효과적인 행동을 취했다는 허상만 만들어낼 뿐이다. 꾸준한 노력이라고 해서 절대 멈추면 안 된다는 의미는 아니다. 그러나 메시지는 반복되어야 한다. 1년 내내 창의적이고 다양한 접근 방식이 필요하다. 직장에서는 한 번의 직원 교육으로 끝내서는 안 되고 관리직과 감독직이 꾸준히 지원해야 변화를 이끌어낼 수 있다.

여성의 목소리를 듣자, 여성과 협력하자

이 책과 이 책이 옹호하는 노력은 남성에 초점을 맞추고 있지만 우리가 어떤 노력을 하든 여성과 협력해야 하며 우리 주변의 여성을 존중하는 방식으로 해야 한다. 어떤 의미에서 남성에게 손을 내미는 일은 여성의 목소리를 듣고 여성의 주도권을 지지하는 데서 시작한다. 직장 내에서 젠더 평등을 앞당기고 싶다면? 어디서부터 시작해야 할지 알아내는 가장 좋은 방법은 여성 동료들의 도움을 받는 것이다. 또한 우리의 지역 사회에서, 그리고 전국적으로 활동하는 여성 단체들은 엄청난 지식을 쌓아두고 있다. 귀를 기울이는 데서 끝내지 않고 실제로 협력 관계를 구축하는 일은 쉽지 않을 수 있다. 그러나 8천 년 동안 지속된 사회 구조를, 권력 관계를, 문화적 관습을 바꾸는 일이 쉬울 리 없다.

개인적인 문제로 만들자

남성으로서 여성 인권의 기치를 흔들다가 집에 와서 아담한 나의 아내가 요리를 하고 청소해주기를 바란다면, 심지어 아내를 정서적으로 학대한다면 무슨 소용이 있겠는가. 나 자신과 동료 남성이 행동에 책임을 지도록 하는 것은 매우 중요하다. 개인적인 책임을 인정하라는 뜻은 당장 거적을 깔고 석고대죄를 하라는 뜻이 아니다. 책임을 진다는 것은 자기를 채찍질한다는 뜻이 아니다. 긍정적인 남성성을 정의하기 위해 애쓴다는 뜻이다.

남성의 경험은 한 가지가 아니라는 점을 기억하자

남성 지배 사회에서 남성이 누리는 특권에 문제를 제기하는 일은 미묘한 문제다. 가부장제가 여성에 대한 집단적이고 개인적인 권력 행사의 체계일 뿐만 아니라 일부 남성의 다른 남성에 대한 권력 행사의 체계이기 때문이다. 남성 운동이 포용력이 있고 다양성이 있으려면 남성이 가부장제의 권력과 맺고 있는 다양한 관계를 인정해야 한다. 최저 시급을 받는 일을 동시에 두 가지를 하면서 아침, 점심, 저녁이 지나도록 종일 일만 해도 겨우 입에 풀칠하는 사람이 있다. 이 사람이 누리는 남성 권력은 정치, 사회, 경제 권력의 중간, 혹은 상위에 편안하게 앉아 있는 남자가 누리는 권력과 매우 다르다. 가난하든 부유하든, 백인이기 때문에, 혹은 영어가 모국어이기 때문에, 혹은 이성애자이기 때문에 태어날 때부터 유리한 위치에 있었던 남자는 다른 여러 남성이 즐기지 못하는 특권과 인정, 신변의 안전을 누린다. 우리는 남성의 삶에 이런 차이가 있다는 사실과 권력이라는 복잡한 방정식을 깨달아야 하며 우리를 통합하기보다 분열시키는 모든 형태의 차별, 억압, 불평등을 종식시키는데 힘써야 한디. 그러나 반대로 생각하면 우리의 문화적인, 그리고 기타 다양성은 우리 모두의 미래를 밝게 만들 수 있는 폭넓은 가능성과 경험을 제공한다.

개인적 변화를 보다 폭넓은 사회적 변화와 합치자

우리는, 특히 북미에서는, 변화의 시작괴 끝이 개인이라고 생각하는 경향이 있다. 내가 "부성을 바꾸자"고 말한다면 많은 사람들은 이것을, 남성이 가정에서 육아의 절반을 담당하거나 그게 안 되면 아이들과 좀 더 많은 시간을 보내야 한다는 메시지로 받아들일 것이다. 이것도 좋은 현상이다. 그러나 변화는 개인적인 행동의 문제만은 아니다. 개인의 변화를 허용하고 격려할 사회적 변화를 만들어야 한다. 지역에서, 주에서, 국가에서 사회 경제 정책을 개발하고(그 정책을 뒷받침할 세금 기반을 마련하고) 개개인의 직장 내에서도 정책을 수립해야 개인적인 변화의 장을 마련하고 기회를 마련할 수 있다. 그렇게 이어진 개인적인 변화는 더 거시적인 수준에서의 더 폭넓은 정치, 경제, 사회적 변화를 요구하게 된다. 그래서 이 책에서 제공하는 해결책은 개인적 행동과 변화에 대한 제안뿐만 아니라 우리에게 어떤 사회 정책, 기업 정책이 필요한지에 대한 제안을 포함하고 있다.

남성 지도자의 역할이 특히 중요하다

몇 천 년에 걸쳐 인류의 절반이 제 마음대로 할 수 있는 사회를 만들었다면 그 사회를, 그 절반에게 꽤나 안전한 공간으로 느껴지도록 만들었을 것이라고 생각하기 쉽다. 그러나 우리의 이상적 남성상은 어떤 남자도 완전히 만족시킬 수 없으므로 남성은 종종 남성으로서 안전하다는 느낌을 갖지 못한다. 많은 남자들은 친구들이 어떻게 생각할지 몰라서 성차별이나 동성애 혐오에 반대해서 목소리를 내지 않고 자신의 정신적, 혹은 신체적 건강에 문제가 생겨도 말하지 않는다.

바로 이 때문에 남성 지도자의 역할이 특히 중요하다. 지도자의 위치에 있는 사람들이 말과 행동으로 본보기를 보여주면 다른 사람들이 안전하게 본보기에 따를 수 있다.

지도자들은 다양한 형태로 나타난다. 정부나 학교, 전문가 단체, 노동조합 등의 선출된 지도자가 있을 것이다. 기업 혹은 군대의 임명된 지도자가 있을 것이다. 사무실 내에도, 공장의 작업 현장에도 지도자가 있다. 미디어에는 오피니언 리더가 있고 이발소에도 술집에도 있다. 스포츠 경기장에도 지도자가 있다.

남성의 지도력은 여성의 지도력을 대체하는 것이 아니라 보완하는 것이 목적이다.

남성으로서 우리가 필히 목소리를 내야 하고 낼 수 있음을 시각적으로 보여주기 위함이다.

그런 이유에서 이 책은 처음부터 끝까지, 변화를 이루기 위한 남성의 지도력에 대해 이야기하고 있는 것이다.

남성을 참여시키기 위한 운동이
여성의 이익에 반하지 않을까?

그동안 일부 여성, 페미니스트 단체들은 지원이 절실한 여성 단체가 아닌 '남성에게' 귀중한 자원이 가는 것에 대해 때때로 우려를 나타냈다. 남자아이들과 성인 남성에게 손을 내밀고자 하는 노력이 지원 예산이라는 파이에서 꽤 큰 조각을 가져갈 수 있다는 걱정은 정당하다. 그러나 나는 남성을 참여시키는 것이 바로 이런 문제의 해결을 돕는다고 생각한다. 일단 남성은 여전히 정부와 기관의 예산을 손에 쥐고 있다. 남성이 이런 문제들에 대한 더 깊은 인식을 갖고 남성과의 관련성을 깨닫는다면 여성의 노력에 더 많은 예산이 지원될 것이다. 한 동료의 말을 빌리자면 파이를 어떻게 쪼갤 것인지 다툴 게 아니라 더 큰 파이를 굽자.

남성의 참여는 해결책의 일부다. 점점 더 많은 남자들이, 예를 들어 여성에 대한 남성의 폭력을 없애자고 소리 높여 말한다면(여전히 입법자, 경찰, 판사, 미디어, 종교계, 탈의실, 거리의 오피니언 리더 중에는 남자가 많다) 폭력적인 행동을 하는 남성이 도전을 받을 것이며 더 많은 좋은 법이 통과되고 적용될 것이다.

뿐만 아니라 남성이 스스로를 어떤 남성으로 규정하느냐는 무엇보다 다른 남자아이들이나 다른 성인 남성의 의견에 달려 있다. 따라서 남성이 폭력에 대해 아무 말도 하지 않고 아무 행동도 취하지 않는다면, 남성이 성폭력을 저지르려는 동료 병사, 혹은 동료 학생, 동료 임원에게 아무 말도 하지 않는다면, 아내를 깔보는 친구에게 아무 말도 하지 않는다면 폭력은 계속될 것이다. 남성이 적극적으로 참여했을 때 폭력을 사용하는 남성은 점점 그들의 행동을 다른 남성이 용납하지 않는다는 사실을 깨닫게 될 것이다. 남자아이들은 폭력이 건전한 관계나 이상적 남성상과 양립할 수 없음을 처음부터 배우게 될 것이다. 점점 더 많은 직장 상사들이 괴롭힘을 근절하기 위해 행동을 취하게 될 것이다.

다시 말해 남성을 참여시키기 위해 남성'에게' 돈을 써야 하기는 해도 그 목적은 성인 여성과 여자아이들의 필요를 만족시키는 것이다. 여성의 인권을 쟁취하고 여성과 남성, 그리고 그 어느 쪽으로도 자신을 규정하지 않는 모든 사람들에게 이득을 가져올 사회 변화를 앞당기는 것이다.

남자들은 부족한 자원에 대한 우려의 목소리를 들었을 때 성실하게 귀 기울이고 어떻게 그 문제를 해결할지 신중하게 생각해보자. 1990년대에는 심지어 화이트 리본의 공동 설립자들이 호화로운 급여를 받고 있다는 소문이 돈 적이 있었다. 그러나 우리는 무급으로 일하고 있었을 뿐만 아니라 공동 설립자 잭 레이튼은 집을 담보로, 나는 자동차를 담보로 대출을 받기도 했다. 대출금으로는 캐나다 남성을 위한 포스터와 교육 자료를 만들 작정이었다. 우리는 소문을 정정하려고 최선을 다했지만 결국 우리의 노력을 지속하는 것이 최선의 방법이라고 결론지었다.

1990년대와 2000년대에는 이런 우려가 종종 들려왔지만(남자 아이들과 성인 남성을 참여시키려는 노력이 자원과 관심을 여자아이들과 성인 여성으로부터 빼앗는다는 우려) 요즘에는 드물다. 오히려 "왜 이제야 우리 편으로 왔어요?"라는 말을 더 듣는다. 한편 남성이 벌이는 노력이 지역 사회의 여성 단체로부터 정보를 제공받고 여성 단체에 의무를 다해야 한다는 여성의 목소리는 정당하다. 이런 이유에서 내가 속해 있는 네트워크, 즉 화이트 리본, 멘엔게이지 얼라이언스, 멘케어 네트워크, 그리고 내가 수석 연구원으로 있는 연구 및 프로그램 기획 기관인 프로문도는 유엔여성, 유엔인구기금 등의 유엔 기관과 밀접한 관계에 있으며 국제적, 전국적, 그리고 지역 사회의 여러 여성 단체와 긴밀하게 일한다.

빨간 불, 파란 불:
직장 내 괴롭힘을 근절하기 위한
새로운 방법

직장 내 성적 괴롭힘이나 부적절한 행위에 대한 우려가 커지고 있는 가운데 남성은 어떻게 하면 좋을까? 상사들은 어떻게 반응해야 하는 것일까? 남성은 직장 내에서 살금살금 발끝으로만 다녀야 할까? 일부 남성은 이렇게 말한다. "불쾌하다고 할까 봐 농담도 못 해요." 혹은 "여자랑은 짧게 악수만 하지 절대로 손 안 대요." 혹은 "다른 동료가 없으면 여자랑 둘이랑은 커피도 안 마시고 출장도 안 가요." 심지어 어떤 남자는(성적 괴롭힘의 가해자로 밝혀진 남성이었다) 이렇게 말했다.

"요즘에는 엘리베이터에서도 시선을 아래로 고정해요. 내려서는 아무도 보지 않고 곧장 제 자리로 가요."

다른 사람들은 모르지만 나라면 아무도 농담을 하거나 웃지 않거나 타인을 칭찬하지 않거나 타인의 안부를 묻지 않는 직장에 다니고 싶지 않을 것이다.

직장 내 성적 괴롭힘을 타파하는 것을 개인적 목표로 삼은 남성에게 어려움이 없는 것은 아니지만 생각만큼 어렵지는 않다. 일단 과대망상을 멈추자. 말 한마디 잘못했다고 해서 여자들이 배트맨을 불러대고 정치적 올바름을 수호하는 단속반에 신고를 넣는 건 아니다.

둘째로 '이미 일고 있는 것'을 기준으로 삼으면 도움이 된다. 특정 행동이나 언행이 직장 내에서 결코 적절하지 않다는 점을 우리는 이미 알고 있다. 내 직위에서는 더더욱 적절하지 않은 행동이 무엇인지 나는 이미 알고 있다. 친구나 심지어 직장 동료 사이에서는 괜찮아도 내가 관리직이라면 괜찮지 않은 것들이 있다.

그렇다면 회색 지대에 있는 것들은? 많은 남자들이 "괜찮은지 어떻게 알아요?"라고 묻는다.

거기서 바로 교육과 공감 능력, 경청하는 능력이 필요하다. 내가 여자 혹은 남자의 어깨를 두드리는 아주 극히 무해한 행동을 했는데 상대가 몸을 움츠린다면, 아니면 다음에 만났을 때 좀 더 멀리 떨어져 선다면 이것은 나의 행동이 상대를 불편하게 만들었다는 명확한 신호다. 내가 친근한 행동이라고 생각한 몸짓이 상대를 불편하게 만들고 있다는 메시지다. 4장에서 말했듯 직장 내 괴롭힘과 부적절한 행동은 의도가 아닌 그것이 미친 영향의 문제다.

내가 유엔, 기업, 교육 기관, 공적 영역 등에서 직장 내 괴롭힘에 관련된 상담과 교육을 하면서 이용한 접근법은 바로 빨간 불, 파란 불 방식이다. 교통 신호를 떠올려보자. 빨간 불과 파란 불은 대개 운전자에게 문제가 되지 않는다. 정신이 팔려 있지 않다면 어떻게 해야 할지 정확히 알 수 있다. 정지하거나 계속 가야 하는 것이다. 문제가 되는 때는(그리고 사고가 종종 일어나는 때는) 노란 불일 때다. 노란 불은 경고등이다. '조심해서 전진'하거나 '멈출 준비가 되어 있어야' 한다.

직장 내에서의 특정 행동은 어떤 경우에서든 부적절하다. 특정한 인종차별적, 동성애 혐오적, 성차별적 언행이 그렇다. 성별이나 인종, 젠더 정체성, 종교 등에 기초해서 특정 집단을 명확히 비하하는 발언이 그렇다. 부하 직원에게 성행위를 갖도록 부담을 주는 행위가 그렇다. 포르노물을 게시하는 행위가 그렇다. 이런 행위는 빨간 불이다. 비록 직장 내 다른 사람들이 이런 말이나 행동을 한다고 해도 나까지 이런 말이나 행동을 하고 있다면 즉각 멈춰야 한다. 그리고 다른 사람에게도 멈추라고 말할 수 있는 효과적인 방법을 찾아야 한다.

그리고 언제든지 적절한 행동도 있다. 동료 직원들에게 친절하게 굴어도 좋다. 가족사진이나 아이들과 찍은 사진을 게시해도 좋다. 양쪽 다 원한다면 동료 직원과 커피를 마시거나 점심 식사를 해도 좋다. 목록은 끝도 없이 이어진다. 이런 행동을 파란 불이라고 생각해보자.

그러나 4장에서 보았듯이 명확하게 빨간 불이거나 파란 불이 아닌 행동이 아주 많다. 타인의 몸에 가볍게 손을 대는 행위? 외모나 옷차림을 칭찬하는 행위? 농담? 집적대는 것? 그런 행동은 적절할까? 이런 행동이 괴롭힘이 될 수 있을까? 답은 때에 따라 다르다는 것이다. 그러므로 이런 행동은 경고를 의미하는 노란 불에 해당한다고 말할 수 있다. 적절하다는 확신이 들면 해도 좋지만 경고등이 깜빡이고 있다는 사실을 깨달아야 한다. 그리고 노란 불이 들어온 와중에 교차로에 차가 진입했을 때와 마찬가지로 높은 경계심을 가져야 한다. 즉각 다른 사람들을 주시해야 한다. 뒤에 있는 차가 어떻게 반응하고 있는지, 앞에서 오는 차가 어떻게 하고 있는지 보아야 한다.

노란 불에 해당하는 직장 내 행동도 마찬가지다. 행동이나 발언의 대상이 되는 사람이 어떤 영향을 받고 있는지 감지하고, 주변 사람들의 반응도 감지해야 한다. 나의 행동에 대해 전해들은 사람들이 어떻게 해석할 것인지도 생각하자. 그리고 노란 불이 빨간 불로 바뀌었음이 분명해지면 브레이크를 밟고, 적절한 경우에는 사과하도록 한다.

이러한 빨간 불, 파란 불 접근법은 사람들의 상식을 존중한다. 직장 내 정서적 감수성을 키우기 위한 간단한 도구이기도 하다. 무엇을 해라, 혹은 하지 마라 지시하는 극도로 단순한 목록에서 벗어나게 해주기도 한다. 지나치게 경직되고 집행 불가능한 정책과 대조되는 좋은 방법이다. 또한 이 방법을 쓰면 상사들은 주방위군을 부르지 않고도 수위가 낮은 부적절한 행동에 개입할 수 있다.

그동안 내가 함께 작업하고 배우고, 존경해 온 페미니스트와 페미니즘을 지지하는 남자들은 수도 없이 많다. 그중에는 뉴스에 나오는 명사들도 있지만 대부분은 세상을 바꾸어가고 있는 학자이자 지역 사회 운동가들이며, 교사, 각종 사회 서비스 공급자, 단체 설립자, 기존의 틀을 깨는 사람들이다.

먼저 프로문도의 동료들에게 감사하다. 특히 내가 이 책을 집필하는 동안 피드백을 주고 참고 자료를 제공하고 질문에 답을 해준 조반나 라우로, 루티 레브토프, 알렉사 해싱크, 브라이언 헬먼, 니키 반 더 하그, 게리 바커에게 고마움을 표한다.

그리고 지금 남성과 남성성을 연구하고 있는 여러 학자들과, 젠더 정의와 더 나은 남성의 삶을 앞당기고자 남성 참여를 위해 운동하는 활동가들에게도 고마움을 표하고 싶다. 특히 전 세계에서 화이트 리본 운동을 벌이고 있는 동료들, 멘케어와 멘엔게이지 네트워크 활동가들, 남아프리카 손케젠더저스티스의 댄 피콕, 그리고 보이스메일의 롭 오쿤. 그리고 다양한 방법으로 도움을 준 마니샤 아가월 시펠리테, 레베카 래드버리, 고드 클리블랜드, 수 콜리,

골리 레자이-라쉬터, 매리-린 해먼드, 필립 헤버트, 매기 백스터 그리고 마이클 키멜에게 고마움을 전한다. 또한 고인이 된 동료 저자이자 학자 해리 브로드를 언급하지 않을 수 없다. 홀로코스트 이후 베를린에서 태어난 유대인 남성이었던 브로드는 나에게 누구보다 다정하고 누구보다 생각이 깊은 스승이었다.

내가 인터뷰하거나 조언을 구한 여러 사람들과 여행 중인 나에게 자기만의 통찰과 사연을 들려줌으로써 나의 사고를 풍부하게 만들어준 사람들에게도 고마운 마음을 전한다. 내가 이 책을 위해 인터뷰하거나 조언을 구한 사람들 중 소수는 책 속에 이름이 언급되어 있다. 나에게 자기 경험을 털어놓은 사람들의 경우 성을 제외한 이름만 언급했다. 그러나 언급하지 않았거나 직접 인용하지 않았더라도 나의 사고방식에 결정적인 영향을 미친 사람들은 많다. 그들 모두에게 감사한다.

많은 가르침을 주고 이 책의 윤곽을 잡게 해주었으며 끝까지 애를 써주었고, 무엇보다 사회 정의를 위해 노력해준 출판 에이전트 줄리아 로드에게도 매우 감사한다.

카운터포인트 출판사의 편집자 댄 스메탄카의 지혜, 날카로운 눈, 에너지, 유머에 감사하고 카운터포인트 프레스, 브릴리언스 오디오, 하우스 오브 아난시 프레스의 제작, 마케팅, 홍보 팀에도 고마움을 전한다.

내가 집필하는 모든 것, 내가 걸어온 모든 길의 기반에는 이제 세상을 떠나고 없는 나의 어머니 리타와 아버지 네이션이 있다. 거의 101세까지 살았던 나의 아버지가 출간 전 읽고 조언을 해주지 않은 책은 이 책이 처음이다. 나의 누이들 나오미, 미리엄, 해나, 주디스의 사랑과 지지에도 감사한다. 한 사람 한 사람이 내가 가장 사랑하는 누이다. 누이들의 배우자 스티브 프라이스, 로버타 벤슨, 매리 머피, 닐 아이언사이드, 또한 리사 알렉산더에게도 고마움을 표한다. 만만치 않은 우리 집안 사람들 앞에서 유쾌한 태도를 잃지 않은 데 감사한다. 그리고 사람이 알아야 할 모든 것을 상기시켜주는 네이선과 그웬에게도 무한한 사랑을 보낸다.

아들 리엄 코프먼과 의붓딸 클로이 형에게도 고마움을 전한다. 다양한 성취를 이루어내며 나에게 끝없는 기쁨과 희열을 안기는 점도 고맙지만 무엇보다 선한 본성을 갖고 있으며, 불가사의한 질문에 대한 대답을 구하는 데 도움을 주고 있는 점, 나와 세상에 대해 계속 가르침을 주고 있는 점이 고맙다.

또한 나를 늘 격려해주고 성차별과 인종차별 앞에서 오로지 강인함만을 보여주며 지적인 유머 감각을 가지고 있고 끝없이 이의를 제기함으로써 도전 과제를 제시하는 베티 치에게 언제나 그렇듯 고마움을 표한다.

고요한 혁명

내 주장이 아무리 옳다고 해도 상대를 윽박지르는 방식으로는 상대의 생각을 바꾸거나 설득하는 데 어떤 효과도 볼 수 없다는 사실을 모르는 사람은 없을 것이다. 입장을 바꿔보면 이해가 쉽다. 상대의 주장이 아무리 이성적이고 논리적이고 타당해도 내가 생각해온 방식, 살아온 방식이 틀렸음을 인정하려면 상대가 일단 상처가 난 나의 자존심에 어떤 처치부터 해주면 좋겠다는 생각이 들곤 한다. 조곤조곤 말하기, 그러니까 난폭하게 을러대기보다 은근하고 끈덕지게 말하는 방식은 상대의 마음을 돌려놓을 확률이 훨씬 더 높다.

그렇다면 페미니스트들은 왜 지금까지 이런 방식을 좀처럼 포용하지 않았을까? 일단 나부터 성차별적인, 젠더 이분법적인 발언이 나오면 흥분해서 날 선 말들을 쏟아내고 훈훈한 분위기에 찬물을 쏟아붓기 십상이다. 나는 왜 조곤조곤하게 설명할 수 없을까?

답은 이러하다. 첫째, 저자 마이클 코프먼도 이야기하고 있지만 여성의 상호작용에는 그동안의 삶에서 겪은 다양한 차별적인 경험이 "배어들어" 있다. 따라서 흥분하지 않기가 몹시 힘들다. 뿐만 아니라 여성으로 하여금 상냥한 어투로 젠더 평등의 필요성을 조곤조곤 설파하라는 요구는 그동안 여성이 강요받아왔던 틀에 박힌 여성성을 더욱 강화하라는 요구와 다름없다. 전통적인 여성성의 관념을 타파하고자 벌이는 운동을 전통적인 여성성을 강화하는 방식으로 진개하라? 모순적이다.

다시 말해 여성에게 조곤조곤 페미니즘의 의제를 설득시키라는 요구는 여성 삶의 역사를 무시하고 여성운동의 방향을 부정한다.

그러나 앞서 말했듯 상냥하고 조곤조곤한 설명은, 단도직입적이고 격정적인 윽박질에 비해 상대를 설득시킬 가능성이 월등히 높다. 여기에 많은 페미니스트들의 딜레마가 있다. 나의 딜레마가 있다.

그런데 여기 페미니즘이 필요한 이유, 여성 문제가 여성만의 문제가 아닌 이유, 젠더 평등을 쟁취해야 하는 이유를 친절하고 조리 있게 말해주는 책이 나왔다. 저자는 남성이기 때문에 앞서 말한 모순에 부딪히지 않을 수 있다. 페미니즘의 한 가지 딜레마를 해결하는 방법은 다름 아닌 남성이 쥐고 있었던 것이다. 코프먼은 이 분야의 실로 오랜 경력의 활동가로서 상냥한 목소리로 내가 하고 싶었던 많은 이야기를 대신해주고 있을 뿐만 아니라, 내가 상상도 못했던 남자들의 세계에 대한 얘기들까지 상세히 짚어주고 있다.

코프먼이 말하고 있듯 우리 주변 대부분의 남성은 여성을 때리지 않는다. 내 주변 남자들도 마찬가지다. 집안일도 육아도 잘 '도와'준다. 언뜻 보면 젠더 평등은 이미 이루어진 것으로 보인다. 심지어 일부 젊은 남성은 역차별을 호소하고 있다. 그래서 나는 여성으로서 페미니스트로서 아직 우리에게 갈 길이 얼마나 먼지 흥분하지 않고 말하기가 더욱 힘이 든다. 다행히 코프먼이 그 역할을 대신해주고 있다.

수천 년간 지속되어온 가부장제가 어떻게 여성뿐만 아니라 남성에게도 악영향을 미치고 있으며 젠더 이분법적인 사고가 얼마나 우리 삶에 뿌리 깊게 박혀 있는지 독자의 손을 붙잡고 하나하나 짚어주는 코프먼의 이 책을 나는 내가 아끼는, 선한 의도를 갖고 있는 듯하지만 여전히 무지한 내 주변 남자들 앞에 무심하게 툭툭 던져놓고 싶다. 그리고 그들이 다른 남성의 무지를 접했을 때 다소곳하게, 그리고 조곤조곤 가부장제의 타파를 설득하게 되길 바란다. 이어서 그들의 노력이 여성의 편에 서서 싹싹한 말투로 다른 남성을 설득할 수많은 남성의 물결로 이어지기를 바란다. 설득은 다름 아닌 남성이 완수해야 하는 몫이며 역할이다. 나로서는 남성의 활약에 작게나마 기여할 기회가 주어져 몹시 기쁘며 그 기회를 주신 바다출판사와 나희영 편집자께 크나큰 감사를 전한다.

젠더 평등을 쟁취하기 위한 운동은 코프먼의 말 그대로 혁명에 준하는 변화를 요구하고 있다. 혁명에는 많은 고통이 수반되고 도태가 따른다. 그러나 혁명의 수레바퀴가 이미 돌이킬 수 없는 움직임을 시작했다는 사실을 부인할 수는 없다. 그러나 나와 달리 코프먼은 남성에게 혁명의 수레에 올라타든지 그러지 않을 거면 그 밑에 깔려 죽으라고 을러메지 않는다. 혁명에 동참할 수 있는 방법을 상세하고 구체적으로 알려준다. 혁명에 동참할 적절한 시기를 알려준다. 코프먼은 말한다. 때는 바로 지금이라고.

2019년 10월

이다희

주

1 바로 지금이다

1 Michael Kaufman, *Beyond Patriarchy: Essays by Men on Pleasure, Power, and Change* (Toronto: Oxford University Press, 1987).

2 잭과 론의 파트너는 올리비아 차우와 잰 펠티어였다.

3 G7 젠더평등자문회의 위원 21명은 캐나다, 덴마크, 프랑스, 독일, 일본, 이탈리아, 라이베리아, 파키스탄, 남아프리카공화국, 우간다, 영국, 미국 출신으로 딜런 블랙, 에마 보니노, 위니 비아니마, 다이앤 엘슨, 로즈마리 갠리, 멜린다 게이츠, 레이마 그보위, 데일 해든, 요코 하야시, 이자벨 위동, 카티아 아이버슨, 로버타 제이미슨, 마이클 코프먼, 파라 칸, 이자벨 코셰, 크리스틴 라가르드, 품질레 음람보응구카, 마야 로이, 이자벨 웰프, 크리스틴 화이트크로스, 말랄라 유사프자이였다.

2 여성의 목소리에 귀 기울이기

1 성 없이 이름만 언급하는 경우, 가명이거나 해당 인물이 실제 이름 공개를 허락한 경우다.

2 Peggy McIntosh, "White Privilege: Unpacking the Invisible Knapsack," in *Understanding Prejudice and Discrimination*, ed. S. Plous (New York: McGraw-Hill, 2003), 191–196.

3 남성 지배적인 세계에서 살아가는 남자들

1 우리가 남자아이들을 어떻게 키워왔는지, 그리고 어떻게 하면 더 잘할 수 있는지에 관한 책은 많다. 참고할 만한 도서는 다음과 같다. Michael C. Reichert, *How to Raise a Boy: The Power of Connection to Build Good Men* (New York: TarcherPerigee, 2019); Judy Chu, *When Boys Become Boys: Development, Relationships, and Masculinity* (New York: NYU Press, 2014); William Pollack, *Real Boys: Rescuing Our Sons from the Myths of Boyhood* (New York: Random House, 1998); Niobe Way, *Deep Secrets:*

Boys' Friendships and the Crisis of Connection (Cambridge: Harvard University Press, 2011); Gary T. Barker, *Dying to Be Men: Youth, Masculinity and Social Exclusion* (New York: Taylor & Francis, 2005); Dan Kindlon and Michael Thompson, *Raising Cain: Protecting the Emotional Life of Boys* (New York: Ballantine, 2000); Daniel J. Siegel, *Parenting from the Inside Out: How a Deeper Self-Understanding Can Help You Raise Children* (New York: TarcherPerigee, 2013); Peg Tyre, *The Trouble with Boys* (New York: Harmony, 2009); Geoffrey Canada, *Reaching Up for Manhood: Transforming the Lives of Boys in America* (Boston: Beacon Press, 1998); and Olga Silverstein and Beth Rashbaum, *The Courage to Raise Good Men: You Don't Have to Sever the Bond with Your Son to Help Him Become a Man* (New York: Penguin Books, 1995).

2   이와 같은 실험에 대한 학문적인 평가는 Marilyn Stern and Katherine Hildebrandt Karraker, "Sex Stereotyping of Infants: A Review of Gender Labeling Studies," Sex Roles, 20, nos. 9/10 (January 1989): 501–22 참조.

3   예를 들면 다음과 같은 연구도 있다. Lise Eliot, *Pink Brain, Blue Brain: How Small Differences Grow into Troublesome Gaps—and What We Can Do about It* (Boston: Houghton Mifflin Harcourt, 2009).

4   R. W. Connell, *Masculinities* (Berkeley: University of California Press, 1995).

5   Varda Burstyn, *The Rites of Men: Manhood, Politics, and the Culture of Sport* (Toronto: University of Toronto Press, 1999); Michael A. Messner, *Power at Play: Sport and the Problem of Masculinity* (Boston: Beacon Press, 1991); Michael S. Kimmel, *The History of Men: Essays on the History of American and British Masculinities* (New York: State University of New York Press, 2005); Bruce Kidd, "Sports and Masculinity," in *Beyond Patriarchy: Essays by Men on Pleasure, Power and Change*, ed. Michael Kaufman (Toronto: Oxford University Press, 1987), 250–65. 여기에 대한, 그리고 스포츠 문화를 바꾸기 위한 선구적인 노력에 대한 짧고 대중적인 글을 다음과 같이 추천한다. Men Engage UNFPA Advocacy Brief, "Sports and the Making of Men: Transforming Gender Norms on the Playing Field" (Washington, D.C.: Promundo, United Nations Population Fund, Sonke Gender Justice, MenEngage, 2013), www.promundoglobal.org/resources/sports-and-the-making-of-men-transforming-gender-norms-on-the-playing-field.

6   Mary O'Brien, *The Politics of Reproduction* (London: Routledge and Kegan Paul, 1981).

7   Norman Doidge, *The Brain That Changes Itself* (New York: Viking Penguin, 2007).

8   나의 책 *Cracking the Armour: Power, Pain, and the Lives of Men* (Toronto: Viking Books, 1991)은 남성 권력의 역설에 대해 더 깊이 탐구하고 있다.

9   Ellen Galinsky, Kerstin Aumann, and James T. Bond, *Times Are Changing: Gender*

and Generation at Work and at Home in the USA (New York: Family and Work Institute, 2009), 10, familiesandwork.org/downloads/TimesAreChanging.pdf.

10 Brian Heilman, Gary Barker, and Alexander Harrison, *The ManBox: A Study on Being a Young Man in the US, UK, and Mexico* (Washington D.C. and London: Promundo-US and Unilever, 2017), 28.

4 근로 시간의 재정의 : 젠더가 평등한 경제 구조를 위한 노력

1 Bureau of Labor Statistics, *Current Population Survey 2016*, US Department of Labor, https://www.bls.gov/cps/cpsaat08.pdf.

2 European Institute for Gender Equality, *Europe Gender Equality Index 2015. Measuring Gender Equality in the European Union 2005–2015* (Vilnius, Lithuania: EIGE, 2015), 29.

3 US Census Bureau, *Current Population Survey 2017 Annual Social and Economic Supplement*, www.census.gov/library/publications/2017/demo/p60-259.html.

4 McKinsey Global Institute, *The Power of Parity: How Advancing Women's Equality Can Add $12 Trillion to Global Growth* (September 2015).

5 Bureau of Labor Statistics, *Current Population Survey 2016*, US Department of Labor, www.bls.gov/opub/reports/womens-earnings/2015/pdf/home.pdf.
Canada: www.statcan.gc.ca/pub/89-503-x/2015001/article/146 94-eng.htm.
Europe: Eurostat, "Women in the EU Earned on Average 16% Less than Men in 2016" (March 2018), ec.europa.eu/eurostat/documents/2995521/8718272/3-07032018-BP-EN.pdf/fb402341-e7fd-42b8-a7cc-4e33587d79aa.
Japan:asia.nikkei.com/Politics-Economy/Economy/Japan-s-gender-wage-gap-persists-despite-progress.

6 Deloitte, "Technology, Career Pathways and the Gender Pay Gap," www2.deloitte.com/uk/en/pages/growth/articles/technology-career-pathways-gender-pay-gap.htm.

7 US Dept of Labor Statistics, *Current Population Survey, 2014 Annual Averages*, www.dol.gov/wb/stats/latest_annual_data.htm..

8 Elise Gould and Teresa Kroeger, "Straight out of College, Women Make About $3 Less Per Hour Than Men," Economic Policy Institute (June 1, 2017), www.epi.org/publication/straight-out-of-college-women-make-about-3-less-per-hour-than-men.

9 McKinsey & Company and Lean In, *Women in the Workplace 2016*. 10.

10 Corinne A. Moss-Racusin et al, "Science faculty's subtle gender biases favor male students," *Proceedings of the National Academy of Sciences of the Unites States of America*, vol. 109, no. 41 (2012), www.pnas.org/content/109/41/16474.full.

11 Claire Cain Miller, "It's Not Just Mike Pence. Americans Are Wary of Being Alone with the Opposite Sex," *New York Times*, July 1, 2017, www.nytimes. com/2017/07/01/upshot/members-of-the-opposite-sex-at-work-gender-study. html.

12 McKinsey & Company, Lean In, *Women in the Workplace 2016*, 23.

13 이런 현상과 기타 직장 내 문제에 대해 더 자세히 알아보고 싶다면 Anne-Marie Slaughter, *Unfinished Business: Women, Men, Work, Family* (Toronto: Random House Canada, 2015) 참조.

14 한편 남성이 다수인 광산업계는 예외적으로 매우 선구적인 사례를 보여주고 있다. 화이트 리본 직장 인증 프로그램에 참여 중인 호주의 리오 틴토Rio Tinto 사는 가정 폭력을 겪고 있는 직원에게 일주일간의 유급휴가를 주기 시작했다. 현재 나는 이 정책을 미국과 캐나다로 확장하는 계획에 동참하고 있다.

15 Claire Suddath, "New Numbers Show the Gender Pay Gap Is Real," March 29, 2018. www.bloomberg.com/news/features/2018-03-29/the-gender-pay-gap-is-real-say-new-numbers-from-the-u-k.

16 Jon Henley, "'Equality won't happen by itself': How Iceland got tough on gender pay gap," *The Guardian*, February 20, 2018, www.theguardian.com/world/2018/feb/20/iceland-equal-pay-law-gender-gap-women-jobs-equality.

17 Chai R. Feldblum and Victoria A. Lipnic, *Select Task Force on the Study of Harassment in the Workplace*, Washington, D.C.: US Equal Employment Opportunity Commission, June 2016, 8-10.

18 Feldblum, *Select*, v.

19 이것은 잭슨 캐츠Jackson Katz가 고안한 과제 활동을 바탕으로 하고 있다. 잭슨 캐츠는 강간 방지 교육을 하는 페미니스트 단체로부터 아이디어를 얻었다고 한다. 이 단체는 다양한 여성 집단을 대상으로 어떤 방식으로 자신을 보호했는지 조사하기도 했다.

5 아빠의 변화 : 젠더 평등이 가져온 부성이라는 혜택

1 부성에 대한 나의 생각은 수십 년 전 내가 아버지로서 그리고 연구자로서 활발하게 활동하기 시작한 때부터 형성되었지만 동료이자 공동 저자인 개리 바커와 함께 일하면서 현저히 발전하고 매우 깊어졌다. 바커는 내가 수석 연구원으

로 있는 워싱턴 D.C.의 프로문도에서 국제 사무처장을 맡고 있다. 5장은 바커뿐
만 아니라 니키 반 더 하그, 루티 레브토브, 맥 그린에게 많은 빚을 지고 있다. 이
들은 2014년부터 2015년까지 나와 함께 〈세계 아버지 현황The State of the World's
Fathers〉을 공동 집필했다. 나아가 이 프로젝트에 참여한 프로문도, 멘케어, 세이
브더칠드런, 럿거스, 손케젠더저스티스, 멘엔게이지얼라이언스의 모든 동료들에
게도 감사를 보낸다. R. Levtov, N. van der Gaag, M. Greene, M. Kaufman, and G.
Barker, *State of the World's Fathers: A MenCare Advocacy Publication* (Washington, D.C.:
Promundo, Rutgers, Save the Children, Sonke Gender Justice, and the MenEngage
Alliance, 2015), sowf.men-care.org/wp-content/uploads/sites/4/2015/06/State-of-
the-Worlds-Fathers-June2018-web.pdf.

2   Anne Weisberg and Ellen Galinsky, *Family Matters: The Business Case for Investing
in the Transition to Parenthood* (New York: Families and Work Institute, 2014),
familiesandwork.org/downloads/Family-Matters.pdf.

3   Ellen Galinsky, Kerstin Aumann, and James T. Bond, *Times Are Changing: Gender
and Generation at Work and at Home* (New York: Work and Families Institute, 2008,
Revised 2011), 9.

4   B. Heilman, G. Cole, K. Matos, A. Hassink, R. Mincy, and G. Barker, *State of
America's Fathers: A MenCare Advocacy Publication* (Washington, D.C.: Promundo-US,
2016), 37.

5   Shane Shifflett, Alissa Scheller, and Emily Peck, "The States with the Most
Stay-at-Home Fathers," *Huffington Post*, accessed February 9, 2016, www.
huffingtonpost.com/2015/05/13/stay-at-home-fathers_n_7261020.html.

6   Kimberley Fisher, Kimberley, Muriel Egerton, Jonathan I. Gershuny, and John
P. Robinson, *Gender Convergence in the American Heritage Time Use Study (AHTUS)*,
Social Indicators Research. DOI 10.1007/s11205-006-9017-y (2006).

7   Pew Research Center, "Moms and Dads, 1965-2011: Roles Converge, but Gaps
Remain" (June 2015), www.pewresearch.org/fact-tank/2015/06/18/5-facts-about-
todays-fathers/ft_moms-dads-family-roles-2. 일러둘 점은 5장에서 사용하는 통계
자료의 경우 여러 다른 연구에서 가져왔다는 것이다. 연구 방법의 차이로 인해
(특히 구체적인 질문의 차이) 데이터에 차이가 생길 수 있다. 예를 들어 어머니가
집안일에 들이는 시간에 관한 통계나 여성 전체가 집안일에 들이는 시간에 관한
기존 통계가 그렇다. 그럼에도 이런 통계 자료를 사용하는 이유는 (1) 일반적인
경향을 보여주기 위해서, 그리고 (2) 특정 연구 내에서 아버지와 어머니의 기여
도의 차이를 보여주기 위해서다.

8   Fisher, *Gender Convergence*.

9 Suzanne M. Bianchi, John P. Robinson, and Melissa A. Milkie, *Changing Rhythms of American Family Life* (New York: Russell Sage Foundation Publications, Rose Series in Sociology, 2006).

10 K. Fisher, A. McCulloch, and J. Gershuny, *British fathers and children* (University of Essex: Institute for Social and Economic Research, working paper, 1999).

11 Adrienne Burgess "The Costs and Benefits of Active Fatherhood" (Fathers Direct/Fatherhood Institute, 2007), 7.

12 John Hoffman, "Father Factors: What Social Science Research Tells Us About Fathers and How to Work with Them" (Peterborough: Father Involvement Research Initiative, 2011).

13 Organization for Economic Cooperation and Development, 2017, stats.oecd.org/index.aspx?queryid=54757.

14 미국과 캐나다의 경우 2010년, 영국은 2006년 수치다. Organisation for Economic Cooperation and Development totals for 2009-10. OECD, "Balancing paid work, unpaid work and leisure" (2014), www.oecd.org/gender/data/balancingpaidworkunpaidworkandleisure.htm.

15 Lee T. Gettler, "Direct Male Care and Hominin Evolution: Why Male-Child Interaction Is More Than a Nice Social Idea," *American Anthropologist*, vol. 112, Issue 1, 7; Sarah Blaffer Hrdy, *Mothers and Others: The Revolution Origins of Mutual Understanding* (Cambridge: Harvard University Press, 2009), chapter 1.

16 Hrdy, *Mothers and Others*, 169. Paul Raeburn, *Do Fathers Matter? What Science Is Telling Us About the Parent We've Over looked* (New York: Scientific America/Farrar, Straus and Giroux, 2014)도 참조.

17 반면 출산 직전까지는 여성의 테스토스테론과 에스트라디올 농도가 늘어난다. 이것은 우리의 내분비계가 얼마나 복잡한지 알려주며 육아를 할 때 평균적인 남성과 여성의 호르몬 배합이 어느 정도까지는 일치할 가능성을 제시하고 있다. Robin S. Edelstein, Britney M. Wardecker, William J. Chopik, Amy C. Moors, Emily L. Shipman, and Natalie J. Lin, "Prenatal Hormones in First-Time Expectant Parents: Longitudinal Changes and Within-Couple Correlations," *American Journal of Human Biology*, online edition, 2014 및 Raeburn, *Do Fathers Matter?* 참조.

18 Gettler, "Direct Male Care…", 12.

19 Barry Hewlett, "Culture, History, and Sex: Anthropological Contributions to Conceptualizing Father Involvement," in *Fatherhood: Research, Interventions and Policies*, eds. H. Elizabeth Peters and Randal D. Day (Philadelphia: The Haworth

Press, 2000), 63.

20 Erling Barth, Sari Pekkala Kerr, and Claudia Olivetti, "The Dynamics of Gender Earnings Differentials: Evidence from Establishment Data," National Bureau of Economic Research, Working Paper 23381, www.nber.org/papers/W23381, 2017; Claudia Goldin, Sari Pekkala Kerr, Claudia Olivetti, and Erling Barth, "The Expanding Gender Earnings Gap: Evidence from the LEHD-2000 Census," *American Economic Review*, 107(5): 110-14, doi.org/10.1257/aer.p20171065.

21 Scott Coltrane, "Father-child relationships and the status of women," 1988, in Hewlett 2000, 64.

22 Burgess, "The Costs and Benefits…", 16에 수많은 관련 연구가 소개되어 있다.

23 Judith Yargawa and Jo Leonardi-Bee, "Male involvement and maternal health outcomes: systematic review and meta-analysis," *Journal of Epidemiological Community Health* (2015): 1-9, doi:10.1136/jech-2014-204784.

24 Alfredo Pisacane, Grazia Isabella Continisio, Maria Aldinucci, Stefania D'Amora, and Paola Continisio, "A Controlled Trial of the Father's Role in Breastfeeding Promotion," *Pediatrics* (2005): 116; e494.

25 그중에는 다음과 같은 연구도 있다. R. D. Parke, "Fathers and families," in *Handbook of Parenting*, 2nd ed., Volume 3, ed. M. H. Bornstein, (Mahwah, NJ: Erlbaum Associates, 2002), 27-73.

26 Michael E. Lamb, "The Changing Faces of Fatherhood and Father-Child Relationships," in *Handbook of Family Theories*, eds. M. Fine and F. D. Fincham, (London: Routledge, 2013), 95-96; Michael E. Lamb, ed, *The Role of the Father in Child Development* (various editions)도 참조.

27 Lamb, "The Changing Faces of Fatherhood…", 96.

28 Jo Jones and William D. Mosher, "Fathers' Involvement with Their Children: United States, 2006-2010," National Health Statistics Report No. 71, (December 20, 2013).

29 L. W. Hoffman and L. M. Youngblade, *Mothers at Work: Effects on Children's Well-being* (New York: Cambridge University Press, 1999).

30 Anna Sarkadi, Robert Kristiannsson, Frank Oberklaid, and Sven Bremberg, "Fathers' involvement and children's developmental outcomes: a systematic review of longitudinal studies," *Acta Pædiatrica* (September 2007).

31 Sarkadi, "Fathers' Involvement…"

32 Adrienne Burgess, "The Costs and Benefits of Active Fatherhood," Fathers Direct/Fatherhood Institute, 2007, 29. 온라인에서도 열람할 수 있는 이 보고서

는(www.fatherhoodinstitute.org/uploads/publications /247.pdf) 2007년까지 이 분야에서 진행된 연구들을 망라하는 가장 긴 참고 문헌 목록을 포함한다. 또 조지프 플렉Joseph Pleck의 여러 해에 걸친 중대한 연구들도 참조할 만하다. J. H. Pleck and B. P. Masciadrelli, "Paternal Involvement by US Residential Fathers: Levels, Sources and Consequences," in *The Role of the Father in Child Development* (4th ed.), ed. Michael E. Lamb (Hoboken, NJ: John Wiley & Sons, 2004).

33 C. E. Franz, D. C. McClelland, J. Weinberger, and C. Peterson, "Parenting Antecedents of Adult Adjustment: A Longitudinal Study," in *Parenting and Psychopathology*, ed. C. Perris, W. A. Arrindell, and M. Eisemann (New York: Wiley, 1994), and E. Flouri and A. Buchanan, "Life satisfaction in teenage boys: The moderating role of father involvement and bullying," *Aggressive Behavior* 28, (2002): 126–33.

34 Timothy S. Grail, "Custodial Mothers and Fathers and Their Child Support: 2009," US Census Bureau, US Department of Commerce (December 2011), 6, www.census.gov/prod/2011pubs/p60–240.pdf.

35 R. Levtov et al, *State of the World's Fathers (2015)*, 17. Alyssa Croft, Toni Schmader, Katharina Block, and Andrew Baron, "The Second Shift Reflected in the Second Generation: Do Parents' Gender Roles at Home Predict Children's Aspirations?" (Vancouver: University of British Colombia, 2014), medicalxpress.com/news/2014–05–dads–chores-bolster-daughters-aspirations.html#nRlv도 참조.

36 Levtov et al, *State of the World's Fathers* (2015), 42.

37 내가 카엘릿샤를 방문하게 도와준 베셀 반 덴 베르그와 손케젠더저스티스의 동료들에게 감사를 표한다.

38 White Ribbon Campaign, "Give Love, Get Love. The Involved Father and Gender Equality Project" (Toronto: 2014), 33, 41, 55.

39 Kerry J. Daly, Lynda Ashbourne, and Jaime L. Brown, "A Reorientation of Worldview: Children's Influence on Fathers," *Journal of Family Issues*, 34 (10) 1401–1424 (2012): 1412–14.

40 D. J. Eggebeen and C. Knoester, "Does fatherhood matter for men?" *Journal of Marriage and Family*, vol. 63, no. 2 (May, 2001): 381–93.

41 L. Plantin, A. A. Olukoya, and P. Ny, "Positive Health Outcomes of Fathers' Involvement in Pregnancy and Childbirth Paternal Support: A Scope Study Literature Review," *Fathering* vol. 9, issue 1, (2001), 87–102.

42 R. A. Williams, "Masculinities and Fathering," *Community, Work & Family*, 12(1) (2008): 57–73.

43 Burgess, "The Costs and Benefits···", 22.

44 D. Lupton and L. Barclay, *Constructing Fatherhood: Discourses and Experiences* (London: Sage Publications, 1997), 15.

45 Eileen Patten and Kim Parker, "A Gender Reversal on Career Aspirations," Pew Research Center (April 19, 2001), www.pewsocialtrends.org/2012/04/19/a-gender-reversal-on-career-aspirations.

46 Mary Gordon, *Roots of Empathy: Changing the World Child by Child* (Toronto: Thomas Allen, 2005 and 2012), www.rootsofempathy.org.

47 Heilman et al, *State of America's Fathers*, 85.

48 Julie Beck, "When Sex Ed Discusses Gender Inequality, Sex Gets Safer," *The Atlantic*, April 27, 2015, www.theatlantic.com/health/archive/2015/04/when-sex-ed-teaches-gender-inequality-sex-gets-safer/391460.

49 "State Policies on Sex Education in Schools," National Conference of State Legislatures, accessed May 8, 2016, www.ncsl.org/research/health/state-policies-on-sexeducation-in-schools.aspx.

50 Cynthia Dailard, "Sex Education: Politicians, Parents, Teachers and Teens," The Guttmacher Report on Public Policy 4, no. 1 (2001): 9-12.

51 Heilman et al, *State of America's Fathers*, 74.

52 Peter Moss, ed., "10th International Review of Leave Policies and Related Research 2014" (London: International Network on Leave Policies and Research, 2014).

53 Ankita Patnaik, "Making Leave Easier: Better Compensation and Daddy-Only Entitlement" (New York: Social Science Research Network, 2012) and P. Moss, ed., "10th International Review···".

54 프로문도와 멘케어에서는 부성에 대해 여러 보고서를 내놓은 바 있다. 일부 보고서는 유엔인구기금, 손케젠더저스티스, 세이브더칠드런, 멘엔게이지, 네덜란드의 럿거스와 공동 출간했다. 이 보고서들은 부성을 바꾸기 위한 여러 정부의 결정적인 선제 조치를 다양하고 자세하게 설명하고 있다. 본문 내 정책 목록은 일부에 지나지 않는다. *State of the World's Fathers 2015, State of America's Fathers 2016, State of the World's Fathers 2017*, promundoglobal.org/resources 참조.

55 Elly-Ann Johansson, "The Effect of Own and Spousal Parental Leave on Earnings" (Uppsala: The Institute for Labour Market Policy Evaluation, 2010).

56 Andreas Kotsadam and Henning Finseraas, "The State Intervenes in the Battle of the Sexes," *Social Science Research* 40 (2011): 1611-22.

1　Jill Elaine Hasday, "Contest and Consent: A Legal History of Marital Rape," *California Law Review*, v. 88, issue 5 (October2000), 1375–1505, scholarship.law. berkeley.edu/cgi/viewcontent.cgi?article=1484&context=californialawreview.

2　S. G. Smith, et. al., "The National Intimate Partner and Sexual Violence Survey (NISVS): 2010–2012 State Report" (Atlanta, GA:National Center for Injury Prevention and Control, Centers for Dis-ease Control and Prevention, 2017).

3　Ibid.

4　European Union Agency for Fundamental Rights, "Violence Against Women, an EU-Wide Survey" (Vienna, 2014), 21–22.

5　Ibid, 71.

6　Ibid, 81.

7　Katie Sanders, "Steinem: More Women Killed by Partners Since 9/11 Than Deaths from Attacks, Ensuing Wars," *PunditFact*, October 7, 2014, www.politifact. com/punditfact/statements/2014/oct/07/gloria-steinem/steinem-more-women-killed-partners-911-deaths-atta.

8　Deirdre Brennan, "Redefining an Isolated Incident," *Femicide Census, 2016*, 1q7dqy2unor827bqjls0c4rn-wpengine.netdna-ssl.com/wp-content/uploads/2017/01/The-Femicide-Census-Jan-2017.pdf.

9　United Nations, "International Day of Zero Tolerance for Female Genital Mutilation," February 6, 2018, www.un.org/en/events/femalegenitalmutilationday.

10　Marilyn French, *The War Against Women* (New York:Ballantine Books, 1992); World Health Organization, "Violence Against Women: A 'Global Health Problem of Epidemic Proportions'" (Geneva, June 20, 2013), www.who.int/mediacentre/news/releases/2013/violence_against_women_20130620/en 혹은 Conor Friedersdorf "A Deadly Epidemic of Violence Against Women," *The Atlantic*, August 22, 2014 참조.

11　Promundo, "International Men and Gender Equality Survey(IMAGES), promundoglobal.org/programs/international-men-and-gender-equality-survey-images.

12　Christopher J. Ferguson and Kevin M. Beaver, "Natural Born Killers: The Genetic Origins of Extreme Violence," in *Aggression and Violent Behavior*, vol 14, issue 15 (September–October 2009), 286–94.

13　Peggy Sanday, "The Sociocultural Context of Rape: A Cross-cultural Study," *The Journal of Social Issues* 37 (1981): 5–27; Peggy Sanday, *Female Power and Male*

Dominance (New York: Cambridge University Press, 1981). 스캇 콜트레인의 부족 사회 연구는 남성 지배와 폭력 간의 연결 고리를 명백하게 드러냈다. Scott Coltrane, "The Micropolitics of Gender in Nonindustrial Societies," *Gender &Society* 6 (1992), 86-107.

14 지난 25년간 나는 북미를 비롯하여 전 세계에서 서비스 제공자 및 경찰, 구조대원을 교육하기 위한 워크숍을 열었다. 여기에는 위기관리 센터, 학대 여성을 위한 쉼터를 운영하는 여성 담당자, 남녀 심리치료사, 경찰관, 간호사, 사제, 아동복지사, 보호감찰관, 폭행을 범한 남성과 일하는 사람 등이 포함된다. 워크숍 중에, 혹은 지역 사회에서 강연을 한 직후 나는 학대를 당하는 관계에서 빠져나온 수많은 여성들과 이야기를 나누었다. 또한 자신이 한때 저지른 잘못에 대해 이야기하는 남성도 일부 만났다. 내가 그들로부터 수년간 들었던 이야기들을 바탕으로 레지라는 가상 인물을 만들 수 있었다. 개인적인 경험과 통찰을 나에게 나누어준 모든 사람들에게 감사를 보낸다.

15 Connie Guberman and Margie Wolfe, eds., *No Safe Place* (Toronto: Women's Press, 1985), 14. 또한 Michael Kaufman, ed., *Beyond Patriarchy: Essays by Men on Pleasure, Power, and Change* (Toronto: Oxford University Press, 1987)에 수록된 Michael Kaufman, "The Construction of Masculinity and the Triad of Men's Violence"도 참조.

16 Samantha Allen, "Marital Rape is Semi-Legal in 8 States," *Daily Beast*, June 9, 2015, www.thedailybeast.com/marital-rape-is-semi-legal-in-8-states.

17 코치 교육 프로그램에 대해서 알아보려면 다음을 참조. Mentors in Violence Prevention, www.mvpstrat.com; Futures Without Violence, "Coaching Boys Into Men," www.futureswithoutviolence.org/engaging-men/coaching-boys-into-men; 그리고 A Call to Men, www.acalltomen.org.

18 2015년에는 미국 주민 10만 명당 남성은 21.1명, 여성은 6명이 자살했다. www.statista.com/statistics/187478/death-rate-from-suicide-in-the-us-by-gender-since-1950.

19 Joseph Strombreg, "The Microscopic Structures of Dried Human Tears," Smithsonian.com, November 19, 2013, www.smithsonianmag.com/science-nature/the-microscopic-structures-of-dried-human-tears-180947766.

20 Coltrane, "Father-child relationships…"

21 관련 사례를 모은 놀라운 기록이 보고 싶다면: Maia Szalavitz and Bruce D. Perry, *Born for Love: Why Empathy is Essential and Endangered* (New York: William Morrow, 2010).

22 Jessica Benjamin, *The Bonds of Love* (New York: Pantheon, 1985); Nancy

Chodorow, *The Reproduction of Mothering* (Berkeley: University of California Press, 1978); Dorothy Dinnerstein, *The Mermaid and the Minotaur* (New York: Harper and Row, 1976).

23 B. Heilman, et al, *The Man Box*, 25, 28.

24 미 대륙에서 있었던 최초의 성공적인 반란은 1791년과 1804년 사이 아이티에서 투생 루베르튀르Toussaint L'ouverture가 노예제도와 프랑스 지배에 항거해 이끌었던 반란이었다. 아이티는 미 대륙에서 두 번째로 공화국을 수립했다.

25 Jackson Katz, "Violence Against Women–It's a Men's Issue," TedXxFiDiWomen, November 2012, www.ted.com/talks/jackson_katz_violence_against_women_it_s_a_men_s_issue.

26 여성이 남성에게 행사하는 폭력이 그 반대의 경우만큼 심각하고 해롭다는 주장에 대한 비판을 담은 사려 깊은 글을 추천한다. Michael S. Kimmel, "'Gender symmetry' in domestic violence: A substantive and methodological research review," in *Violence Against Women, Special Issue: Women's Use of Violence in Intimate Relationships*, Part 1, 8 (11) (November 2002). 마이클 플러드Michael Flood가 만든 중요한 웹사이트 xyonline.net에서도 열람 가능하다. xyonline.net/sites/xyonline.net/files/malevictims.pdf.

27 여성에 대한 폭력 근절을 위한 남성의 활동을 폭넓게 다룬 다음 글을 추천한다. Michael A. Messner, Max A. Greenberg, and Tal Peretz, *Some Men: Feminist Allies and the Movement to End Violence Against Women* (New York: Oxford University Press, 2015); Michael Flood, *Engaging Men and Boys in Violence Prevention* (Basingstoke, UK: Palgrave Macmillan, 2018).

7 젠더 평등을 넘어서

1 《예일 격언집Yale Book of Quotations》의 편집자 프레드 샤피로Fred Shapiro가 여기에 대한 인터넷상의 질문에 다음과 같이 대답했다. "《옥스포드 영어 사전》은 이 단어의 최초 용례로서 해리엇 홀터Harriet Halter의 논문 'Sex Roles and Social Change,' *Acta Sociologica* (volume 14, page10, 1971)을 들고 있습니다. 나는 홀터의 용례보다 앞설지 모르는 또 하나의 1971년 용례를 발견했는데 켄터키 주 플레저 릿지 파크의 게리 레벤버거Gary Levenberger가 한 신문사의 편집자에게 쓴 편지에서입니다. (*Louisville Courier-Journal*, Mar. 9, 1971)"

2 이 사례를 아주 잘 보여주는 글로 다음을 추천한다. Michael Kimmel, *The Gendered Society*, 6th edition (New York: Oxford University Press, 2016).

3 이런 관념에 대해 1949년 시몬 드 보부아르는 《제2의 성》에서 이의를 제기했다.

4   Michael S. Kimmel, "Masculinity as Homophobia: Fear, Shame and Silence in the Construction of Gender Identity," in *Theorizing Masculinities*, ed. Harry Brod and Michael Kaufman (Thousand Oaks, CA: Sage Publications, 1994), 119–141.

5   Credit Suisse, *Global Wealth Databook 2017*. Accessed November 2017, www.credit-suisse.com/corporate/en/research/research-institute/publications.html. Oxfam, "Reward Work, Not Wealth," Oxfam Briefing Paper (January 2018), 10.

6   Ronald Wright, *A Short History of Progress* (Toronto: Anansi, 2004 and New York: Carroll and Graf, 2005).

남성은 여성에 대한 전쟁을 멈출 수 있다

초판 1쇄 발행   2019년 10월 11일

지은이   마이클 코프먼
옮긴이   이다희
책임편집   나희영
디자인   주수현

펴낸곳   (주)바다출판사
발행인   김인호
주소   서울시 마포구 어울마당로5길 17 5층(서교동)
전화   322-3885(편집), 322-3575(마케팅)
팩스   322-3858
E-mail   badabooks@daum.net
홈페이지   www.badabooks.co.kr

ISBN   979-11-89932-21-3 03300